रामगोपाल शर्मा 'रुद्र'

उत्तर-छायावाद काल के विशिष्ट कवि रामगोपाल शर्मा 'रुद्र' का जन्म 1 नवम्बर, 1912 को दानापुर, पटना, बिहार में हुआ था। उन्होंने देवघर विद्यापीठ से हिन्दी साहित्यालंकार की उपाधि प्राप्त की। पेशेवर जीवन की शुरुआत अध्यापन से की। बाद में बिहार सरकार के राजभाषा विभाग में अनुवादक के रूप में कार्य किया।

वे 1925 से काव्य-रचना करने लगे थे। उनकी प्रमुख काव्य-कृतियाँ हैं—शिंजिनी (1946), द्रोण (1950), मूर्च्छना (1954), हिमशिखर (1954), भागीरथी (1960), मीड़ (1963) और शब्दवेध (1991)। आधा दर्जन बालोपयोगी पुस्तकें भी प्रकाशित हैं।

बिहार सरकार के राजभाषा विभाग ने उन्हें 'दिनकर पुरस्कार' (1991) से सम्मानित किया था।

19 अगस्त, 1991 को उनका निधन हो गया।

रुद्र समग्र

संपादक
नंदकिशोर नवल

राधाकृष्ण प्रकाशन

ISBN : 978-81-7119-082-9

रुद्र समग्र (सम्पूर्ण काव्य)

पहला संस्करण : 1991
दूसरा संस्करण : 2022

मूल्य : ₹399

प्रकाशक
राधाकृष्ण प्रकाशन प्राइवेट लिमिटेड
जी-17, जगतपुरी, दिल्ली-110 051
शाखाएँ : अशोक राजपथ, साइंस कॉलेज के सामने, पटना-800 006
पहली मंजिल, दरबारी बिल्डिंग, महात्मा गांधी मार्ग, प्रयागराज-211 001
36 ए, शेक्सपियर सरणी, कोलकाता-700 017
वेबसाइट : www.radhakrishnaprakashan.com
ई-मेल : info@radhakrishnaprakashan.com

मुद्रक
बी.के. ऑफसेट
नवीन शाहदरा, दिल्ली-110 032

RUDRA SAMAGRA
(Total poetry) Edited by Nand Kishore Nawal

रामगोपाल शर्मा 'रुद्र'
(1912-1991)

निवेदन

आधुनिक हिंदी कविता के इतिहास में पूर्व-छायावादकाल को तो पूरी प्रतिष्ठा प्राप्त है, लेकिन उत्तर-छायावादकाल उपेक्षित है, बावजूद इसके कि उत्तर-छायावादी कविता लोकप्रियता में पूर्व-छायावादी कविता से बहुत आगे थी। पूर्व-छायावादी कविता नये काव्य-प्रेमियों के एक छोटे-से वर्ग तक ही सीमित रही, जबकि उत्तर-छायावादी कविता विशाल हिंदी प्रदेश की जनता द्वारा अपनाई गई। उत्तर-छायावादकाल को लेकर साहित्येतिहासकारों और आलोचकों में उलझन भी है। रामचंद्र शुक्ल ने इस काल के कुछ कवियों को छायावाद के भीतर रखा है और कुछ को स्वच्छंद-धारा के कवि कहा है। हजारीप्रसाद द्विवेदी स्पष्ट रूप में उत्तर-छायावादी कवियों को 'छायावाद के दूसरे उन्मेष' के कवि कहते हैं, लेकिन उत्तर-छायावादकाल के सर्वश्रेष्ठ प्रतिनिधि दिनकर इस काल के अस्तित्व से ही इनकार करते हैं। उनकी दृष्टि में उत्तर-छायावादकाल छायावादी प्रयोगों के परिपाक का ही फल था, तथापि वह छायावाद से अलग था। वे उसके लिए जो नाम सुझाते हैं, वह है 'छायावादोत्तर काल'। अन्य आलोचकों ने उत्तर-छायावादकाल को अगंभीरता का काल सिद्ध करने की कोशिश की है। जिस काल के कवि न अद्वैतवाद का आधार ग्रहण करें, न शैवदर्शन का, उसमें हलकी-फुलकी कविता ही लिखी जा सकती है ! इस स्थिति को स्वाधीनता आंदोलन के उस दौर से भी जोड़कर देखा गया है, जिसकी विशेषता थी समझौता और जिसमें संकट से बचने की प्रवृत्ति थी। सच्चाई यह है कि यह काल पूर्व-छायावादकाल के कुहासे से निकलकर ठोस यथार्थ के साक्षात्कार का काल था। पूर्व-छायावादकाल में कुहासा वाकई काफी घना था। जैसे अस्पष्ट भाव, काल्पनिक चित्रों से निर्मित वैसी ही अस्पष्ट भाषा। पूर्व-छायावादी कवि इसी कुहासे से लड़ते हुए सामने आए थे। आलोच्य कवि की ही एक पंक्ति लेकर कहें, तो 'नीहारिका से द्वंद्व कर रवि-कर-निकर विजयी बने'। यह बिलकुल स्वाभाविक है कि उत्तर-छायावादी कविता में मानवीय प्रेम, स्वाधीनता और फासिज़्म-विरोध का स्वर प्रबल है।

बीसवीं शताब्दी का चौथा दशक, जो कि उत्तर-छायावादी कवियों के अस्तित्व में आने का काल है, बहुत ही उथल-पुथल से भरा हुआ है। प्रथम स्वतंत्रता-दिवस, द्वितीय

सविनय अवज्ञा आंदोलन, गाँधी-इर्विन समझौता, आंदोलन की वापसी, कांग्रेसी मंत्रिमंडलों का निर्माण और पतन, सांप्रदायिकता की वृद्धि तथा समाजवादी विचारों का प्रसार--ये महत्त्वपूर्ण घटनाएँ थीं, जो देश में घट रही थीं। जहाँ तक अंतर्राष्ट्रीय परिस्थिति की बात है, एशिया, अफ्रीका और लैटिन अमरीका के देशों में साम्राज्यवाद-विरोध जोर पकड़ रहा था और यूरोप में न केवल फासिज्म का उदय हो चुका था, बल्कि द्वितीय विश्वयुद्ध की भी शुरुआत हो चुकी थी। थोड़ा आगे बढ़ते हैं, तो देश में बयालीस के आंदोलन और उसके दमन, बंगाल के अकाल, भारत-विभाजन, स्वतंत्रताप्राप्ति और उसकी पूर्वसंध्या पर होनेवाले गृहयुद्ध के दृश्य दिखलाई पड़ते हैं। इस संबंध में मैं जो बात बल देकर कहना चाहता हूँ, वह यह कि चौथे दशक की परिस्थिति आशा और निराशा दोनों से भरी हुई है। इसमें न केवल स्वाधीनता--आंदोलन की विफलता है, बल्कि उसके ज्वार का रह-रहकर ऊँचाई पर पहुँच जाना भी है। इसी तरह फासिज्म के उदय के साथ ही व्यापक स्तर पर उसके प्रतिरोध को भी संगठित करने का प्रयास हुआ। अपने देश में जो खास बात हुई, वह यह कि भारतीय राजनीति में युवावर्ग एक शक्ति बनकर उभरा, जिसके प्रिय नेता नेहरू और सुभाष थे। युवकों के विचारों पर कमोबेश समाजवाद का भी प्रभाव था, जिससे वे सामाजिक क्षेत्र में महात्मा गाँधी की क्रांतिकारिता को स्वीकार करते हुए भी राजनीति में उनके अनुयायी न थे। शुक्लजी ने उचित ही दिनकर को उस आंदोलन से जोड़कर देखा है, जो रूसी क्रांति के बाद अपने देश के किसानों और मजदूरों में शुरू हुआ था। यह भी आकस्मिक नहीं कि उत्तर-छायावादकाल के अनेक कवि बाद में प्रगतिवाद के आंदोलन में शरीक होकर अपनी कविता को समाजवादी सपनों से सजाने लगे।

उत्तर-छायावादी कविता की विशेषता बतलाई गई है--मस्ती, जिंदादिली और फक्कड़पन। जैसे इस कविता के झंडे पर भगवतीचरण वर्मा की यह उक्ति लिखी हुई थी--'हम दीवानों की क्या हस्ती, / हैं आज यहाँ, कल वहाँ चले। / मस्ती का आलम साथ चला, / हम धूल उड़ाते जहाँ चले !' इस मस्ती का स्रोत क्या था ? यह सिर्फ यौवनसुलभ उत्साह था, या उसके पीछे कोई गहरी बात थी ? द्विवेदीजी ने कहा है कि देश के युवकों में कभी भी आत्मविश्वास की मात्रा उतनी नहीं थी जितनी इस काल में रही। नामवरजी ने स्वयं द्विवेदीजी के फक्कड़पन को 'अस्वीकार का साहस' का नाम दिया है और उसे कबीर से जोड़ते हुए यह स्थापना की है कि चौथे दशक में विद्रोह फक्कड़पन के ही किसी न किसी रूप को लेकर साहित्य में प्रकट हुआ था। मेरा निवेदन यह है कि इस काल के फक्कड़पन को विद्रोह की अभिव्यक्ति के रूप में ही देखा जाए। उसमें अस्वीकार का जो साहस था, उसी से उसने पूर्व-छायावादकाल के दार्शनिक और आदर्शवादी जंजाल को छिन्न-भिन्न कर दिया और अगंभीर होने का खतरा उठाकर भी रोजमर्रा के काम में आनेवाली भाषा में जीवन, समाज और विश्व की समस्याओं को अपनी कविता का विषय बनाया। निश्चय ही इस कोशिश में उत्तर-छायावादकाल के कवि अनुभूति और अभिव्यक्ति दोनों ही क्षेत्रों में अनेक बार सरलीकरण के शिकार हो गए, लेकिन इस बात से इनकार

करना मुश्किल है कि उनकी 'अपील' में जोर था और उनका प्रभाव अचूक था। यह तो नामवरजी भी मानते हैं कि कुल मिलाकर उनका विद्रोह भावात्मक और साहित्यिक ही था, यानी उसमें कविता के स्तर से स्खलन प्रायः नहीं मिलता। एक दूसरी बात जो ध्यातव्य है, वह यह कि फक्कड़पन का मतलब केवल हर्षोल्लास नहीं होता। फक्कड़पन एक जीवन-दृष्टि है, जो सुख के साथ दुख, आशा के साथ निराशा और विजय के साथ पराभव को भी एक खास निस्संगता के साथ लेती है। भगवती बाबू की जो पंक्तियाँ ऊपर उद्धृत की गई हैं, उनके आगे की पंक्तियाँ हैं :

आए बनकर उल्लास अभी
आँसू बनकर बह चले अभी,
सब कहते ही रह गए, अरे
तुम कैसे आए, कहाँ चले ?

रामगोपाल शर्मा 'रुद्र' उत्तर-छायावादकाल के ही कवि हैं। दिनकरजी ने उन्हें आनंद और उमंग का कवि कहा है और प्रमाणस्वरूप उनकी इस तरह की पंक्तियाँ उद्धृत की हैं--'मेरे निर्झर के मग में सब शैल उठा धर दो'। इसमें कोई शक की बात नहीं कि 'रुद्र' जी की कविता का मूल चरित्र मस्ती, जिंदादिली और फक्कड़पन ही है। अपने काफी पुराने एक गीत में वे कहते हैं--'छोटी नाव, सिंधु अशांत, भीषण ध्वांत, मैं एकांत--/ पर डर क्या ? हिचक कैसी ? पुरुष हूँ, और यों भयक्लांत ?' उनकी मस्ती का आलम यह है : 'तुम लोग सभी ज्ञानी हो, बस, मैं ही केवल दीवाना !' ताज्जुब नहीं कि उन्होंने एक 'वैरागी का गीत' लिखा और उसमें फक्कड़पनभरे लहजे में कहा--'मैं तोड़ चला सारे बंधन, सब छोड़ चला, जो प्यारा है ! / लो, आज सभी कुछ लो, साथी ! यह सब कुछ आज तुम्हारा है।' लेकिन इससे यह भ्रम नहीं होना चाहिए कि इस कवि को दुख-दर्द न छूता था। मानवी 'प्यार का तीर' उसे भी लगा था और उसकी पीड़ा वह भी जानता था :

सबने जाना, मैं राजा हूँ, मस्ती का और जवानी का ;
नदियों ने केवल ज्वार लखा, ज्वाला देखी कब सागर में !

उत्तर-छायावादकालीन राष्ट्रीय और अंतर्राष्ट्रीय परिस्थिति भी अन्य कवियों की तरह ही 'रुद्र' जी में भी चित्रित है। राष्ट्रीय आंदोलन की असफलता पर :

तुम जीत इसे कह लो मालिक, लेकिन यह हार तुम्हारी है।
दिन बुरे गए, दिन भले गए, दुनिया भर से हम छले गए,
क्या हुआ, हमारे फूल अगर पैरों के नीचे दले गए ?
कुछ दाँव भले हम हार गए, बाज़ी हमने कब हारी है ?

इसी तरह द्वितीय विश्वयुद्ध पर :

नभ अनभ्र अब आग उगलता
जलनिधि जन-जलयान निगलता

कोने - कोने में पृथ्वी के
धू-धू रण का पावक जलता
व्रज-वसुधा पर पुनः प्रलयवर्षी बादल घुमड़ाया, साथी !
क्या न करेगा त्राण हमारा फिर मोहन मनभाया, साथी !

इसी स्वर से मिला हुआ यह समाजवाद-प्रभावित स्वर :

अब द्वेष-फूट के काठ कटें, कायरता की होलिका जले,
हर जोर-जुल्म की धूल उड़ाता दलित-वर्ग जय बोल चले।

यहाँ प्रश्न यह उठता है कि 'रुद्र' जी केवल उत्तर-छायावादी कवियों के स्वर में स्वर मिलानेवाले कवि ही थे, या उनका कोई अपना वैशिष्ट्य भी था ? कहाँ वे उन कवियों से अलग भी होते हैं, या करीब साठ वर्षों तक निरंतर काव्य-साधना करते रहने के बाद भी वह अपना निजी काव्य-संसार निर्मित न कर सके ? हिंदी क्षेत्र का पूर्वांचल दशकों तक उनके ललित कंठ से ध्वनित होता रहा है और उसकी काव्य-प्रेमी जनता उन पर फिदा रही है। एक विद्वान ने कहा है कि 'रुद्र' जी की कविता श्रव्य ही नहीं, पाठ्य भी है। निकट से उसका अध्ययन करने पर उसकी कौन-सी खूबियाँ उभरकर सामने आती हैं ?

यह सही है कि उत्तर-छायावादकाल के कवि अपनी कविता में पूर्व-छायावादकाल की अतिशय लाक्षणिकता से मुक्त सरल भाषा का प्रयोग करना चाहते थे। इस दृष्टि से सर्वाधिक सफलता बच्चन को प्राप्त हुई। दिनकरजी का लक्ष्य, उन्हीं के शब्दों में, था पंत के सपने को गुप्तजी की सफाई से लिखना। नरेंद्र शर्मा में भी अभिव्यक्ति की प्रांजलता देखने को मिलती है। 'रुद्र' जी ने अपनी कविता में कई शैलियों का प्रयोग किया है। उनकी एक शैली बिलकुल सरल है, जिसमें कभी-कभी ठेठ शब्दों का अत्यंत व्यंजक प्रयोग देखने को मिलता है। इसके विपरीत उनकी दूसरी शैली वह है, जिसमें संस्कृत के ओजस्वी ध्वनिवाले शब्दों के समस्त वा असमस्त विन्यास की प्रधानता है। इन दोनों के बीच उनकी एक तीसरी शैली भी है, उर्दू से प्रभावित। इस शैली की कविता में अरबी-फारसी के शब्द ही नहीं होते, उर्दू शायरी का मस्ती से भरा लहजा भी होता है। 'रुद्र' जी की सरल शैली भी वैदग्ध्ययुक्त है। यह वैदग्ध्य कभी अभिव्यक्ति में बोल-चाल की सजीवता लाने से संभव होता है, कभी किसी सुंदर चित्र की योजना से और कभी किसी शब्द के सटीक प्रयोग से। तीनों के उदाहरण क्रमशः निम्नलिखित हैं :

यह तो वह जाल तुम्हारा है, तुमने ही जिसे पसारा है,
कट गई तुम्हारी नाक, और तुम खुश हो, क्या दे मारा है।

तितलियों के नेह से
भोर की हवा में खेल, खिल रही हैं पत्तियाँ ;
ओस के सनेह से
जग रही हैं आरती-सी दूबियों की बत्तियाँ।

बोलो तो, प्यार किया था क्यों ?
मेरे कंधों पर बादल-सा झुक, जीवन-भार दिया था क्यों ?

पहले उदाहरण में 'क्या दे मारा है' बोलचाल की भाषा से उठाया हुआ यह टुकड़ा अभिव्यक्ति में गजब की खनक भर देता है। दूसरे उदाहरण में 'सनेह' शब्द का सटीक प्रयोग भी है, साथ ही अंतिम पंक्ति का चित्र भी बहुत ताजा है, लेकिन मैं भोर की हवा में पत्तियों के खेलने के चित्र की तरफ ध्यान आकर्पित करना चाहूँगा। तीसरे उदाहरण में द्रप्टव्य 'जीवन' शब्द का प्रयोग है। बादल जीवन यानी जल से भरे होते हैं। इस तरह 'बादल' और 'जीवन' का संबंध उक्ति में एक नया सौंदर्य ला देता है। इस सौंदर्य की विशेपता यह है कि यह मात्र सौंदर्य न होकर सार्थक भी है। 'जीवन-भार' देने का मतलब है पूर्ण निर्भरता। यह मात्र श्लेष का चमत्कार न होकर कहीं कवि के जटिल सौंदर्य-बोध का सूचक है, जो एकसाथ कई स्तरों पर सक्रिय रहता है। इस प्रकार 'रुद्र' जी की सरल भाषा में लिखी गई कविताओं में भी कहीं न कहीं, किसी न किसी रूप में, एक वक्रता मिलती है, कलात्मक और हृद्य, जो उन्हें उनकी पीढ़ी के दूसरे कवियों की सरल कविताओं से अलग कर देती है। सरल से सरल कविता में जब इस तरह की उक्ति मिलती है कि 'नित रंग-रली-रत राग भरे तितली-दल की जहाँ छावनी थीं', 'आप अपने सौरव्य, स्वप्निल-राशि पर रोमालि ठक् थीं', या 'अबरख-से बाण बरसते थे, कुंकुम-से कटे मुंड लुटते', तो पाठकों के संपूर्ण श्रम का परिहार हो जाता है और उनका मन स्फूर्ति से भर उठता है। ताज्जुब नहीं कि दिनकरजी को 'शिंजिनी' की अनेक पंक्तियाँ 'सुधा-स्नात-सी' लगती थीं।

संस्कृत शब्दों के समस्त विन्यास का सबसे अच्छा उदाहरण 'रुद्र' जी की 'रुद्र-स्तवन' शीर्पक कविता है, जिसकी आरंभिक पंक्तियाँ हैं :

मदघूर्ण-निशामणि नर-कपाल
प्रज्वलित-नेत्र खप्पर-विशाल
तुम पुलक-पुलक धृत-गुंडमाल
उद्धत विराट तांडव-तत्पर।

बहुत कुछ 'रुद्र-स्तवन' की जाति की ही कविताएँ हैं, 'प्रयाण-गीत' और 'दुर्दिन' शीर्षक कविताएँ, लेकिन इनमें केवल संस्कृत के उदात्त ध्वनिवाले शब्दों का प्रयोग हुआ है, उनसे दीर्घ समास नहीं बनाया गया :

खड़ा विकट पहाड़ है,
मृगेंद्र की दहाड़ है,
प्रचंड शैल - शैल पर
प्रपात का प्रहार है ;
परन्तु शृंग - शृंग पर

अडिग अभंग अंघ्रि धर
बढ़े चलो जवान तुम, बढ़े चलो, बढ़े चलो।

कि तड़तड़ा उठी तड़ित्
दिगंत हो उठे चकित
गिरा कहीं ज्वलल्लसित
सुरेंद्र का प्रचंड दर्प-दंड उग्रता-भरित।

कहने की आवश्यकता नहीं होनी चाहिए कि संस्कृत के उदात्त ध्वनिवाले शब्द 'रुद्र' जी की ऐसी कविताओं में सिर्फ बेमतलब का शोर नहीं उठाते, बल्कि उनमें उपयुक्त वातावरण की सृष्टि करते हैं। दूसरे, उनमें वे हिंदी के शब्दों को गुरुता प्रदान करते हैं और स्वयं उनसे गति प्राप्त करते हैं। 'विकट' के साथ 'पहाड़', 'मृगेंद्र' के साथ 'दहाड़', 'तड़ित्' के साथ 'तड़तड़ाने' और 'प्रचंड दर्प-दंड' के साथ 'गिरने' की मैत्री इसी कारण बहुत सार्थक है। कभी-कभी 'रुद्र' जी संस्कृत शब्दों के प्रयोग से समान ध्वनियों के ऐसे भँवर भी बनाते हैं, जिनमें गजब का माधुर्य होता है। इस दृष्टि से ये पंक्तियाँ द्रष्टव्य हैं :

गर्वित रसाल, हर्षित तमाल, सुरभित वनांत, अंबर विशाल,
तितली रसज्ञकुल मधुपमाल, सबसे मैं रास रचाऊँ रे !

'घायल मेरा प्राण-पखेरू उड़ने से लाचार हो गया, / ऐसा तीर तुम्हारा आया, लगा, और उस पार हो गया ; / तीरंदाज ! तुम्हारा वह अंदाज़, नहीं मैं खो पाया हूँ', या फिर 'सपनों के महल बनाते हैं, है नाज़ जिन्हें अपने मन पर ;/ उँगली पर विश्व नचाते हैं, / है नाज जिन्हें अपने फ़न पर'--जैसी पंक्तियों में हिंदी के साथ अरबी-फारसी के शब्दों का जो प्रयोग हुआ है, वह 'रुद्र' जी के एक भिन्न भाषा-संस्कार की सूचना देता है। भाषा-संबंधी फक्कड़पन उनमें इतना है कि वे 'असमाँ' और 'समाँ' के साथ 'अमा' शब्द की भी तुक मिला सकते थे--'गरज रहा है आसमाँ / प्रलय का बँध रहा समाँ / घुमड़ रहे घटा-कटक / कि आज व्योम पर विजय किए अकड़ रही अमा।' इन पंक्तियों में 'प्रलय', 'घटा-कटक', 'व्योम' और 'विजय' शब्द का प्रयोग भी देखने लायक है। फक्कड़पन के साथ पांडित्य और कलात्मक संयम तथा नैपुण्य का यह मेल अद्भुत है। यहीं पर 'रुद्र' जी निरे फक्कड़ों और निरे पंडितों से आगे बढ़ जाते हैं और अपनी पीढ़ी के कवियों से भी थोड़ा अलग हो जाते हैं।

'शब्दवेध' की भूमिका में मैंने 'रुद्र' जी की रचनाओं में पाए जानेवाले रचाव की चर्चा की है। यह रचाव छंद के स्तर पर भी है, शब्द-योजना के स्तर पर भी और बिंब के स्तर पर भी। उन्होंने मस्ती में आकर सवैया और कवित्त छंदों का प्रयोग तो किया ही है, लंबे चरणोंवाले अन्य छंदों का भी प्रयोग किया है। उनके दो गीत हैं--'एक क्षण भी तुम हिमाचल-शीश पर चढ़कर अगर गिर ही पड़े तो क्या ?' और 'यदि मुग्ध कमलिनी के मधु

से स्वर के पर बरबस बँध जाएँ तो मधुकर का क्या दोष ?' इनके साथ उन्होंने 'जागो जगत्प्राण !' या फिर 'जाग दीप मेरे !'–जैसे छोटे चरणोंवाले छंदों का भी प्रयोग किया है। इनके बीच असंख्य छंद हैं, जिनमें 'रुद्र' जी लिखते थे और भाव के अनुरूप अपने छंद-वाद्य से स्वर निकालते थे। इनके साथ उनकी अनेक छंदों में रची गई रुबाइयों और गजलों को भी ले लें, तो वे अपनी पीढ़ी में छंदोगुरु मालूम पड़ते हैं। कभी-कभी वे ऐसे छंद का भी प्रयोग करते हैं, जिसकी लय को पकड़कर ठीक से उसका पाठ बहुत अभ्यस्त पाठक ही कर सकते हैं। 'बीती आधी से भी अधिक रात' गीत ऐसा ही है। हिंदी की प्राचीन कविता या उर्दू शायरी में मात्राओं को लेकर छूट रही है। इसमें दीर्घ को ह्रस्व और ह्रस्व को दीर्घ बनाकर पाठ करने से छंद की लय में एक नया सौंदर्य उत्पन्न हो जाता है। 'रुद्र' जी ने वह छूट भी अपनी अनेक रचनाओं में ली है। एक मोहक उदाहरण है :

व्योम है कलिंदजा, नाग है काली घटा ;
नीलिमा फुंकार है, फेन है उडुच्छटा ;
रश्मियों की रास है, चाँदनी विलास है,
कालिमा के छत्र पर चाँद व्रज-हास है !

स्वाभाविक रूप से यह जिज्ञासा होती है कि 'रुद्र' जी के इस छंद-वैविध्य का स्रोत क्या है ? वह स्रोत हिंदी और उर्दू की परंपरागत कविता और पिंगलशास्त्र के ग्रंथों के साथ उनका शास्त्रीय संगीत और लोकसंगीत का ज्ञान है। आज बहुत कम लोग यह बात जानते हैं कि 'रुद्र' जी का कंठस्वर ही वंशीस्वर-जैसा नहीं था, कभी उनकी उँगलियाँ भी तबले पर विद्युत्-गति से थिरकती थीं। इसके अलावा लोकगीतों में उनकी गहरी रुचि थी। अपनी धर्मपत्नी से वे लोकगीत गवाकर सुनते थे और उनकी धुनों पर विशेष ध्यान देते थे। लोकगीतों पर उन्होंने लेख भी लिखे थे। उनके पिता सितार बजाते थे और स्वयं वे हारमोनियम के भी शौकीन थे। यह यों ही नहीं है कि उनकी रचनाओं में हिंडोल, विहाग, कजली, मल्हार आदि का जिक्र आता है। तबले की ठनक तो उनकी रचनाओं में अनेक बार सुनाई पड़ती है और 'एक दर्द की रागिनी दागों के काले सुरों पर आज बजा रहा हूँ' में दागों के काले सुर स्पष्टतः हारमोनियम से संबंधित हैं। एक कविता में उन्होंने संगीतशास्त्र की पूरी सामग्री का उपयोग किया है। पाठकों के मनोरंजनार्थ मैं वह अंश यहाँ उद्धृत कर रहा हूँ :

अलका वियोगिनी बीन, श्वास बन गए तार ;
साधनालाप, स्थायी वियोग, अंतरा ज्वार ;
आहों में बोला षड्ज, दाह में ऋषभ-नाद ;
पंचम में आकुलकंठ मूक पिक का विषाद ;
मध्यम में हूक, जगी कोमल गांधार याद ;
धैवत गुणवादी चित्त बना अनहद निनाद ;
पीड़ा मूर्धन्य हुई, चिक्कार उठे निषाद ;

उन्माद मेघ-मल्हार प्रवासी-प्रियाह्लाद ;
तुम गगन-रंध्र में रागीं, रागी बना त्याग ;
खांडव के भव में नव - मरंद - परिमल-पराग।

इससे 'रुद्र' जी के संगीत-ज्ञान का ही नहीं, उनकी असाधारण कवित्व-शक्ति का भी पता चलता है। इस संगीत-ज्ञान की सहायता से उन्होंने अपनी रचनाओं में अनेकानेक छंदों का प्रयोग किया और विभिन्न छंदों के मिश्रण से छंद के नये-नये संगीत और लय की सृष्टि की। कदाचित् उनकी इसी क्षमता से 'भैरवी जगा रहीं' और 'आग हूँ, मुझसे न खेलो'-जैसे मात्रिक मुक्तछंद में रचे हुए उनके गीत संभव हुए। इससे बढ़कर उनकी क्षमता का प्रमाण यह है कि उन्होंने इन गीतों को अपने सर्वाधिक लोकप्रिय गीत बना दिया।

'रुद्र' जी बहुत बड़े शब्द-साधक थे, इसका प्रमाण उनकी कविता में कदम-कदम पर मिलता है। स्वभावतः उनकी शब्द-योजना में भी एक रचाव मिलता है। उनके गीत-संग्रह 'मीड़' के पहले गीत का पहला बंद है :

तू मुझको यदि पद-गति देगा, तो अपने ही बोल सुनेगा !
चरण-बँधे स्वर, मधुप-कुलक-से,
गूँज उठेंगे परस - पुलक से ;
सागर देगा ताल इधर तो चाँद उधर हिंडोल सुनेगा !

इसमें 'पद-गति' से अर्थ की दो झंकारें शब्द-योजना में रचाव के कारण ही निकलती हैं। ऐसा ही शब्द 'चरण' भी है, जिसका एक अर्थ है पाँव और दूसरा कविता की पंक्ति। बीच की दो छोटी-छोटी पंक्तियों में जो अर्थ की सघनता है, वह भी शब्द-योजना में बिना रचाव के न आ सकती थी। इसी के जोड़ के एक अन्य गीत का पहला बंद है :

चरण-शरणगत घुँघरु अनाहत, थिर जमुना का नीर है !
अग-जग के दृग वेणु-चकित मृग,
कलरव का मन आकुल दिग्-दिग्,
जलज-सलज-मुख ललस रहा-सा चाँद गगन के तीर है !

इसमें 'चरण' और 'शरण' तथा 'शरणगत' और 'अनाहत' का अनुप्रास-संयोजन ही नहीं है, 'घुँघरू' को 'घुँघरु' करके उसे न केवल कोमल बनाया गया है, बल्कि झंकृत भी कर दिया गया है ! 'चरण-शरणगत' इस तत्सम शब्द को 'घुँघरु' के बाद आनेवाला 'अनाहत' संतुलित करता है और 'घुँघरु' को 'अनाहत' के बाद आनेवाले 'थिर जमुना' ये दो तद्भव शब्द। 'नीर' शब्द पुनः 'चरण-शरणगत' की उदात्तता को उसके अपने स्तर पर टिका देता है। यही रचाव है। आगे की दो पंक्तियों में अर्थ का जो कसाव है, वह भी उसी की देन है। चौथी पंक्ति में कमलारुण सलज्ज मुख से उपमित सद्यः उदित चंद्रमा का जो बिंब है, वह अद्भुत है और शाब्दिक रचाव पर कवि के अखंड प्रभुत्व के कारण ही संभव हुआ है। यही बात पहले उद्धरण में 'मधुप-कुलक' के 'परस-पुलक' से गूँज उठनेवाले मनोहर श्रव्य बिंब पर भी लागू है।

एक लेखक ने उत्तर-छायावादी कविता पर विचार करते हुए लिखा है कि चूँकि गीत आत्माभिव्यक्ति का माध्यम हैं, इसलिए उनमें अभिधेयात्मक कथन ज्यादा होता है और बिंब-निर्माण का अवसर कम होता है। यह बात एक हद तक ही सही हो सकती है, क्योंकि एक तो बिंब उपलक्षित ही नहीं, लक्षित भी होते हैं, दूसरे, यह आवश्यक नहीं है कि आत्माभिव्यक्ति अभिधेयात्मक रूप में ही हो। यदि आत्माभिव्यक्ति अभिधेयात्मक रूप में ही हो सकती है, तो उसका मतलब यह होगा कि उपमान, बिंब, प्रतीक आदि आत्माभिव्यक्ति में बाधक हैं। ये चीजें कवि को वस्तून्मुख अवश्य करती हैं, लेकिन कवि उनका उपयोग आत्माभिव्यक्ति के लिए भी कर सकता है। उक्त लेखक ने संभवतः बिंबवाद को ध्यान में रखकर अपनी बात कही है। बिंबवादी कवि आत्माभिव्यक्ति को नहीं, 'वस्तु' के ठोस मूर्तन को महत्व देते थे, इसलिए उन्होंने अपनी कविता में मुकम्मल बिंब बनाए हैं, बल्कि उनकी कविता तो बिंब का पर्याय ही है। उत्तर-छायवादी कविता में भी बिंब मिलते हैं, लेकिन बिंबवादी पद्धति पर नहीं, सृजनात्मक अभिव्यक्ति के स्वाभाविक स्तर पर निर्मित। जैसा कि ऊपर संकेत किया गया है, 'रुद्र' जी के बिंबों में भी एक रचाव मिलता है। यहाँ मैं उनके सिर्फ तीन ऐसे उद्धरण दे रहा हूँ, जिनमें निर्मित बिंब विराट् भी हैं। पहला बिंब हिमालय का है--

> जिसमें निज रूप निहार उषा शरमा जाती,
> बिंबित शत-शत शतपत्रों पर भरमा जाती ;
> बिंधकर जिसके हिम-अंक, अनलपंखोंवाली--
> किरणों की क्रूर शलाका भी नरमा जाती।

यहाँ हिमालय के दर्पण में अपना रूप निहारने पर उषा के चेहरे पर आ जानेवाली लज्जा की लालिमा है, हिमालय पर प्रतिबिंबित होनेवाली उस लालिमा से उस पर खिल उठनेवाले सैंकड़ों कमल हैं, जिनमें उषा स्वयं भटक जाती है, और हिमालय के अंक में बिंधकर कठोर से मृदु हो जानेवाले सूर्य-किरणों के अनलपंखी बाण हैं ! मानना पड़ेगा कि यह बिंब और इसका प्रत्येक अंश बड़े मनोयोग से 'रचा' गया है। विराट् कल्पना को कवि ने जिस तरह शब्दबद्ध किया है, वह मामूली अभ्यास से संभव न था। दूसरा बिंब 'मन कितना आतुर है कुछ गाने को ! / लगता है, मेरा प्रिय है आने को !!' गीत में अंकित है :

> अभिषेक-सलिल-पूरित कलसोंवाले,
> छविछत्र - चँवरधारी जलधर काले
> आ रहे पवन के संग, सने श्रम से,
> बारात उसी की द्वार लगाने को !!

इसमें भी बादलों का चित्र बहुत अवधानता से रचा गया है, जो एक राजकीय बारात के दृश्य को उसकी तफसील में मूर्त कर देता है। तीसरा बिंब 'रुद्र' जी के हाल के एक प्रसिद्ध गीत 'गीतों में ही फूटता रहा हूँ मैं' में आता है--

> क्या थे वे दिन ! जब ज्वार-जवानी थी !

लावण्य चाँद सँग रास रचाता था ;
हँसते थे कमल, सकुचते भी जब थे,
मेरा रक्तार्णव फाग मचाता था।

इस बिंब में और भी बारीकियाँ हैं, लेकिन मैं इसकी दूसरी पंक्ति की ओर ध्यान दिलाना चाहूँगा, जिसमें 'लावण्य' और 'चाँद' दोनों का लाक्षणिक प्रयोग भी हुआ है। 'लावण्य' का मतलब 'सुंदर कवि' और 'चाँद' का मतलब उसकी प्रेमिका। 'लवण', जिससे 'लावण्य' बना है, और समुद्र का संबंध विदित है। समुद्र और चंद्रमा का संबंध तो कवि के ध्यान में रहा ही है। समुद्र के चाँद के साथ रास रचाने में बिंब की विराटता और सुंदरता दोनों निहित हैं। कमल का हँसना और सकुचना ये भी लाक्षणिक प्रयोग हैं, जिनका मतलब है प्रभात-काल और सायंकाल। इन दोनों कालों में सूर्य के प्रकाश से समुद्र का जल लाल हो जाता है। कवि कहता है, दोनों वक्त 'मेरा रक्तार्णव फाग मचाता था'। समुद्र का फाग मचाना उसके रास रचाने से भी अधिक उदात्त है। छोटे और खूबसूरत बिंब तो 'रुद्र' जी की पंक्ति-पंक्ति में पिरोए हुए हैं। अस्पष्टता उनमें नहीं है, संश्लिष्टता हो तो हो। उनकी काव्य-भाषा चित्र-भाषा ही है। उन्होंने अपनी एक गजल में गलत नहीं कहा कि 'चित्रशिल्पी भी कहेंगे आगे / 'रुद्र' शाइर नहीं, चितेरा था !'

धीरे-धीरे 'रुद्र' जी की कविता अर्थ-संकुल होती गई है और स्वभावतः उनके छंद छोटे चरणोंवाले होते गए हैं, जैसे औंटा जाता हुआ दूध सिमटता गया हो। यह प्रक्रिया 'मूर्च्छना' में ही शुरू हो गई थी। 'मीड़' के बाद 'शब्दवेध' के छोटे चरणोंवाले छंदों में रचे गए गीतों में आकर उसने पूर्णता प्राप्त की। 'मीड़' के एक गीत का आरंभिक बंद है--

यह रात नहीं ही रीते, तो कितना अच्छा !
जिसमें पाकर बिंदुल बंधन,
दृग से छूटा मेरा मृग-मन
बन जाता है घन की चितवन--
बरसात नहीं ही बीते, तो कितना अच्छा !

कवि दुखी है। वह नहीं चाहता कि उसकी दुख की रात व्यतीत हो जाए। ऐसी बरसात, जिसमें आँसुओं में अभिव्यक्त कवि का प्रेमी मन बिजली की तरह कौंधता है, बीत जाए, वह नहीं चाहता। दुख को सुख बनाकर काफ़ी जटिल ढंग से बात कही गई है। इस जटिलता के साथ बिंब भी जटिल होता गया है, जिससे किसी भी चित्रकार के लिए उसे आँक सकना कठिन होगा। थोड़े शब्दों में प्रचुर अर्थ समोए 'शब्दवेध' के एक गीत 'तुम बिन कौन गुने यह पीर !' का एक बंद है :

तट की टेर दशन-विष-लहरी,
तर्जनियाँ, दुनिया की, प्रहरी,
समय-सँकेत ; कदंब-तले मन,

तन छदहीन करीर !

कृष्ण यमुना-तट से बाँसुरी बजाकर राधा को टेर रहे हैं। बाँसुरी की तान राधा के लिए सर्प के दाँतों में बसनेवाले विष की लहर है ! लेकिन वह घर से बाहर हो तो कैसे, पहरेदार बनी दुनिया तर्जनी उठाए है। राधा बहुत व्याकुल है, क्योंकि यह अभिसार की वेला है। वह घर में है, लेकिन उसका मन यमुना-तट पर स्थित कदंब वृक्ष के नीचे खड़े कृष्ण के पास। बाँसुरी की ध्वनि से उसका शरीर कंटकित हो रहा है, जैसे करील का निप्पत्र वृक्ष। निश्चय ही ऐसी अर्थ-संकुलता निराला के गीतों के अलावा और कहीं देखने को नहीं मिलती। खूबी यह कि ध्यान केंद्रित करने पर बिंब और उससे निस्सृत होनेवाला अर्थ बिलकुल आईने की तरह साफ, जैसे बात पूरे विस्तार से कहीं गई हो ! आश्चर्य यह देखकर होता है कि 'अरथ अमित अति आखर थोरे' की दिशा में विकास करते हुए भी 'रुद्र' जी सरल भाषा में भी लगातार गीतों की रचना करते रहे। उनका गीत 'बंधु ! जरूरी है मुझको घर लौटना' इसी दौर की रचना है, जो हिंदी कविता के पुराने और नये पाठकों को समान रूप से प्रिय है। ऐसा नहीं है कि 'रुद्र' जी शौकिया तौर पर अपनी कविता में विविधता लाने के पक्षपाती थे। उनका मन भाव, भाषा और छंद के अनेक स्तरों पर रमता था और वे जिस स्तर पर होते थे, पूरी तल्लीनता से। जो तल्लीनता 'शब्दवेध' के गीत की ऊपर उद्धृत पंक्तियों में है, वही 'बंधु ! जरूरी है' गीत में भी।

'रुद्र' जी की कविता से गुजरते समय मन पर जो सबसे गहरा प्रभाव पड़ता है, वह अवसाद का। एक गहन अवसाद उनकी कविता से फूटकर मन को अपनी लपेट में ले लेता है। इससे ऐसा लगता है कि वे मूलतः दुख, पीड़ा, बेचैनी और घुटन के ही कवि थे। 'शिंजिनी' के 'दुख देख मेरा रो पड़ा आसमाँ' से शुरू होनेवाला दुख लगातार गहरा ही होता गया है। निम्नमध्यवर्गीय अभावग्रस्त परिवेश, कठिन श्रम, उस श्रम का शोपण, संघर्षपूर्ण पारिवारिक परिस्थिति तथा धर्मपत्नी, एक दामाद और फिर एकमात्र पुत्र की मृत्यु यह सब उनके अंधकार को निरंतर घनीभूत करता गया। स्वभावतः वे ईश्वरोन्मुख हुए और उनकी कविता में से आर्त्त स्वर उठने लगा। 'ओ पिया !' उनका प्रसिद्ध गीत है, जिसमें वह कहते है : 'मगर यह रात--यम की अंधकारा--ओ पिया ! / घुटा दम जा रहा ; इस अंधकारा से उबार !!' इसी तरह उनका एक अन्य बहुत ही सशक्त गीत है, 'मन में समुद्र समा रहा', जिसमें वे कहते हैं--'लिपटा प्रलय का दाह है, दृग में दरस की चाह है ;/ मैं नैन खोलूँ किस तरह, मैं नैन मींचूँ किस तरह ?' 'शब्दवेध' के 'गीतों में ही फूटता रहा हूँ मैं' गीत में ही उनकी यह उक्ति आती है--'साँसों की फाँसों फाँसी चढ़-चढ़कर / मर-मरकर कौन जिया होगा ऐसे !' 'मुझको जरूरत क्या, किसी की याद की ?' और 'अब शायद कोई फरियाद नहीं है !' उनके उर्दू-प्रभावित भाषा और लय में लिखे गए दो अत्यंत सुंदर गीत हैं, जिनमें गहरी उदासी का ऐसा वातावरण है कि वह उन्हें पढ़ने के साथ मन को अभिभूत कर लेता है। दोनों गीतों के दो अंश क्रमशः नीचे उद्धृत किए जाते हैं,

जिनमें कविता में प्रयुक्त गद्यात्मक वाक्य का सौंदर्य अलग से मन को आकृष्ट करता है :

क्यों बेधकर मेरी पुतलियों की सतह
तुम पैठ जाना चाहते हो प्राण तक ?
क्या फायदा, तल तोड़ने से, इस तरह ?
हैं भाप बनकर उड़ चुके पाषाण तक !
दिल से उठी, आँखों बुझी, यह आग है !
जग से शिकायत हो मुझे क्यों दाद की ?

एक समय था, याद बहुत आती थी,
अब उसकी भी राह रुकी लगती है ;
बाहर की अँधियारी हँस जाती है--
दीपित थी जो चाह, चुकी लगती है !
लगता है, यह घर आबाद नहीं है !

लेकिन कोई कह सकता है कि 'रुद्र' जी की दीपित चाह--उनकी उदग्र जिजीविषा--कभी समाप्त हुई ? उनकी मस्ती, उनकी जिंदादिली और उनका फक्कड़पन हमेशा बरकरार रहा, जिसके बल पर वे कठोर से कठोर आघात को झेल गए। अपने पुत्र की मृत्यु के धक्के को झेलकर कुछ दिनों में वे स्वस्थ हुए, तो अपनी अपराजेय गिरा की तरफ संकेत करते हुए कहा--'कलरवों के नीड़ पर जो वज्र औचक आ गिरा है, / आसमाँ हैरान है--यह गूँजती किसकी गिरा है ?' उनकी ईश्वरोन्मुखता की बात ऊपर कही गई है। उससे जब उनका मन शांतिलाभ करता था, तो उनकी लेखनी से ऐसी पंक्तियाँ निकलती थीं--

साँसत की धूली थी, यह नभ धूमिल था,
आँधी में आँख खुली रखना मुश्किल था ;
अचरज क्या, तुम जो लौट गए इस पथ से--
तब ऐसा शरत्-सुहास न मलयानिल था ;
अब आओ, इस सूने में पाँख पसारो।

'आँधी में आँख खुली रखना मुश्किल था' यह भाषा फक्कड़ कवि ही लिख सकता है। 'रुद्र'जी की खूबी यह है कि 'तब ऐसा शरत्-सुहास न मलयानिल था'-जैसी सुधा-स्नात पंक्ति लिखकर अपनी कविता में वे भाषा के एक भिन्न स्तर का निर्माण कर सकते थे, जिससे उसकी ताजगी और उसका मूल चरित्र सुरक्षित रहे। परवर्ती काल में उनकी पीढ़ी के प्रायः सारे कवि धर्म की शरण में चले गए। 'रुद्र' जी भी अपने को 'निर्गुनिया' कहने लगे थे, लेकिन उन कवियों की तरह उन्होंने न अपने परिवेश को भुलाया, न अपने स्वर को अंतिम रूप से दीनता में डुबोया। संतोंवाली घरफूँक मस्ती और सब कुछ पर हँसनेवाला उनका मिजाज अंत-अंत तक बना रहा।

इधर काफी दिनों से गीतों के क्षेत्र में नये-नये प्रयोग हो रहे हैं। नवगीत के आंदोलन का स्थान जनगीत के आंदोलन ने ले लिया है। इन आंदोलनों ने समकालीनता पर इतना बल दिया है कि उनके कार्यकर्ता यह बात भूल गए हैं कि समकालीनता हमेशा नए रूपों में ही नहीं प्रकट होती। कभी द्विवेदीजी के प्रसंग में नामवरजी ने कहा था कि समकालीन वही नहीं होता, जो समकालीन की तरह लगता है। मैं इसमें यह बात भी जोड़ना चाहता हूँ कि जैसे कभी-कभी गैरसमकालीन प्रतीत होनेवाला भी नितांत समकालीन होता है, वैसे ही कभी-कभी समकालीन प्रतीत होनेवाला भी नितांत गैरसमकालीन। 'रुद्र' जी उत्तर-छायावादकाल के कवि थे, लेकिन साठ वर्षों तक लगातार सृजन-कर्म करते हुए अपने ढंग से वे भी समकालीन जीवन को अभिव्यक्त करते रहे। यहाँ एक ही उदाहरण पर्याप्त होगा--

> लग गई आग--जाने किसकी गलती !--
> ऐसे में कोई युक्ति नहीं चलती !
> मैं हूँ कि स्वप्न-सा यह भी देख रहा--
> चल रही नाव मेरी जल में जलती !

भाव और भाषा दोनों ही दृष्टियों से यह उक्ति समकालीन है। कवि ने जिस यथार्थ का वर्णन किया है, वह इतना भयावह है कि वह उसके लिए यथार्थ से स्वप्न में बदल गया है। 'रुद्र' जी ने अनेक कविताएँ भी लिखी हैं, लेकिन उनकी मूल संवेदना एक गीतकार की ही थी। 'द्रोण' उनका खंडकाव्य है, अपनी सुंदरता और मार्मिकता के लिए अलग से विचारणीय, लेकिन वह भी प्रगीतात्मक ही है। गीतों के क्षेत्र में उन्होंने अनेक प्रयोग किए हैं, 'रुद्र समग्र' के पाठक इसे देखेंगे, और मेरा विश्वास है कि वे उन प्रयोगों के कायल होंगे। उत्तर-छायावादकाल को लेकर जितनी भी उलझन क्यों न हो, इस बात से प्रायः सारे विद्वान् सहमत हैं कि इस काल के सृजन-कर्म के बिना हिंदी कविता का परवर्ती यथार्थवादी विकास संभव न था। उसे संभव बनाने में निराला, पंत, केदारनाथ अग्रवाल, गिरिजाकुमार माथुर और त्रिलोचन की प्रगतिशील कविताओं का ही योगदान नहीं है, दिनकर, बच्चन, नरेंद्र शर्मा आदि उत्तर-छायावादी कवियों का भी प्रचुर योगदान है। इन कवियों में 'रुद्र' जी का विशेष स्थान होना चाहिए, क्योंकि वे ऐसे कवि हैं, जिनमें मस्ती के साथ गंभीरता, जिंदादिली के साथ गहन अवसाद और फक्कड़पन के साथ शास्त्रज्ञता का विलक्षण संयोग देखने को मिलता है। एक विदेशी विद्वान् ने कहा है कि अच्छे कवियों को फुर्ती के साथ नहीं पढ़ा जा सकता। 'रुद्र' जी की भी माँग है कि उन्हें जल्दबाजी में नहीं, भाव के साथ उनकी कला को सराहते हुए, रुक-रुककर पढ़ा जाए। शायद ऐसी माँग उनकी पीढ़ी का कोई अन्य कवि नहीं करता।

'रुद्र' जी प्रकाशन की तरफ से हमेशा उदासीन रहे। 1935-36 में ही उनकी

कविता प्रौढ़ता प्राप्त कर चुकी थी, लेकिन उनका पहला कविता-संग्रह 1946 में जाकर निकला, वह भी उनके गया के एक साहित्यिक मित्र सिद्धेश्वर प्रसाद सिंह के प्रयास से। अजंता प्रेस, पटना के आग्रह पर उन्होंने 'द्रोण' नामक अपना काव्य लिखा, जो वहाँ से 1950 में प्रकाशित हुआ। उसके बाद 1954 में कुछ ऐसा संयोग जुटा कि अखबारी कागज पर छपकर ही सही 'शिंजिनी' के द्वितीय संस्करण के साथ उनकी दो नई कविता-पुस्तकें--'मूर्च्छना' और 'हिमशिखर'--प्रकाश में आईं। 'रुद्र' जी की पाँचवीं कविता-पुस्तक 'मीड़' राँची के एक प्रकाशन से 1963 में ही निकल गई थी, लेकिन यह दिलचस्प है कि उसका पता कवि को करीब पच्चीस वर्षों के बाद चला। विगत 28 जुलाई, 1991 को, यानी 'मीड़' की पांडुलिपि प्रकाशक को देने के तीस वर्षों के बाद, पटने में आयोजित एक समारोह में त्रिलोचन शास्त्री ने उनकी छठी कविता पुस्तक 'शब्दवेध' का विमोचन किया। 'रुद्र समग्र' में उनकी यही छः पुस्तकें संकलित की कई हैं। 'शिंजिनी' के द्वितीय संस्करण में उससे पाँच कविताएँ निकाल दी गई थीं, संभवतः स्थानाभाव के कारण, और कविताओं के क्रम में थोड़ा हेर-फेर किया गया था। मैंने 'समग्र' में उसके प्रथम संस्करण के रूप को सुरक्षित रखा है। 'मूर्च्छना' में दो नए गीत शुरू में जोड़ने पड़े थे, क्योंकि उस समय तक पुस्तक के अंतिम फर्मे छप चुके थे। मैंने उसके रूप में इतना-भर परिवर्तन किया है कि उन दोनों गीतों को पुस्तक के अंत में कर दिया है। 'शिंजिनी'-काल की अनेक रचनाएँ 'मूर्च्छना' में भी संगृहीत हैं और 'हिमशिखर' में भी। इसी तरह 'शब्दवेध' में 'मीड़' के बाद की ही नहीं, पहले की भी रचनाएँ हैं। यह सब देखते हुए मैंने कविताओं को रचना-क्रम से न देकर पुस्तक-क्रम से ही दिया है, बल्कि पुस्तकों को ही क्रम से सजा दिया है। 'द्रोण' खंडकाव्य है, इसलिए उसे अंत में संकलित किया गया है, यानी 'शब्दवेध' के बाद। तत्पश्चात् परिशिष्ट में क्रमबद्ध रूप में पुस्तकों की भूमिकाएँ दी गई हैं। कवि के विकास को समझने की दृष्टि से कविताओं का रचना-क्रम से संकलित किया जाना अधिक उपयोगी होता है, लेकिन पुस्तकों के रूप को सुरक्षित रखने की भी एक उपयोगिता है, क्योंकि बहुत सारे पाठक 'रचनावली' में पुस्तकों को ही ढूँढ़ते हैं, उनके मूल रूप में।

'रुद्र समग्र' यह नाम एक दृष्टि से दोषपूर्ण है, क्योंकि इसमें 'रुद्र' जी का संपूर्ण लेखन संकलित नहीं है। 1960 में उनके रेडियो के लिए लिखे गए काव्य-रूपकों का एक संग्रह 'भागीरथी' नाम से निकला था। मैंने 'समग्र' में उस पुस्तक को छोड़ दिया है, क्योंकि उसके रूपक संगीतप्रधान हैं और उनमें 'रुद्र' जी ने अपने अनेक गीत पूरे-अधूरे रूप में डाल दिए हैं। इसके अलावा आधा दर्जन उनकी बालपयोगी पुस्तकें भी हैं। 'समग्र' के रूप को देखते हुए मैंने उन्हें भी संकलित नहीं किया। पाँचवें-छठे दशकों में 'रुद्र'जी ने बाबा सुलफादास, संत साहिलदास, कूट मगहिया और पीटन जी पटनिया के नामों से ढेर सारी व्यंग्य-कविताएँ लिखी थीं, जो मुख्यतः गया से निकलनेवाले साप्ताहिक 'ऊषा' और पटने से निकलनेवाले साप्ताहिक 'हुंकार' में प्रकाशित हुई थीं। त्रिलोचन कहते हैं कि

व्यंग्य-कविताएँ ही 'रुद्र' जी को आधुनिक भाव-बोध की तरफ ले गई हैं। इस दृष्टि से उनका साहित्यिक महत्त्व असंदिग्ध है। मैं उन कविताओं को 'समग्र' में तो सम्मिलित नहीं कर सका हूँ, लेकिन आशा करता हूँ कि भविष्य में मैं अलग से 'वाग्दंड' नाम से उनका एक संग्रह प्रकाशित करा सकूँगा। 'रुद्र' जी मगही के भी कवि थे। उनकी मगही में लिखी गई कविताएँ भी यहाँ छोड़ दी गई हैं। यत्र-तत्र प्रकाशित उनके कुछ निबंध भी मिलते हैं। ये तमाम चीजें मेरे ध्यान में हैं और मैं उन्हें एकत्र कर बचा लेने के लिए यत्नशील हूँ।

'रुद्र समग्र' के प्रकाशन की योजना 'शब्दवेध' के प्रकाशन के तुरत बाद बन गई थी। मेरे लिए यह अत्यंत दुखद है कि उसे कार्यान्वित रूप में देखने के लिए 'रुद्र' जी न रहे और पिछले दिनों एक दुर्घटना में उनकी मृत्यु हो गई। 'शब्दवेध' के विमोचन-समारोह में पुरानी और नई पीढ़ियों के लेखकों और साहित्य-प्रेमियों की उपस्थित देखकर मैं दंग रह गया था। उससे मुझे ज्ञान हुआ कि हिंदी क्षेत्र की जनता अपने कवि-लेखकों को कितना प्यार करती है। उनकी मृत्यु पर भी चारों तरफ से शोक-संवेदना प्रकट की गई। इस जनता का विवेक भी बहुत दृढ़ है। देर-सबेर वह अपने श्रेष्ठ कवियों को पहचान लेती है और उन्हें उचित स्थान देती है। मुझे विश्वास है कि 'रुद्र समग्र' के प्रकाशन के बाद 'रुद्र' जी को भी हिंदी कविता में वह स्थान प्राप्त हो जाएगा, जिसके वे अधिकारी हैं। उनके मित्रों, प्रेमियों और शिष्यों की संख्या बहुत ज्यादा है। उनमें से अनेक ने मुझे 'रुद्र समग्र' के प्रकाशन के लिए प्रोत्साहित किया था और उसके लिए हर प्रकार की सहायता देने का आश्वासन भी दिया था। उन्हें इस ग्रंथ के प्रकाशन से निश्चय ही बहुत अधिक प्रसन्नता होगी। मैं उनका अत्यंत आभारी हूँ। उनके साथ मैं अपने दो स्वजनों--सुबोध कुमार सिंह और भारत भारद्वाज--के प्रति शुभाशंसाएँ प्रकट करता हूँ, जिनके सहयोग के बिना 'रुद्र' जी से संबंधित कोई आयोजन नहीं किया जा सकता। मौलिक लेखन हो, या संपादन, मेरा कोई भी साहित्यिक कार्य मेरी बिटिया सौभाग्यवती पूर्वा के श्रम से ही प्रकाश में आने योग्य हो पाता है। मैं उसे हृदय से धन्यवाद देता हूँ। पटने के त्रिवेदी स्टूडियो ने, जो कि यहाँ का परंपरा से प्रतिष्ठाप्राप्त स्टूडियो है, 'रुद्र' जी के प्रति अपनी श्रद्धा की अभिव्यक्ति मुझे उनके कई दुर्लभ चित्र देकर की है। उन्हीं में से एक चित्र 'समग्र' में दिया गया है। वह भी मेरे धन्यवाद का पात्र है।

नंदकिशोर नवल

सुमति पथ, रानीघाट,
महेंद्रू, पटना-800006
15 सितंबर, 1991

अनुक्रम

शिंजिनी

मूर्च्छना

हिमशिखर

मीड़

शब्दवेध

परिशिष्ट

शिंजिनी

रुद्र-स्तवन

हर हर मृडेश हे प्रलयंकर !

मदघूर्ण-निशामणि नर-कपाल
प्रज्वलित-नेत्र खप्पर-विशाल
तुम पुलक-पुलक धृत-मुंडमाल
उद्धत विराट ताण्डव-तत्पर।

तुम शुभ्र-वदन उज्ज्वल-निकेत,
गणपति-हिमाद्रि-तनुजा-समेत,
पार्षद-परेश ! बहु भूत-प्रेत
ले, प्रलय-राग के रचते स्वर।

परिधान-पिंग प्रिय व्याघ्रचर्म,
हो प्रथित रुद्र, भीष्मोग्र-कर्म,
किसको अवगत हो सका मर्म ?--
तुम प्रलयंकर भी हो शंकर।

मंदर-मंथन से जब विह्वल
उगला समुद्र ने हालाहल,
तुम जो न दया करके, शितिगल !
कैसे होते ये अमर, अमर ?

क्षण भर उचटा चिर-योग-शयन,
खोला त्र्यंबक तुमने त्रिनयन,

प्रकटे स्फुलिंग, जल मरा मयन,
तुमको अजेय क्या, योगीश्वर ?

तोड़ो समाधि फिर एक बार,
हिल उठें अद्रि, रवि हो तुपार,
प्रज्वलित चंद्र उगले अँगार,
काँपें त्रिलोक-जल-थल थर-थर।

फुंकार उठें पन्नग कराल,
फैले अग-जग में गरलज्वाल,
नाचे प्रमत्त हो प्रलयकाल--
दे ताल तुम्हारे डमरू पर।

विद्युत् द्रुतगति से तड़क-तड़क
अभ्रस्थ इरम्मद कड़क-कड़क
टूटें, अँगार उगलें निधड़क,
विध्वस्त विश्व हो क्षार-निकर।

हो अस्त-व्यस्त जगती समस्त,
टकराएँ ग्रह निज कक्ष-न्यस्त,
विधि-विष्णु मूढ़, विबुधेश त्रस्त,
चक्रांग चकित, काँपें खगवर।

हो रुढ़ि-राक्षसी का विनाश,
अंधी प्रतीति का त्वरित ह्रास,
तुम शिवस्वरूप फिर नव-विकास
के रचो नये युग, नव वत्सर।

मिट जाय द्वैत, फैलें शम् के
शुभ भाव पुनः 'हर हर बम्' के,
ॐ 'सत्यं शिवं सुन्दरम्' के
मंजुल रव से हो विश्व मुखर।

1936

भूला राग

कोई छंदों के बंध का बंदी नहीं जो मैं अक्षर जोड़ता जा रहा हूँ,
हर अक्षर है टुकड़ा दिल का, दिल टूटा हुआ मैं जुटा रहा हूँ ;
कोई गाना नहीं, यह एकफ़िसाना है जीवन का, जो सुना रहा हूँ,
एक दर्द की रागिनी दाग़ों के काले सुरों पर आज बजा रहा हूँ।

एक वक्त था, एक जमाना हुआ, जब भाग पै फूला समाता न था,
मेरा छोटा-सा बाग यहीं कहीं था, जो कि नंदन को भी लगाता न था,
दुनिया से जुदा घोंसला था मेरा ; कौन था, देखके जो सिहाता न था !
ऋतुराज यहाँ बस आता ही था, और आता जो था, फिर जाता न था।

हँसता ही सदा दिन था रहता, चाँदनी की निशा मनभावनी थी,
जब रंग-बिरंगी खिली-खिलती कलिकाओं की टोली सुहावनी थी ;
नित रंग-रली-रत राग-भरे तितली-दल की जहाँ छावनी थी,
जहाँ प्रेम का राग अलापते-से अलि-बालों की गुंजित लावनी थी।

आज सूनी पड़ी वह बाटिका है, आशियाने का भी न ठिकाना है रे !
हरियाली नहीं वह लाली नहीं, यह प्रान्तर आज वीराना है रे !
न बहार की कोई बहार यहाँ, न सुगंध का राजखजाना है रे !
दल पीले पड़े धूल में कहते, आज कोंपलों का यह बाना है रे !

सुख की मुझसे मत पूछो कथा, सुख का मुझसे तभी साथ छुटा,
जब हाथ में आये हुए सुख का विधिलीला से बेबस हाथ छुटा ;
देखता ही रहा, कुछ हो न सका, और जीवन का हर हार लुटा,
बाट जोहती-सी एक लालसा का दिल ही दिल में अरमान घुटा।

दुख देख मेरा रो पड़ा आसमाँ ओस-बूँदों में आँसू बहाने लगा,
लालसा की समाधि पै रोता हुआ चाँद तारों के फूल चढ़ाने लगा ;
मेरी आहों के दाह से काला बना पिक दर्द-कहानी सुनाने लगा,
आग खाने चकोर लगा तब से, पपीहा 'पी कहाँ' गुहराने लगा।

आसमान में छेद हजारों हुए, चाँद के दिल में वह दाग़ बना,
दुख मेरा पयोनिधि के उर में बड़वा-सी भयंकर आग बना,
वह भाग बना, बिरही को मिला, और सूने सितारों का राग बना,
बेकली की निशा को रिझाते हुए बाँसुरी की कथा का बिहाग बना।

उसी भूले हुए राग के सुर को फिर आज जरा दुहरा रहा हूँ,
मुरझाया हुआ यह घाव कुरेद-कुरेदके ताजा बना रहा हूँ,
एक आग, जो राखों के नीचे दबी है पड़ी, दिल फूँक जगा रहा हूँ,
वेदना की समाधि पै साधना का तप-दीपक एक जला रहा हूँ।

1935

वह दिन

आज भी वह दिन न भूला।

शीर्ण मानस में मनोरथपूर्ण जीवन आ भरा था,
और जब मरुलोक भी मधुसिक्त हो पाया हरा था,
चिर-प्रतीक्षा बाद मेरा बाग पहली बार फूला।

गंध-नी बह मंद शीतल गंध का करती वहन थी,
कूक पिक शुक सारिका की रागिनी करती सृजन थी,
टँग रहा था वृन्त पर ऋतुराज का हर ओर झूला।

एक दुनिया ही निराली थी, नयी पल-पल पुलक थी,
आप अपने सौख्य, स्वप्निल-राशि पर रोमालि ठक् थी,
शूल भी थे फूल, अपने में समाता था न फूला।

चल रही थी पाल सुख के तान लघु तरणी दुलारी,
शांत था सागर, जगत्पट पर खचित थी चित्रकारी,
बालशशि की तूलिका से था प्रकृति ने चित्र तूला।

आह ! तब सोचा न था, यह चार दिन की चाँदनी है,
धौरहर है धूम का, चाँदी नहीं, बालू-कनी है,
स्थिर जिसे था मानता, निकला वही जल का बबूला।

घिर घुमड़ सहसा लगे घन-घन गगन में शोर करने ;
क्षुब्ध सुखसागर ; लगे खर-शर-सदृश हिमबिन्दु झरने ;
ले गया नौका भँवर में एक झोंके का बगूला।

निःस्व यों मुझको बनाकर, फेंक कर अनजान थल में,
क्या मिला तुझको, हुई क्या वृद्धि तेरे सिद्धि-बल में ?
कब न तुझको, भाग्य मेरे, था प्रबल मैंने कबूला ?

1937

नयनों का सावन

मेरी पलकें क्या देख रहे ? देखो मत नयनों का सावन।
जो देख सको तो देखो मेरे भाव, हृदय मेरा पावन।

आँखें तो हैं बरसाती नद,
जो आयी बाढ़, बहीं उन्मद,
भर आता बरसाता पानी,
तो धीरज की खो जाती हद ;
क्या देख रहे छिछले लोचन,
मिटते जिनके मोती बन-बन ?
दिल की मेरी दुनिया देखो, देखो मेरे मन की चितवन।

बादल बनकर जो आते हैं,
मोरों को नाच नचाते हैं,
बिजली के सैन चला दिल पर
कितनों के वज्र गिराते हैं,

कैस हैं ये घनघोर नयन,
काले ये दिल के चोर नयन !
आँखों में किन्तु पपीहे की, बस एक रूप--स्वाती-जीवन।

आँखों से धोखा होता है,
जीवन अपना घर खोता है,
कैसे कोई विश्वास करे ?--
आँखें हँसतीं, मन रोता है ;
बदला करती हैं ये क्षण-क्षण,
क्षण में करतीं सर्वस्व-हरण,
आँखों में प्रिय ! क्या घूम रहे ? आओ, देखो मन का उपवन।

तोता ज्यों आँख बदलता है,
आँखों का कौतुक चलता है,
थिरता इनमें कब आ पायी ?
जो कुछ है, भृंग-चपलता है ;
निरखो मत हे मोहक नर्तन,
देखो इनका बस परिवर्तन,
काले इन पर्दों के भीतर देखो अपना ही रूप सुमन।
1939

दीपशिखा

आग हूँ, मुझसे न खेलो।

तुम शलभ सुकुमार, कोमल दल तुम्हारे,
वृन्त पर झूला किये, खेला किये मृदु वल्लियों से
कल्पना की गोद में ; मीठी मलय की थपकियों ने
स्नेह से सिंचित किये कुन्तल सँवारे ;

दूर ही रहना, न छूना,
जल गया जो आप अपनी आँच में, उस काँच का मैं हूँ नमूना ;
आप अपने से छला मैं भगा हूँ, मुझसे न खेलो।

मैं जली, जलती रही, ज्वाला जलाये ;
ललकते लौ से लिपटने के लिए कितने सनेही
झूमते आये शलभ, दुर्लभ प्रणय-उपहार लाये।
जल मरे पल में मुझे देते दुआएँ ;
और मैं टुक भी न डोली ;
वे मरे बेबोल मेरी एक बोली के लिए, फिर भी न बोली ;
जो जलाता ही रहा, वह त्याग हूँ, मुझसे न खेलो।

तुम चले हो आज मुझसे प्यार पाने ?
स्नेह से ही जो जली, जिसका प्रणय परिताप बनकर,
शाप की बड़वाग्नि का उत्ताप बनकर जल रहा है ;
गरल से आये सुधा उपहार पाने ?
प्रेम का परिहास हूँ मैं,
अविचलित ज्यों केतु हूँ अपने गगन का, दर्द का इतिहास हूँ मैं ;
दृष्टि ही जिसकी प्रलय, वह नाग हूँ, मुझ से न खेलो।

1941

हार-जीत

धार में छोड़ी मैंने नाव, तीर पर दुनिया रोती रही।

एक दिन इसी तीर पर कहीं,
कहीं से, अपने से अनजान,
किसी का लेकर व्याकुल प्यार
और बस भोलेपन का ज्ञान,
हवा के दामन में बेहोश,
चूमती लहरों की मुस्कान,

लगी आकर थी मेरी मेरी नाव
लिये कुछ गूँज, लिये कुछ गान ;
नाव में क्या-क्या है सामान--तीर पर चर्चा होती रही।

और तब मैं सहसा रो पड़ा
कि मैंने देखी दुनिया नयी,
लगीं लगती-सी, पहली बार,
जमातें नयी, बिसातें नयी ;
रूप की लगी हुई थी हाट--
प्रेम बेहया, दया छलमयी--
यहाँ आकर तो, हे भगवान !
देखता हूँ, पूँजी भी गयी ;
तीर पर दुनिया भर की आँख आँख में तीर चुभोती रही।

मगर जाना ही हो जिस ठौर,
वहाँ मर्जी की कैसी बात ?
किसी ने चला दिया, चल पड़ा
चक्र-सा चलता मैं दिन-रात ;
नाव को लगना था जिस ठाँव,
नाव लग गयी किनारे-घाट,
उतरकर , जहाँ मिल गया दौर,
लगा दी मैंने वहीं बिसात ;
प्रीति मेरी, दुनिया के लिए रुपहले हार पिरोती रही।

मोल करने आये, मनचले,
न जाने कैसे-कैसे लोग,
किसी की आँखों में था लोभ,
किसी की बात--नीतिमय रोग ;
मिले मुझको ऐसे उपदेश,
भरा जिनमें था केवल ढोंग ;
जानकर मुझे महज अनजान
किया सबने ठगने का योग ;
मुझे छलकर दुनिया की चाल आबरू अपनी खोती रही।

और अब आज विदा की घड़ी,
विदा उनसे, जो अच्छे लगे ;
विदा उनसे, जिनके अरमान
दुःख में रात-रात भर जगे ;
विदा उनसे भी, बनकर मीत
जिन्होंने मेरे मोती ठगे ;
विदा उन सपनों को भी आज,
आज तक जो पलकों से टँगे ;
तीर-सा चल तीर से तेज, तीर पर छाया सोती रही।

फलेंगे, निश्चय, बनकर पेड़,
कि बोये हैं मैंने जो बीज ;
छोड़ आया हूँ मैं जो राख,
बनेगी दुनिया का तावीज ;
प्रेम की आवेगी वह बाढ़
कि धो देगी जो गली-ग़लीज़ ;
रंग लावेगी मेरी हार
एक दिन बनकर जन की चीज़ ;
हारकर भी मैं हँसता चला, जीतकर दुनिया रोती रही।

1943

वैरागी का गीत

जीवन में जो भी प्यार मिला,
जन-जन से जो दुतकार मिली,
विजयी बनकर जो कुछ पाया,
उम्मीदों को जो हार मिली,
अरमान सँजोये थे जितने
बालू की नीर-लकीरों में,
वरदान मिले जो-जो जग से,
पीड़ा जो अपरम्पार मिली ;
मैं तोड़ चला सारे बंधन, सब छोड़ चला, जो प्यारा है !
लो, आज सभी कुछ लो, साथी ! यह सब कुछ आज तुम्हारा है।

वह एक बिन्दु-सी, जो मीलित
कलि के उर में अज्ञात पली,
उच्छलित-सिन्धु-शीतल-तल में
जो चिर अभाव की ज्वाल जली,
वह एक अतृप्त पिपासा-सी,
जीवन की मुग्ध निराशा-सी,
सीपी के सम्पुट में सिमटी
मोती-सी जो वासना ढली,
हलचल जिसकी पारा ढलमल, संयम शीशे की कारा है !
लो, आज वही ले लो, साथी ! यह सब कुछ आज तुम्हारा है।

सपने तो बहुत-बहुत देखे,
सुख-दुख भी बहुत जुगोये हैं,
जाने कितने अनमोल रतन
पाये हैं, मैंने खोये हैं,
उलझन के इन शैवालों में
छल-जालों में क्या-क्या न मिला !
फूले न समाये प्राण कभी
तो कभी फूटकर रोये हैं ;
मोती-मणियों से ही मैंने अपना यह गेह सँवारा है;
पर आज सभी कुछ लो, साथी ! यह सब कुछ आज तुम्हारा है।

थी चाह बड़ी, मैं भी देखूँ
दूबों की कोमल राह सखे !
थी चाह, सनेह-समुंदर की
मैं भी पा सकता थाह सखे !
पर चाव रहे मन के मन ही
मेरे बालू ही बाँट पड़ी,
छू मुझे बसंती झोंका भी
बन जाता लू का दाह सखे !
तूफान जहाँ कण-कण में है, यह वह अंतःसरिधारा है ;
लो, आज सभी कुछ लो, साथी ! यह सब कुछ आज तुम्हारा है।

काँटे मेरे पग-चुम्बन को
मग में जो थे बेजार खड़े,
मेरी पावन पग-धूलि चढ़ा
सिर पर, लज्जा के भार गड़े ;
आँधी आयी, पर मैं न रुका,
तूफान उठे, पर मैं न झुका ;
चट्टान अड़ी, उखड़ी झंझा,
पग आगे ही कुछ और बढ़े ;
साथी ! यह तो वह जीवन है, संकट ही जिसे दुलारा है ;
पर आज सभी कुछ लो, साथी ! यह सब कुछ आज तुम्हारा है।

मेरा बल ही क्या था जो मैं
लहरों से होड़ लगा पाता !
साधन ही क्या थे प्राप्य मुझे,
जो मन की साध मिटा पाता ?
फिर भी अनजान हिलोरों पर
बढ़ चली नाव झोंके खाती ;
कौतूहल था, तूफानों में,
देखूँ तो, क्या-क्या है आता ;
हर कष्ट झेल, हर विघ्न ठेल, अपनेपन से जो हारा है ;
वह अपनापन, यह लो साथी ! यह सब कुछ आज तुम्हारा है।

मेरी जितनी सामर्थ्य रही,
मुझसे जितना जो बन पाया,
मैंने तो यत्न किया, लेकिन,
फिर भी, न बनी कंचन काया ;
लोहा भी पारस को छूकर
तर जाता है बनकर सोना,
मेरे तो पारस भी निकले
मुट्ठी-भर मिट्टी की माया ;
फिर भी, मैंने समझा, मेरा सपना ही सत्य-सहारा है ;
यह सपना भी अब लो, साथी ! यह सब कुछ आज तुम्हारा है।

1941

मंजर-गीत

गाऊँ, कुछ गीत सुनाऊँ रे, मंजर हूँ, मधु बरसाऊँ।

मैं चूम-चूम दिनकर के कर, पी सुधा-स्निग्ध शशि के शीकर,
वंदित वसंत की मौन-मुखर सुषमा के साज सजाऊँ रे !

मलयज-रानी के धर दुकूल, सौरभ से अपने स्वप्न तूल,
रचना पर अपनी भूल-भूल, झूलूँ, फूलूँ, मुस्काऊँ रे !

गर्वित रसाल, हर्षित तमाल, सुरभित वनांत, अंबर विशाल,
तितली रसज्ञकुल मधुपमाल, सबसे मैं रास रचाऊँ रे !

चूमें चिड़ियाँ मेरे मधु-कर, झूमें पल्लव मुझको पाकर,
मेरी अनन्य-श्री भर दे स्वर अग-जग में, मैं इठलाऊँ रे !

सूने में नभ के बादल-दल, भू पर खेतों में दल श्यामल,
मेरे रागों से हों प्रांजल, मैं मन की बीन बजाऊँ रे !

कूके केकी कोयल पगली, पिहके पपिहा प्रति वनस्थली,
फूली न समाए कली-कली, मैं वह संदेश सुनाऊँ रे !

खिल-खुल खेलें जन प्रेम-फाग, रह जाय न कण-भर द्वेष-राग,
सब लाल-लाल, सब बाग-बाग, भागे विराग, मैं भाऊँ रे !

दो दिन की मेरी प्रेमकथा, हर ले अग-जग की मर्मव्यथा,
है मरण मर्त्य की प्रथा, मरूँ, पर अमराई भर जाऊँ रे !

1938

प्रयाण-गीत

बढ़े चलो जवान तुम, बढ़े चलो, बढ़े चलो।

खड़ा विकट पहाड़ है,
मृगेन्द्र की दहाड़ है,
प्रचण्ड शैल-शैल पर
प्रपात का प्रहार है ;
परन्तु शृंग-शृंग पर
अडिग अभंग अंघ्रि धर
चढ़े चलो जवान तुम, चढ़े चलो, चढ़े चलो।

कि लक्ष-लक्ष विघ्ननदल
घिरे प्रलय-प्रबल-चपल,
रुके न तुम्हारे चरण
नवीन-कल्पना-सबल ;
उसी प्रकार आधि से
अनन्त विघ्न-व्याधि से
लड़े चलो जवान तुम, लड़े चलो, चलो।

घिरी कभी विकट अमा,
सशंक हो उठी क्षमा,
अशंक तुम चले, चली
चकित मरुत्परिक्रमा ;
उसी प्रकार, शक्ति-रथ
बढ़ा प्रबुद्ध, मुक्तिपथ
गढ़े चलो जवान तुम, गढ़े चलो, गढ़े चलो।

अनभ्र वज्रपात हो,
उदग्र चक्रवात हो,
अनल उगल रहे शिखर,
कुहान्ध आर्त्त प्रात हो,

परन्तु वज्रदेह-से
अजेय गेह-गेह से
कढ़े चलो जवान तुम, कढ़े चलो, कढ़े चलो।

स्वतन्त्रताप्ति के लिए,
कलुष-समाप्ति के लिए,
समाज में सुनीति की
अखण्ड व्याप्ति के लिए,
ध्रुवैक लक्ष्य-अक्ष पर
अमोघ राष्ट्र-रश्मि-शर
जड़े चलो जवान तुम, जड़े चलो, जड़े चलो।

1944

मलयोच्छ्वास

श्रद्धा तो बहुत मिली जग से, थोड़ा-सा प्यार कहीं मिलता ! !

मैं जहाँ गया, 'जय हो, जय हो' वन-वन के पंछी बोल उठे,
दल-फल-किसलय-कलि-मुकुल-कुसुम खिल-खिल खुल-खुल मुँह खोल उठे,
वन-वल्लरियाँ मकरंद-विकल, गुल्मिनियों का अंचल सरका,
दूबों का यौवन दमक उठा, मानस के सरसिज डोल उठे ;
आँखें तो बहुत मिलीं, लेकिन उर का उपहार नहीं मिलता।

फूलों की धूल-भरी शोभा सिहरन से सद्यः स्नात हुई,
रवि की अनुरागमयी नलिनी कुछ लाल हुई, अवदात हुई ;
मद-गंध-अंध मैं गंधवाह जिस ओर चला, रस-घट छलका,
छू दिया जिसे वह स्वर्ण हुआ ; छू गयी रात, मधुप्रात हुई ;
पर मैं जिसमें 'मैं' को छू लूँ, ऐसा अभिसार नहीं मिलता।

रोमांच हुआ सर में, सरि में, कुवलय-कुल के कल-केसर में,
मेरी सुख-सन्निधि से जागी रस-रंग-तरंग चराचर में ;
सबने जाना, मैं राजा हूँ, मस्ती का और जवानी का ;
नदियों ने केवल ज्वार लखा, ज्वाला देखी कब सागर में !
थम जाय जहाँ हलचल मेरी, ऐसा आधार नहीं मिलता।

थोड़ी-सी लू चल जाती है, संसार विकल हो जाता है,
वह मेरी ही अँगड़ाई है, जीवन जिसमें सो जाता है ;
संयम की भी हद होती है, कब तक मन को बाँधे कोई ?
लाचारी है, खो जाता है, रो आता है, रो जाता है ;
दुनिया में तो रोने का भी खुलकर अधिकार नहीं मिलता।

1945

दुर्दिन

गरज रहा है आसमाँ
प्रलय का बँध रहा समाँ
घुमड़ रहे घटा-कटक
कि आज व्योम पर विजय किये अकड़ रही अमा।

हहर रहे पहाड़ पर
विटप नदी-कछार पर
कि मृत्यु आ गयी निकट
उजड़ न जाय जड़ उखड़ हवा के एक वार पर।

दिगंत अंधकारमय
दुरंत दुःख-भारमय
घटाएँ दुंद बाँधके
बजा रही हैं दुन्दुभी प्रलय-प्रणाद एकलय।

हहास बाँधके पवन
हिला रहे लता-भवन
झुलस चुकी हैं क्यारियाँ
चमन-चमन में धूम है--कृतान्त कर रहा हवन।

इधर जो नीड़ों में विहग
भयार्त्त शावकों से लग
परों में घर छिपा रहे
कि तार-तार हो रही है डाल-डालियों की रग !

उधर मरुत्प्रहार से
प्रपूर्ण जलविकार से
हिलोरे क्षुब्ध अब्धि के
चले प्रचण्ड युद्ध के तुरंगों की कतार-से।

अनन्त में गड़े हुए
नयन-नयन जड़े हुए
चकित, कि हो रहा है क्या
लगाते मेघ फेरियाँ, हवाओं पर चढ़े हुए।

कि तड़तड़ा उठी तड़ित्
दिगन्त हो उठे चकित
गिरा कहीं ज्वलल्लसित
सुरेन्द्र का प्रचण्ड दर्प-दण्ड उग्रता-भरित।

घहर घनन् घनन् घनन्
गगन के बज उठे भवन
भुवन में मौन छा गया
सिहर उठे धरा के रोम-रोम भीपिका-प्रवण।

समस्त सृष्टि-कल्पना
समस्त दीप्ति-ज्योत्सना
समस्त शौर्य-वीर्य को
लगा कि काठ मार गयी एक व्योम-भर्त्सना।

मुहूर्त्त-भर मही रही
प्रशान्त, ठगी-सी रही
जगे परन्तु शीघ्र ही
उदग्र चक्रवात, और काँपने लगी मही--

न जाने हो रहा है क्या
पुनः डुबो रहा है क्या
बिड़ौजा, वज्र-समान ही
धरा के ग्राम-ग्राम को, घनों की पंक्तियाँ सजा ?

कि आग-सी लगी वहाँ
बसे हैं देवता जहाँ ?
धुँए के गोल उठ रहे
घिरा है घटाटोप कृष्णता से आज आसमाँ।

1944

नया साल

वीत गया, लो ! साल पुराना, नया साल फिर आया, साथी !
फिर पलकों के पुलिन पनीले, भाव-सिंधु लहराया, साथी !!

कितनी देर कहाँ बिरमे हम
कितना क्या पाया रंजोगम
कहाँ-कहाँ पर अपने दिल को
रोया किये, मनाया मातम
भूल जायँ भूलें जो भी कीं, दाग-दर्द जो पाया, साथी !
हम भूले हैं, जग भूला है, भूलों की यह काया, साथी !!

शूलों में संसार खिला है
शूलों में ही प्यार खिला है

जीत जिसे दुनिया कहती है
हारों का उपहार मिला है
डेग-डेग पर बिछी हुई है, यहाँ रूप की माया, साथी !
कहाँ-कहाँ क्या कहें कि हमको माया ने भरमाया, साथी !

जड़ तो जड़, जड़ता क्यों खोवे ?
चेतन भी अचेत बन रोवे
जड़ता का यह भार विश्व
चाहता कि अब चेतन ही ढोवे
व्याप रही है चेतनता पर एक अचेतन छाया, साथी !
किस जादूगर ने जगती पर ऐसा जाल बिछाया, साथी !

नयी खोज का ज्ञान मिला है
ज्ञानी को विज्ञान मिला है
वैज्ञानिक को खोज-ढूँढ़कर--
प्रतिमा में पाषाण मिला है
अब तो सत्य वही, जो तर्कों से आकर टकराया, साथी !
नये विश्व ने विश्वासों का नाम-निशान मिटाया, साथी !

कितना बदल गयी है दुनिया
सचमुच, एक नयी है दुनिया
हृदयहीन मिथ्याडम्बर की
छल-जंजालमयी है दुनिया
इस विकसित विज्ञान-लोक ने कैसा समय बुलाया, साथी !
जो न देखना कभी बदा था, ऐसा दृश्य दिखाया, साथी !

एक साल, यह एक साल जो
बीत गया, यह विषमकाल, जो
गया, कयामत-सी बरपाकर
दुनिया का कर बुरा हाल यों
भूल सकेंगे क्या हम, इसने कैसा प्रलय मचाया, साथी !
भूल सकेंगे क्या हम, इसने क्या-क्या नाच नचाया, साथी !

कितनें रौंदे गये देश, उफ् !
कितनों के लुट गये वेश, उफ् !
प्रकृति जहाँ इठलाती होती
अस्थि-भस्म हैं वहाँ शेष, उफ् !
दीन निहत्थों पर भी निर्मम बम्म गया बरसाया, साथी !
बच्चे, बूढ़े और युवतियों पर गोली की छाया, साथी !

'शांति' 'शांति' उसका भी स्वर है
जो अशांति का स्वयं निकर है
'न्याय' 'न्याय' उसकी पुकार है
स्वयं अनय पर जो तत्पर है
इस बीसवीं सदी ने, देखो, कैसा स्वांग रचाया साथी !
सभ्यवेशधारी प्रपंच ने कैसा लोह बजाया, साथी !

प्राणों का बलिदान करें जन
युद्धों का यशगान करें जन
एक इशारे पर दिवान्ध बन
तन-मन-धन कुरबान करें जन !
यही शांति का स्रोत समझ बैठा है जग बौराया, साथी !
मानव के शोणित को मानव का पिशाच अकुलाया, साथी !

नभ अनभ्र अब आग उगलता
जलनिधि जन-जलयान निगलता
कोने - कोने में पृथ्वी के
धू-धू रण का पावक जलता
व्रज-वसुधा पर पुनः प्रलयवर्षी बादल घुमड़ाया, साथी !
क्या न करेगा त्राण हमारा फिर मोहन मनभाया, साथी !

क्या उपेदश दिया गौतम ने !
'तम का अंत किया कब तम ने ?
दैर, वैर से कब जाता है ?'
प्रीति-रीति क्यों खो दी हमने ?
प्रियदर्शी का प्रेम-सँदेशा जग ने क्यों बिसराया, साथी ?
क्यों शोणित के लिए, अकारण, मानव आज लुभाया, साथी ! [1952]

पाटलिपुत्र के खँडहर से

हे गरिमा के विस्मृत प्रतीक !

अरमानों की मूर्च्छित समाधि !
विधुरा विभवश्री के सिगार !
प्रभुता के ओ कंकाल-शेष !
निःशेष कलाओं के मजार !
महिमा-मंडित मागध अतीत की सुप्त प्रगति, चिर-निर्व्यलीक !

कितने युग आये और गये
तुम पर कितनी क्या छोड़ छाप ;
कितनों का सुख, कितनों का दुख
देखा है तुमने सपरिताप ;
देखा है तुमने बर्बरता का सभ्य वेश, शासन अलीक।

पर, सच कहना, हे वृद्ध, कभी
क्या ऐसा भी था समय हाय !
जब आज सदृश था मगध-लोक
इतना दरिद्र, इतना अपाय ? --
जन-जन जड़वत्, मन क्षत-विक्षत, जीवन प्रतिहत, सहते व्यलीक।

दाने-दाने को आज पड़े
लाले, बिललाते वृद्ध-बाल,
बस चंद चटोरे चंटों के
अतिरिक्त बने सब ही कँगाल,
असमय चिन्ता-हिम से मुरझे यौवन-मानस-मुख-पुण्डरीक।

तन-मन-जीवन प्रतिबद्ध वायु-
मंडल में आज विपाक्त बना,
खर-कूकर से भी हाय ! हीन-
तर राम-कृष्ण का भक्त बना ;
कुछ बोलो तो हे आर्य ! मिटेगी कब, कैसे, यह नियति-लीक ?

हो रहे विफल सारे प्रयास,
होता जाता बल-धैर्य क्षीण ;
इस अंधतमस में भ्रान्त, पंथ
भी सूझ न पड़ता समीचीन ;
तुम इतना तो बतला दो हे, है कौन सफलता-सरणि ठीक।

संकेत मात्र तुम दे दो, हे
अनुभवी, मगध के मौलि-मौर !
हमको बस आवश्यकता है--
तुम 'हाँ' कह दो, बस कुछ न और ;
हे साधु ! विलोको, तत्पर हैं नवयुग के ये अगणित अनीक।

तुम तो सुनते हो अहोरात्र
सुरसरिता का वह स्वर-सँदेश--
पाटली-पुत्र ! रे सुप्त सिंह !
उठ, जाग, बचा पतयालु देश--
फिर भी, यह कैसा मौन ? लाज-भय कैसा यह ? हे चिर-अभीक !
जागो, ओ गरिमा के प्रतीक !!

1937

नया वर्ष

लो, नया वर्ष फिर आया,, गौरी, नया वर्ष फिर आया।

कुछ हास और कुछ रोदन--
ये एक मोह की धूप-छाँह के दो स्वरूप,

माया के ये कौतुक अनूप--
जगमग जिनसे जग-जीवन ;
गिन जो, जो द्रव्य कमाया, गौरी···

भूलों की भूल कहानी,
कर दूर भूत का ध्यान, लुटा मानापमान,
करना प्रशस्त पथ वर्तमान
कितना कठोर ? कल्याणी !
पर मुझे यही मनभाया, गौरी ···

क्यों करे भविष्यत् चंचल ?
मेरे कर में जब वर्तमान, विधि का विधान,
गति-गत में ताण्डव-तड़ित्तान,
मैं सृष्टि-डमरुधर केवल,
कब देख विघ्न घबराया ? गौरी ···

करता विनाश पर त्राटक,
मैं 'रुद्र' तोड़ता दुरित-दुर्ग सोल्लास तूर्ण,
करता विकीर्ण दृग-अग्नि-चूर्ण,
रचता नवीन-युग-नाटक ;
किसने न मुझे सिर नाया ? गौरी ···

1939

होली

कहाँ गयी अब वह होली री, कहाँ गयी अब वह होली ?

होली खेली थी रामचन्द्र ने, लंका क्रीड़ाभूमि बनी,
जब रीछ-वानरों के सँग भी संगठित-शक्ति की भंग छनी,
अन्यायों की होलिका जली, रिपु-मुंड उड़े चिनगारी-से,
जयध्वनि होली-धम्मार बनी, रँग गयी रक्त से रण-अवनी ;

होली वह थी, जिसने बरसों की दिली गाँठ उनकी खोली,
उर-उर में कब से पड़ी गाँठ क्या खोल न देगी यह होली ?

होली खेली थी वीर पार्थ ने, कुरुक्षेत्र था रंगस्थल,
योद्धादल होली का जुलूस था, पिचकारी गांडीव विकल,
अबरख-से बाण बरसते थे, कुंकुम-से कटे मुंड लुटते,
हर एक सूरमा जंग-रंग की भंग डटाये था पागल ;
जब काल-पात्र की लाली में हर दिल ने कालिख थी धो ली,
कालों को लाल बनानेवाली कहाँ गयी अब वह होली ?

होली खेली थी बुद्धदेव ने, बोधगया-वटवृक्ष तले,
ज्ञानाग्नि प्रज्वलित हुई और जर्जर भव के भ्रमजाल जले,
बस, प्रेम-अहिंसा की लय में बजने ऐसा धम्मार लगा,
'बुद्धं, धम्मं, संघं शरणं अनुगच्छामः' स्वर-स्रोत चले ;
निर्वाण-लुब्ध कोने-कोने से निकली होली की टोली,
भिक्षुक भगवान् बने, भूपों के कर में थी भिक्षा-झोली।

हल्दीघाटी की होली का किस आर्य-हृदय को है न दाप ?
कैसे भूला जा सकता है वह अमर-खिलाड़ी श्री प्रताप ?
झालों समान तलवारें थीं, करताल ढाल के बजते थे,
'बम् बम् हर हर' का फाग मचा ढोलक-ध्वनि चेतक-चटक-टाप !
वह स्वतंत्रता की भंग, त्याग की मिश्री थी जिसमें घोली,
पी लो, पी लो, ओ नौनिहाल ! पी लो, खेलो असली होली !!

अब द्वेष-फूट के काठ कटें, कायरता की होलिका जले,
हर जोर-जुल्म की धूल उड़ाता दलित-वर्ग जय बोल चले ;
आग्रह हो सत्य-अहिंसा से रँग देने का दानवता को
बलि-भाव-भंग पी, रंग-अंग, घर-घर से निकल चलें पगले ;
होवे मंगल का अनुष्ठान, प्रति भाल जड़ी हो जय-रोली,
ओ अलबेले माँ के सपूत, खेलो, खेलो ऐसी होली !!

1936

याचना

जीवन से भर दो प्राणों को यौवन से भर दो--
शक्ति हे, शिंजन से भर दो।
जाग उठे मेरा पौरुष-बल,
साहस हो मेरा पथ-संबल,
उर्ज्जस्वित स्वर से मेरे उर को उर्वर कर दो।

विद्युन्मय होवें मेरे पग,
मेघोन्मन होवे मेरा मग,
मेरा पग-जल पाने का इन काँटों को वर दो।

जग की हो जो भी कठिनाई,
खड़े कूट, कंटक या खाई,
मेरे निर्झर के मग में सब शैल उठा धर दो।

तोड़ चले, मेरा अप्रतिहत
निर्झर गति के बंध, गतागत,
मैं माँगूँ, मेरे चलने को दुर्गम ही स्तर दो।

जड़ की भी जड़ता हर लूँ मैं,
चेतन की सत्ता भर दूँ मैं,
शालिग्राम बनें जो, मुझको ऐसे पत्थर दो।

मरे जीर्ण मेरी कायरता,
जाग्रत् हो जीवन-तत्परता,
नीलकंठ शंकर बनने का वर, हे सुंदर ! दो।

1941

आज पहली बार

आज पहली बार--

पौरुष का निराशा कर रही रे क्रूरतम परिहास,
रोके सफलता का द्वार ;
--आज पहली बार।

फैला सामने फेनिल गरजता नील पारावार,
घिर घिर घहरता घनघोर अंबर में सघन-संहार ;
असफलता-पिशाची का कभी सुनता विहासोल्लास,
इस तम-सिन्धु के उस पार ;
--आ़ज पहली बार।

भीपण रात, यह बरसात, विकट प्रपात, झंझावात,
चारों ओर से जैसे मना करती मुझे हर बात ;
जाने क्यों हृदय में आज पैदा कर रहा है त्रास
विद्युत् का विकट चीत्कार !
--आज पहली बार।

छोटी नाव, सिन्धु अशांत, भीपण ध्वान्त, मैं एकान्त--
पर डर क्या ? हिचक कैसी ? पुरुप हूँ, और यों भयक्लांत ?
ना, इस तीर पर क्या सोच ? मैं हूँगा न विमुखप्रयास ;
नौका ले चलूँ मझधार ;
--आज पहली बार।

1937

कवि से

यह कैसा सम्मान तुम्हारा ?
लक्ष्य लुट रहा आज भक्ष्य पर, मान है कि अपमान तुम्हारा ?

तुमने जड़ता में जीवन भर
कभी मर्त्य को किया स्वर-अमर,
बने क्रांति-पथ के तीर्थंकर ;
और आज, बन सौख्य-भिखारी, भटक रहा अरमान तुम्हारा।

तन का हर अभिशाप ठेलकर,
मन का भीषण ताप झेलकर,
तूफ़ानों में बढ़े, खेलकर,
मगर आज यह मकड़जाल क्यों जकड़ रहा अभियान तुम्हारा ?

अपने प्रण पर रहे अड़े तुम,
हर आफत से भिड़े, लड़े तुम
ऐसा, लेकिन, आज सड़े तुम,
मिट्टी को भी घिना रहा है, मिट्टी बन अभिमान तुम्हारा।

तुमने अपनी टेक तोड़ दी,
कठिन कर्म की राह छोड़ दी,
किधर प्रगति की धार मोड़ दी !
हस्ती को बरबाद कर रहा, बदमस्ती का गान तुम्हारा।

तुम पर लगे हुए थे लोचन,
जन-जन के तुम ही थे जीवन,
तुम ही थे भव के भ्रम-मोचन,
और आज तुम स्वयं भ्रान्त हो, भ्रान्ति बन रही ध्यान तुम्हारा।

जागो, अहो क्रान्त के द्रष्टा !
जागो, अहो क्रान्ति के स्रष्टा !
जागो, ओ युग-युग के त्वष्टा !
कब से जगा रहा है जग को नवयुग का दिनमान तुम्हारा।

1944

पृथ्वी की पुकार

मेरी ज़बान लाचार।

उर पर पत्थर धर मौन सहूँ सब भार,
ओ क्रूर नियति ! क्या यही तुझे स्वीकार ?
रे यह भीषण संहार--
और मैं देखूँ, अपने ही घर में, विस्मय की आँखें फाड़ ?
मेरी ज़बान लाचार।

वक्र शनि के अवतार !
ओ मेरी गोदी के कलंक !
पथ-भ्रष्ट-पंक !
ओ मूर्तिमान आतंक !
भाई भाई के शोणित से है आज लाल करता अपनी तलवार,
यह कैसी होली, कैसा त्योहार ?
मेरी ज़बान लाचार।

अरे, यह ताण्डव-नर्तन !
यह महाकाल के ताल-ताल पर प्रलय-विवर्तन !
धन्य परिवर्तन !!
कहाँ हो तुम ? ओ युग के मंत्र, अनघ अघमर्पण !
विश्व के दर्शन !
सत्य शिव सुन्दर के हर्पण !
आज देखो यह दर्पण।

आज मानव की देखो टेक,
ध्वंस ध्रुव एक,--
एक से ही जो हुए अनेक,--
भयंकर भीषण--
सजी अपनी ही फुलवारी पर करते हैं प्रमत्त से हाय !
वज्र-विद्युन्मय वर्षण !!
--सृष्टि की हार।

मेरी ज़बान लाचार।

कठिन संहार !
ओ स्वार्थ अर्थ के दस्यु ! धृष्ट--
रे विश्व-विकार !
मेरे सारे पापों के पुंजीभूत--
नाश के दूत--
उग्र उपहार !
आज तेरा ही युग, तेरा ही कीर्ति-प्रसार,
सभ्यता की दुनिया में होता है सत्कार !!
--आह ! व्यभिचार !!

मेरी ज़बान लाचार।

मैं मौन सहूँ सब भार ?
यह अनाचार, अत्याचारों का तार !!
कौन करे उपचार ?
मेरी छाती पर मूँग दली जाती है,
गर्दन जड़यंत्रों से कुचली जाती है,
प्रतिफलित हुए हैं मेरे ही उपकार !
अपने ही सुवनों के हाथों यह श्रद्धांजलि !
कुछ फूल नहीं, चढ़ते जलते अंगार !
कब तक, कब तक, दुर्दैव ! बोल तो--
मौन सहूँ सब भार ?
मैं मौन सहूँ यह भार ?

मेरी ज़बान लाचार।

1940

मनुहार

ओ कलाकार की काव्य-कला कल्याणी !

टुक बोल, बोल,
री स्वर-किलोल !
अनमोल पँखुरियाँ खोल,
पतझर में मेरी आज, सुधामयि ! जीवन का मधु घोल,
टुक बोल प्रेम की वाणी,
व्रह्माणी !
ओ कलाकार की काव्य-कला कल्याणी ! !

हर एक डगर
छवि से दे भर,
लहरा रस-रूप-लहर,
मरु को भी तू कर दे अपने मधु के कण से उर्वर,
बरसा करुणा का पानी,
वरदानी !
ओ कलाकार की काव्य-कला कल्याणी !

जग दीन-दलित,
दुख-द्वंद्व-गलित,
अपने ही पापों से पीड़ित,
आश्रित है तेरे द्वार आज, खोकर अपना जीवन-अमृत ;
दे मान उसे, हे मानी !
गीर्वाणी !
ओ कलाकार की काव्य-कला कल्याणी ! !

1940

साधना-गीत

तुम साधना बनो, अनंत साधना बनो।

मत सिद्धि बनो, देव ! मुझे यह न कामना,
तुम साध्य ही रहो, बनो न तृप्ति-यातना ;
आराध्य बनो, पर न फलाराधना बनो।

तुम छंदहीन हो अमंद छंद में बहो,
तुम काव्य बनो प्राण के, उमंग में रहो ;
तुम राग बनो, पर विराग-तार से छनो।

गर्वित मृणाल पर प्रफुल्ल पद्म-से बसो,
मानस-विलास में अपंक हंस-से लसो ;
अपरूप बनो रूप, पर कुरूपता हनो।

तुम तान तान के वितान सर्जना करो,
उन्मुक्त अन्त-अन्त में अनंत स्वर भरो ;
पर दर्प-दुर्ग पर सुरेन्द्र-दण्ड बन तनो।

तुम हे उदार ! ताप बनो, तप बने रहो,
उर-वर्ति रहो, चिर-सनेह में सने रहो ;
जलते रहो, पतंग-पात मत गिनो-गनो।

1938

पीर

हलाहल का भीषण उत्ताप
विषम बड़वा की दुःसह ज्वाल
नीलिमा का मार्मिक परिताप
नियति की उलझन का शैवाल
छिपाये लहरों में गंभीर
पालता जलनिधि किसकी पीर ?

भ्रमित सूनेपन में अविराम
धरे छाती पर इतना भार
विकल किसका रटती-सी नाम
भरे अन्तर में हाहाकार
तपन के सहती तीखे तीर
पालती धरणी किसकी पीर ?

विकल किसके उर का यह ज्वार
पहाड़ी प्रान्त-वनों में फूट
चला--निर्झर--'हर-हर' उच्चार
सजल-से किन नयनों से छूट,
विकट प्रस्तर के भी पट चीर,
पालता किस निर्मम की पीर ?

कुटिल रेखाओं का विधि-जाल
भाल-भू पर यह पर्वतमाल-
हठी योगी, समाधि में लीन,
साधना का कठोर व्रत पाल--
मौन यह कौन, प्राण-प्राचीर
बाँध शत-शत रहस्य की पीर ?

छाँह में जिसकी सुभगस्फीत
विश्व् पाता करुणा की वृष्टि,
उसी की आकृति कातर-भीत,
बनी सूनी किस दुख से दृष्टि ?
    नयन में भर नीलम-सौवीर
    पालता अम्बर किसकी पीर ?[1]

भरी आँखें, भारी-सा कण्ठ,
भरे किसकी बिजली-बिरहाग,
चकित, किसका पाकर संकेत,
भरे स्वर में कैसा यह राग,
    आँक उर में श्यामल तस्वीर
    पालते बादल किसकी पीर ?

मुझे भी जाने क्यों अनजान
पड़ गयी है कुछ ऐसी बान,
विभव भव का लगता विषपान,
वेदना ही शाश्वत निर्वाण,
    पीर दी है जिसने बेपीर,
    उसी के प्राण, उसी की पीर।

मरण-जीवन का यह अभिमान,
तुम्हारा एकमात्र अभिज्ञान,
प्रवासी की पूँजी--शृंगार--
देव ! तुमसे ही पाया दान,
    छील लेना न इसे, हे धीर !
    बनी रहने दो मेरी पीर।

1937

सुधि का दीपक

मेरे मन-मंदिर में सुधि का दीपक जलता रहा रात भर।

एक सुनहला दीप कि जिसमें था भरपूर सनेह,
बाती जगी प्रेम की जगमग, जगमग तम का गेह ;
मेरी चाहों के पतंग को दीपक छलता रहा रात भर।

धीमे-धीमे थी बयार चल रही कि ठंढी साँस,
भरे फूल-आँसू छलछल था आँखों का आकाश ;
अपने सपनों की समाधि पर दीपक बलता रहा रात भर।

ऐसी एक प्यास, पानी में जैसे प्यासी मीन,
जीवन की लौ लगी जगी थी सपनों में लौलीन ;
अपने प्रियतम के साँचे में दीपक ढलता रहा रात भर।

अपना तो यह भाग कि होकर सत्य हो गया, झूठ,
प्रिय तो क्या, प्रिय का सपना भी आज गया है रुठ ;
सपना सच हो जाय, हठीला दीप मचलता रहा रात भर।

1943

?

कौन तुम, हे रूप के अवतार !

इस विजन - वन-वल्लरी के
वृन्त पर निर्झर--परी के
वक्ष पर अंकित प्रणय के चित्र--स्वप्न-कुमार !

बेध दुःख-तिमिर-चिकुर-घन
सुख-विभास-वदन-सुधाघन--
बंधनों में सत्य-दर्शन--क्या हुआ साकार ?

या, चिरन्तन वेदना के
ताप से कंचन बना के,
साधना लाई किसी के प्रेम का उपहार ?

कुंज के स्वप्निल नयन में
हास से मुखरित शयन में
प्रकृति के उर में सजग तुम कौन, किसके प्यार ?

1940

काश !

मैं भी काश ! नयन के मन को जीवन में अपना कर पाता ! !

मैं भी हँसता हँसी फूल की, आँखों में ऋतुराज चुराकर,
अपने में फूला न समाता, किसी हिये का राज़ चुराकर,
मेरे मन की खुशी चहकती नयन-नयन के आसमान में,
मन-मन की गुनगुन बन जाता, मेरा जीवन भी जहान में ;
मैं भी आज तुम्हारे मुख-सा, शोभा से, सुख से भर जाता।

फूटी पड़ती अंग-अंग में, कलियों की बेचैन जवानी,
मीठी-मीठी गंध साँस में, प्राणों में फूलों की वाणी,
मेरी भी पलकों पर मोहे, नए-नए सपने मुस्काते,
तारे आसमान के टिमटिम, नए-नए सन्देश सुनाते,
मेरा चाँद गगन में उगता, दुनिया का सागर लहराता।

1943

मेरा क्या है ?

मन मेरा है, और तुम्हारा ही गुणगान किया करता है।

मेरे तन की साँस न अपनी, करती है अपनी मनमानी,
मेरे अपने नयन न अपने, करते ही रहते नादानी ;
मेरा अपना हृदय तुम्हारा ही तो ध्यान किया करता है।

अपना रह क्या गया, नयन भी सूने में बेडोर जब उड़े,
और पखेरू प्राण अचानक उड़े, अजाने कहीं जा जुड़े,
सपनों का भी चाव तुम्हारी ही मुस्कान पिया करता है।

उजड़ गया वह बाग, और दिल में नीला यह दाग रह गया ;
रहे न वे कुछ राग, महज करुणा का एक बिहाग रह गया ;
मुड़कर मेरा बाण मुझी पर अब संधान किया करता है।

आँखों की दो बात आज केवल कहने की बात रह गयी,
सपना हुआ बिहान, सितारों की सूनी-सी रात रह गयी ;
कोकिल-स्वर यह प्राण तुम्हारा ही आह्वान किया करता है।

मेरा लेकर साज आज ऋतुराज मुझे ही ललचाता है,
मेरी ही बूँदों का बादल बूँद-बूँद को तरसाता है ;
लेकर मेरी मौत, काल भी साँझ-बिहान किया करता है।

1943

भार

कैसे इतना भार सम्हालूँ ?

अवहनीय तेरा करुणा-कण,
दुर्बल-पद मेरा दुर्बल मन,
यह वरदान अबल कंधों पर कैसे और उठा लूँ ?

दूर न जाने कितना जाना,
और, पंथ भी तो अनजाना,
थके पाँव, पथ का हारा मन, कैसे धीर बँधा लूँ ?

बालू का थल, कहीं न पानी,
सूखा कण्ठ, तृषाकुल वाणी,
नयनों की मदिरा पी-पी, पी ! कैसे प्यास बुझा लूँ ?

पिछल जायँ ज़ो पग अनजाने,
गिर जाए यह भार अजाने,
जग हँस देगा, तू हँस देगा ; अपनी हँसी करा लूँ ?

धड़क रही साहस की छाती,
सम्हल नहीं पाती यह थाती,
थककर बैठ रहूँ पथ में क्या ? कायर भीरु कहा लूँ ?

सुधि जलती है, पथ जलता है,
आतप भी जल बन छलता है,
बचा हुआ आँखों का पानी भी क्या आज जला लूँ ?

आज याद भी काँटे बनकर
रोक रही गति का अंचल धर,

कुछ ऐसा कर दे, मैं अपनी सारी याद भुला लूँ ;

प्रिय हे, सारी याद भुला लूँ !!

1941

नाज़

खोकर भी तुमको खोने का नाज़ नहीं मैं खो पाया हूँ।

तुम आये, मधुमास पधारा, लाल-लाल फूटे प्रवाल-दल
और, आज यह भी दिन है, जब रंग न रूप न राग न परिमल ;
पतझर में भी आज मगर वह साज नहीं मैं खो पाया हूँ।

तुमने खेल जिसे समझा था, खेलों की ही मौत हो गयी,
रोती ही रह गयी जवानी, एक कहानी सौत हो गयी ;
मन की लाज गयी, पर दिल का राज़ नहीं मैं खो पाया हूँ।

घायल मेरा प्राण-पखेरू उड़ने से लाचार हो गया,
ऐसा तीर तुम्हारा आया, लगा, और उस पार हो गया ;
तीरन्दाज़ ! तुम्हारा वह अन्दाज़ नहीं मैं खो पाया हूँ।

मैं क्या जानूँ गीत और धुन ? तुम से ही सब कुछ पाया था,
दुहराता हूँ आज वही लय सुर से जो तुमने गाया था ;
राग नहीं रह गये, मगर आवाज़ नहीं मैं खो पाया हूँ।

1943

जीत नहीं, हार

तुम जीत इसे कह लो, मालिक, लेकिन यह हार तुम्हारी है।

दिन बुरे गये, दिन भले गये, दुनिया भर से हम छले गये,
क्या हुआ, हमारे फूल अगर पैरों के नीचे दले गये ?
कुछ दाँव भले हम हार गये, बाजी हमने कब हारी है ?

यह तो वह जाल तुम्हारा है, तुमने ही जिसे पसारा है,
कट गयी तुम्हारी नाक, और तुम खुश हो, क्या दे मारा है ;
जो यों सर पर चढ़कर बोले, उस जादू की बलिहारी है !

जाने क्या कितने वार सहे, हमने ओले-अंगार सहे,
आफत के टूट पड़े पहाड़, हम जीते ही हर बार रहे ;
फिर यह तुमने जो देखा है, वह तो भूमिका हमारी है।

इंसाफ हमारा भी होगा, ईमान कहीं न कहीं होगा,
इतिहास कहेगा, सचमुच सूर सहज था कौन महज़ धोखा ;
किस करवट बैठे ऊँट अभी जाने किसकी क्या बारी है !!

1944

आँसू

हे सुकुमार !
विधुर-हृदय के एकमात्र धन, शुचि शृंगार !!

दीन-दृगों के रत्न-रूप तुम,
चंद्रकांत-उर-द्रव-स्वरूप तुम,
नयन-गगन-विकसित-सित-उडु-सम,
निशा-प्रिया के हार !

परमहंस के प्रमागार हो,
भक्त-प्रवार के प्रेम-तार हो,
बिन्दु-रूप में निराकार हो--
परमेश्वर साकार।

सत्कवि की हे विशद कल्पने !
पुलक-प्रेम-करुणा के सपने !
बने रहो युग-युग दृग-द्वय में,
चिर-तप के उपहार !!

1935

प्रभाती

रात गई, अब जागो।

मरण-सेज छोड़ो अब सत्वर,
अरुणिम किरण-कूल से भर-भर
पान करो जीवन जड़ताहर,
लघुकर तन्द्रा त्यागो।

माँग रहे जीवन जड़-जंगम,
मुग्धमना मंगल-सुख-संगम,
तुम केवल अविकल श्रम-संयम
अपने प्रभु से माँगा।

पूर्णतेज दिनमणि, लो ! आया,
अपने साथ सत्य-युग लाया।
छोड़ो, पुरुष, स्वप्न की माया,
    चलो, काम पर भागो।

1939

मंगलकामना

यह नया वर्ष मंगलमय हो।

कण-कण में हो छवि का प्रकाश,
मन-मन में शुचि आनन्द-वास,
तन-तन में नूतन स्फूर्ति-तेज,
हो अधर-अधर पर सुमनहास,
    क्षण-क्षण जन का निःसंशय हो।

थल-थल में फैले प्रीति-रीति,
दल-दल में निर्मल धर्म-नीति,
गल गल जाए छल-पाप-ताप
पल-पल सुन्दर-शिव-सत्प्रतीति,
    तल-तल भूतल पर चिन्मय हो।

कट जाय क्लेश की कठिन रात,
पट जाय द्वेष का दीर्घ खात,
हट जाय अखिल भ्रम-तम-तमिस्र,
घट-घट में हो मंगल-प्रभात,
    हिल-मिल खिल-खिल जग निर्भय हो।

1938

भोले कुसुम ! भूले कुसुम !!

जो आज भी जागे न तुम !!

नीहारिका से द्वंद्व कर रवि-कर-निकर विजयी बने,
प्रत्यूष के पीयूष-कण पहुँचा रहे तुम तक घने,
कोमल मलय के स्पर्श--सौरभ से, हिमानी से सने--
दुलरा तुम्हें जाते ; जगाते कूजते तरु के तने ;
तो और जागोगे भला किस जागरण-क्षण में, कुसुम !
यह स्वप्न टूटेगा न क्या ? भोले कुसुम ! भूले कुसुम !!

लो ! तितलियाँ मचलीं, चलीं, सतरंग चीनांशुक पहन,
छवि की पुतलियों-सी मचलती, मद-भरे जिनके नयन,
हर एक कलि के कान में कहती हुई "जागो, बहन !
जागो, बहन ! दिन चढ़ गया, खोलो नयन, धो लो वदन"
अनमोल रे यह क्षण न खोने का शयन-वन में, कुसुम !
कब और जागोगे भला ? भोले कुसुम ! भूले कुसुम !!

1941

मानिनी से

बीत गयी अब रात, रानी, बीत गयी सब रात।

स्वप्न हुए तम के सब सपने,
जिनको समझ रहे थे अपने,
उतर गयी मदिरा नयनों से--प्राची के तट प्रात !

चीख उठे तरु-कोटर के कवि,
आग लगी, दव-से प्रगटे रवि,
फैल गयीं लपटें दिग्-दिग् में, बच न सके जलजात

हौंस रही दिल की दिल ही में,
दीप हुए जल-जल सब धीमे,
जाने के पहले, अब तो, दे बोल बिहँस दो बात !!

1939

भैरवी

तलहटी की रेत में,
बाजरे के खेत में,
भोरे-भोरे छोहरियाँ भैरवी जगा रहीं।

तुलता अनुराग-बाण,
खुलता हँसता बिहान,
खिल रहे कपोल लाल-लाल आसमान के ;
और लाख-लाख बिन्दियों से ठौर-ठौर मौर
सज रहे जहान के ;
जिनके राग-रंग में,
भोरे-भोरे छोहरियाँ रँग रहीं, रँगा रहीं।

हँस रहीं पहाड़ियाँ,
स्वर्ग की अटारियाँ,
हँस रहे नयन छलक-छलक नदी की धार में
बज रहे सितार मंद्र-मंद्र तीर-तार में ;
जिनकी तरल तान को
भोरे-भोरे छोहरियाँ गान में लगा रहीं।

तितलियों के नेह से
भोर की हवा में खेल, खिल रही हैं पत्तियाँ ;
ओस के सनेह से
जग रही हैं आरती-सी दूबियों की बत्तियाँ ;
जिनको अपने चाव से,
गीत के प्रभाव से,
भोरे-भोरे छोहरियाँ भाव में डुबा रहीं।

पंछियों की रागिनी
चहचहा रही फुदक-फुदक नदी कछार पर ;
मछलियाँ सुहागिनी
झाँकतीं गगन लहर-लहर के पट उघारकर ;
जिनको अपने बोल से,
कण्ठ के किलोल से,
भोरे-भोरे छोहरियाँ प्रेम में पगा रहीं।

1943

वाणी-वन्दन

मा वाणी ! मा वाणी !! जय जय जय मा वाणी !!!

शरच्चन्द्र-पूर्णिम-विभावरी,
सुधानना,अनुपम विभा-भरी,
अंग-अंग सित-कुन्द, कांत-वपु,
शुभ्र शुक्लवसना सुधाधरी,
वीणा-मंडित,सुर-नर-वंदित, सित-शतदल-थित ज्ञानी !

कुमतिहारिणी, भक्त-तारिणी,
मन्दस्मितमुख, तमनिवारिणी,
नमस्कार हे, बार-बार हे,
जन मराल-मानस-विहारिणी,
धृत-पुस्तक-मणि-स्फटिक-मालिका, मुद-मंगल मतिदानी !

अहो वेद-वेदांग-अखिल-मति,
अखिल-ज्योति-धारिणी, अखिल-गति,
लक्ष्मी, मेधा, धरा, पुष्टि हे,
गौरी, प्रभा, तुष्टि, ओ मा धृति !
अपनी विविध मूर्तियों से कल्याण करो, कल्याणी ! !
1943

आदेश

मन को, मीत, मनाओ।
सपने हैं, जो घेर रहे, अपने मन को समझाओ।

पौरुष तो निर्भय बढ़ता है,
भाग्य-पाठ वह कब पढ़ता है ?
अपना पंथ आप गढ़ता है ;
अपनी आप बनाओ।

राह चुनो अपनी अपने से,
क्या होगा केवल सपने से ?
मुक्ति नहीं माला जपने से,
व्यर्थ न आयु गँवाओ।

एक मार्ग है, और एक ही
वीरों की है अमर टेक भी,
पग पीछे क्यों हटें नेक भी !
साहस है ? तो जाओ।
1942

गुसाईं, आज तुम होते !

गुसाईं, आज तुम होते !
        कला की देखकर यह दुर्दशा, तुलसी, बहुत रोते !!

मनोरंजन अरसिकों का, कुपात्रों के विरद गाना,
पदों के तोड़ पद, यतिहीन कुछ तुक जोड़ ले आना,
        यही है काम कवियों का, इसी में हैं समय खोते !

छिड़ा है प्रश्न रोटी का, पड़े हैं जान के लाले,
घरों में दण्ड चूहे पेलते हैं शत्रु रखवाले,
        अभी तक पर हमारे कवि अलक में खा रहे गोते !

प्रवर्तक जो कहे जाते युगों के, बेख़बर-से हैं,
शृंगालों-से छिपे हैं वीर जो शेरे-बबर-से हैं,
        जगाएँगे हमें क्या ख़ाक ! युग से जो रहे सोते ?

करेंगे क्या भला लेकर विरह के गीत, कव्वाली ?
हमारा सर न ऊँचा कर सकेगी रीति व्रजवाली ;
        हमें तो चाहिए वे गान, जो हों शक्ति के सोते।

ज़माना बढ़ गया आगे, न क्यों फिर आज हम जागें ?
डटें कवि-कर्म पर अपने, ज़माने की धरें बागें ?
        हमारे कवि जलन के दाग़ नव-निर्माण से धोते !!
                --गुसाईं, आज तुम होते !!
                        1936

जीवन-तरंग

जीवन तो जल की माया है।
दुख है, सुख भी है जीवन में, जीवन सुख-दुख की छाया है !!

जो आज बहुत इठलाते हैं,
है नाज़ जिन्हें अपने तन पर ;
जो फूले नहीं समाते हैं,
है नाज़ जिन्हें अपने धन पर ;
सपनों के महल बनाते हैं,
है नाज़ जिन्हें अपने मन पर ;
उँगली पर विश्व नचाते हैं,
है नाज़ जिन्हें अपने फन पर ;
भरमाये हैं वे आप, जिन्होंने दुनिया को भरमाया है !!
हैं नाच रहे वे आप, जिन्होंने जग को नाच नचाया है !!

मैंने देखे हैं फूल बहुत,
मैंने देखे हैं शूल बहुत ;
देखी है मैंने धार बहुत,
देखे हैं मैंने कूल बहुत ;
दुनिया में मतलब की बातें
थोड़ी है, ऊल-जलूल बहुत ;
हर एक हवा जब बही, गंध
लाई थोड़ी, पर धूल बहुत ;
अचरज है, अपने ही खेलों ने कितना खेल खिलाया है !
दुख दर्द लिये आया, तो सुख ने सपनों से ललचाया है !!

कल फूल एक इठलाता था,
गुलशन में अपनी डाली पर ;
वह नर्गिस का था फूल, मुग्ध
अपनी साने की प्याली पर ;

तितलियाँ ललकती रहती थीं,
जिसके जीवन की लाली पर ;
मुस्कान निछावर करता था,
जो भौंरों पर औ ' माली पर ;
वह भूल गया था, दो दिन की उसकी भी सुंदर काया है !
वह भूल गया था, दो दिन को मधुमास यहाँ पर आया है !!

अरमान बहुत तो उठते हैं,
पल-पल मन में लहराते हैं ;
ये बुल्ले भी तो, पानी पर,
पल-पल छाते-छहराते हैं ;
उठते यौवन के ज्वार कभी
तूफान लिये जो आते हैं ;
मेरे मूर्च्छित मन में, फिर से,
व्यांकुल सपने भर जाते हैं ;
इन सपनों में ही पड़कर तो मैंने सर्वस्व गँवाया है !
हीरों के हार लुटाये हैं, बालू का महल उठाया है !!

अब और कहाँ ले जाती है
चंचल मन की यह धार मुझे,
देखूँ, अब और दिखाता है
क्या-क्या, छलिया संसार मुझे ;
मैं तो बढ़ता ही जाऊँगा,
अब जीत मिले या हार मुझे ;
इस पार मुझे जो लाये हैं,
ले जाएँगे उस पार मुझे ;
बहलाता जाऊँगा दिल को, जैसे अब तक बहलाया है !
यह गाँठ वही सुलझावेगा, जिसने जीवन उलझाया है !!

1941

ओ सैनिक !

जलना ही है, तो जलता चल।

पर आह कभी न कढ़े मुख से,
हिल जाय हृदय न कभी दुख से ;
यह जान रहे, न रहे, लेकिन
ईमान रहे, अविचल सुख से ;
जग-जाल घिरें, घेरें, घेरेंगे ही, लेकिन तू चलता चल।

तूफानों से खेलना पड़ा,
चट्टानों को ठेलना पड़ा ;
छूटा वह सपनों का नंदन,
क्या-क्या न तुझे झेलना पड़ा ?
अब आज, पार करके पहाड़, इन काँटों को भी दलता चल।

कुछ देर और, कुछ दूर और,
चल, होने दे तन चूर और ;
हिम्मत न हार ; मन को सँवार ;
वह देख--सामने--सिंहपौर
ललकार रहा है बार-बार : जीतों में हार बदलता चल।

1942

जागरण-गीत

दिन-दिन आता समीप जागरण !

पर्वत वन हैं, तो क्या ?
घुमड़े घन हैं, तो क्या ?

उन्मन मन हैं, तो क्या ?
बढ़ते जाओ, पंथी, पथ पर धर धीर चरण।

तुमने झोंके झेले,
तूफानों में खेले,
पर्वत पग से ठेले ;
मर्दित देखो अपनी पद-रज में भीत मरण।

जीवन क्या, जो न चढ़ा ?
यौवन क्या, जो न बढ़ा ?
वह स्वर क्या, जो न कढ़ा ?
निर्झर-गति-प्रखर शिखर-शिखर करो नित्य तरण।

कुछ न मिला, कुछ न खिला,
पाई वस शैल-शिला,
तन-मन कुछ और छिला ;
पर व्रण तो, धीर, अमर वीरों के आभूपण।

चाहे थक जाए पथ,
पर न रुके पौरुष-रथ,
शोणित-श्रम से लथपथ,
बढ़े चलो, बढ़े चलो, निर्भय, हे अमर-वरण !!

1941

पंछी बोले

पात-पात पर किरणें नाचीं, डाल-डाल पर पंछी बोले--

"शयन तुम्हारा सर्वनाश है, अवसर पर चुप रहना कैसा ?
प्रवल देख प्रत्यक्ष पाप-अन्याय हाय ! चुप सहना कैसा ?

सोते ही तुम रहे, और लुट गया तुम्हारा माल-खजाना ;
जान-बूझकर महामोह की प्रलय-धार में बहना कैसा ?
        तन्द्रा की इस विषकन्या का आलिंगन-सुख त्यागो, भोले !

"हिम्मतवाले दाँव लगाकर लूट रहे जीवन की बाजी,
और एक तुम हो, कि एक मत पर कोई भी जहाँ न राजी ;
जागी महाक्रांति पश्चिम में, आग लगी पूरब के नभ में,
मुल्ले, लेकिन, मस्त पड़े हैं, पिंगल छाँट रहे पंडाजी,
        जीवन है संग्राम, मृत्यु विश्राम, मौत मत माँगो, भोले !

"वीरों की यह भूमि तुम्हारी, वीरभाव आकाश तुम्हारा !
वीरों के वंशधर वीर तुम, वीरों का इतिहास तुम्हारा !
चप्पा-चप्पा भूमि यहाँ की वीरों के शोणित से तर है ;
आदर्शों पर शीश कटाना रहा सदा उल्लास तुम्हारा ;
        आज तुम्हीं, लेकिन, भय से हो भीत, भीत मत भागो, भोले !

"खाक छानते खोहों की, जंगल खँगालते चले तुम्हीं तो !
मृत्यु-अंक में खेल, पले हो तलवारों के तले तुम्हीं तो !
जीवट ही जीवन है, जीना तुमसे ही जग ने सीखा है ;
विश्व-व्योम के घटाटोप में तड़िद्दीप बन बले तुम्हीं तो !
        आश आज भी तुम्ही विश्व की, एक बार फिर जागो, भोले !"

1942

मूर्च्छना

1

बहुत मैंने पुकारा, ओ पिया ! अब तू पुकार--
पिया ! अब तो पुकार !!

चकोरी-सी न मेरी याद--लोचन क्यों लसे !
न स्वर के शर, न पिक-उन्माद--मधुबन क्यों बसे !
पपीहे की नहीं फरियाद--स्वाती क्यों रसे !
हुआ ही क्या अभी बरबाद--जिस पर तू हँसे !

मगर यह रात--यम की अन्धकारा--ओ पिया !
घुटा दम जा रहा ; इस अन्धकारा से उबार !!

कि पत्थर तक पसीजा--हो गए मरु भी हरे ;
धरा का गात भींजा--छाँव के बन-बन भरे ;
खिला जो चाँद, मिलके खिल उठे जल के नयन ;
निमोही ! तू न रीझा--रात-भर लोचन ढरे !

प्रलय की धार--भ्रम ही भ्रम किनारा--ओ पिया !
किनारा दे तरी को, या, किनारे पर उतार !!

सुबह तो रोज आती है, मगर इस कूल पर
नहीं आती किरन, हँसती भ्रमर की भूल पर !
मुझे मेरा पता देकर, निठुर ! यह क्या किया !
भरम तो था कि मैं मँडरा रहा हूँ फूल पर !

छुटा, अब तो, भरम का भी सहारा, ओ पिया !
मुझे मत देख, पर अपनी नजर को तो सुधार !!
--पिया ! अब तो पुकार !!
पिया ! अब तू पुकार !!!
1952

2

एक वस्तु है, एक बिम्ब है, मैं दोनों के बीच--
मेरे दृग दोनों के बीच !!

कितना भी मैं चितवन फेरूँ,
चाहे एक किसी को हेरूँ,
उभय बने रहते हैं दृग में--
सर में पंकज-कीच !
एक रूप है, एक चित्र है, मैं दोनों के बीच--
मेरे दृग दोनों के बीच !!

मींच भले लूँ लोचन अपने,
दोनों बन आते हैं सपने,
मैं क्या खींचूँ, वे ही खिंचकर
लेते हैं मन खींच !
एक सत्य है, एक स्वप्न है, मैं दोनों के बीच--
मेरे दृग दोनों के बीच !!

प्यासा थल, जल की आशा में,
रटता है जब खग-भाषा में,
रवि-कर ही तब, घन-गागर भर,
जाते हैं बन सींच !

एक ब्रह्म है, एक प्रकृति है, मैं दोनों के बीच--
मेरे दृग दोनों के बीच !!

1953

3

मन में समुद्र समा रहा, दृग से उलीचूँ किस तरह ?

चन्दन-भरी मेरी तरी उतरी तुम्हारे कूल पर ;
अपना लिया तुमने उसे, हँसकर पते की भूल पर !
तट पर तुहिन था, और तुमको थी जरूरत आग की ;
नौका धुआँ देने लगी, जागीं शिखाएँ त्याग की !

जल में मलय जलता रहा, तापा किये तुम तीर से ;
बाड़व बुझाता मैं रहा, दो सीपियों के नीर से !
लिपटा प्रलय का दाह है, दृग में दरस की चाह है ;
मैं नैन खोलूँ किस तरह, मैं नैन मींचूँ किस तरह ?

विपपीड़ितों के दाह को थी शीतकर जिनकी शरण,
तूफान को भी जो बनाते थे सदाचारी पवन ;
ऐसे सगुण अपराध से खण्डित जिन्हें होना पड़ा,
अर्चित चिता पर भी उसी अभिशाप से सोना पड़ा ;

क्यों हो मुझे तुमसे गिला ? तुम तो घिरे, घन बन गए ;
अपनी रगड़ से आप ये श्रीखण्ड इन्धन बन गए !!
बाहर अनल की आन है, भीतर तुम्हारा ध्यान है ;
मैं साँस छोड़ँ किस तरह, मैं साँस खींचूँ किस तरह ?

1953

4

तुमको भी, मेरी याद ! कभी आती है मेरी याद ?
कभी तो आती होगी याद !!

तप के तन पर जलधर-अम्बर करता करुणा की छाँह ;
परिताप-द्रवित दिव आप नमित धरता धरती की बाँह ;
सुमनों का चाप चढ़ा, चढ़ता भव पर जब नभ-उन्माद--
तुमको भी क्या, घन से छूटी, आती है कोई याद ?

दो नील नयन राकायन बन जगते बाले शशि-दीप ;
मोती चुगता आकाश, चकोरी-धरती छल के सीप ;
चाँदी के कलसे चढ़ते हैं जब ज्वारों के प्रासाद--
तुमको भी क्या, नभ से टूटी, आती है कोई याद ?

धनखेतों की सोनारानी धरती कुटियों में पाँव,
ओढ़े धूमल चादर दिखते धानी धानी के गाँव ;
कुटते जब श्रम के दान, कुटिल धन का बनने को स्वाद--
तुमको भी क्या दिल में कूटी, आती है कोई याद ?

भूधर भू से सटकर सोते जब ओढ़ शिशिर-नीहार,
सेमल से लाल दुलाई लतिकाएँ लेतीं साभार ;
कंटकदल जबकि दलकते हैं, बनकर छद के अपवाद--
तुमको भी क्या, विधि से लूटी, आती है कोई याद ?

छींटों की चोली-चुनरी में छुटती छिति की मुस्कान,
चोटी पर चढ़ते फूल, फूल पर फल, फल पर पिक-बान ;
कलियों के मुँह पर खिल जाते जब अलियों के अवसाद--
तुमको भी क्या, बिंधकर फूटी, आती है कोई याद ?

आमों को देख तरसते हैं बिन दामों के अनुराग ;
तप के मारे, मारे चलते पीले पत्तों के भाग ;
प्यासी धूली से उठती है जब 'पी-पी' की फरियाद--
तुमको भी क्या, जीवनबूटी ! आती है कोई याद ?

1952

5

मधु है, मधुबन है, मधुमाते दृग भी फूले, तो अचरज क्या !!

पतझर के पात सिहाते हैं,
'क्या मौसम है !' झुँझलाते हैं ;
तरु-तरु तरुणाई झूल रही, मन भी झूले तो अचरज क्या !

बुलबुल का दिल जब छिलता है,
गुलशन में गुल तब खिलता है ;
यदि दर्द तुम्हारे गीतों का दिल को छू ले, तो अचरज क्या !

भौंरों को कोई रोके तो !
पुरवा को कोई टोके तो !
तितली बन स्वप्न तुम्हारे भी भरमे-भूले, तो अचरज क्या !

1953

6

आँखें हैं हैरान--कि इन पर दुर्वह मन का भार है !

धारा है गम्भीर, लहर की डूबी-सी आवाज है ;
डूब गया है तीर, इसी से कलरव का यह साज है !
क्यों ललकें अरमान--गगन पर जब घन का अधिकार है !!

कब छूटी थी नाव,कहाँ से, यह तो जाने कूल ही ;
दीखी छाँव न ठाँव, भरी थी सूनी आँखों धूल ही ;
मत पूछो, तूफान ! कहाँ जाना, लगना किस पार है !

शशि मेरे ! यह प्यार तुम्हारा मोम है कि पाषाण है ?
मिलता है अंगार उसे, जो देता तुम पर जान है !
हे प्राणों के प्राण ! तुम्हारी जीत नहीं, यह हार है !!

1954

7

तुमसे मेरा गोपन क्या है !

लेकिन ऐसा भी होता है,
जब बहुत-बहुत जी होता हे--
कुछ दिल की तुमसे बतियाऊँ,
बिलकुल खुलकर कुछ कह जाऊँ--
तब शब्द नहीं मिल पाते हैं,
दो दल हिलकर रह जाते हैं !
वह मूक-मुखरतम अभिलाषा,
बेचैन बिजलियों की भाषा,
काँटे-काँटे की नोक बनी,
लिख जाती है पीड़ा अपनी ;
फिर भी तुम बूझ नहीं पाते,
तब क्या बतलाऊँ, मन क्या है !!

सिल नहीं, अगर शीशा होता
तो दिल भी क्या से क्या होता !

तुम चित्र बने होते इस पर ;
हँसते इस पर, रोते इस पर ;
जगना भी तब लगता सपना
चढ़ता सिर पर जादू अपना !
मैं ही आदर्श नहीं जब हूँ,
तब दोष तुम्हें नाहक क्यों दूँ ?
सीधे दृग भी न उठा पाते,
तुम क्या जानो, चितवन क्या है ! !

1953

8

आज तेरी याद का दिन !

अनगिनत निशि-याम दृग ने दिन बनाए ;
बूँद-बूँद बटोर नभ के ऋण चुकाए ;
चाँदनी के ध्यान पर अब धुंध छाता जा रहा है,
और, खग पछता रहा है ;
दूर होता जा रहा है नीरनिधि से चाँद छिन-छिन !

कामना तो थी कि मिल जाए सुधाधर !
प्यास कुछ बढ़ ही गई कुछ ओस पाकर ;
आसमाँ गलकर धरातल को जलाता जा रहा है ;
दूब-दल कुम्हला रहा है ;
प्रात अनुदिन बीन जाता रात के उडु-फूल गिन-गिन !

भोर के पोंछे नयन-अंचल अचल के,
साँझ तक, रश्मिल हिंडोरों पर न ललके ;
दूर होता दिन धरा को ध्रुव दिखाता जा रहा है ;
क्षितिज को समझा रहा है ;
याद में तेरी जला जाते तुहिन के दीप, तृण-तृण ! !

1953

९

बीत गए जो मास मधु के, सब प्रत्यक्ष समान, मेरे--
ओ प्राणों के प्राण !

जीवन का जब भोर ही था, मानस हास-विभोर,
तुम चुपके-चुपके गगन में उग आए चितचोर ;
और, चुराकर नींद मेरी, गूँजे बनकर गान मेरे--
ओ प्राणों के प्राण !

नेह-भरा तो था दिया,पर आग बिना अँधियार ;
सो तुमने क्या लौ जगाई, गेह हुआ उजियार ;
लौ न बुझे, लौ की चिता पर फूल बने अरमान मेरे--
ओ प्राणों के प्राण !

प्रेम कठिन सौदा यहाँ, बस, घाटे का व्यापार ;
खोए, लाखों-लाख मोती, मिला न मन का प्यार ;
सच न हुए जो, स्वप्न ही तो जीने के सामान मेरे--
ओ प्राणों के प्राण !

आए हो तुम इस घड़ी, जब घिर आई है रात ;
खाली हाथों जा रही मैं, लेकर खाली मात ;
क्या दूँ तुमको भेंट ? ले लो, थाती हैं जो प्राण मेरे--
ओ प्राणों के प्राण ?

1952

10

साधना सिद्धि है, प्रेम की ;
सिद्धि है प्रेम की साधना !

चाँद बन तुम चढ़े आसमाँ पर,
आज देखो कि तुम हो कहाँ पर !
क्षुब्ध हैं पग तुम्हारे लहर पर ;
शान्त है सिन्धु-आराधना !

मुँह खुला, हो गए फूल कुंकुम !
क्यों रखो याद अब शूल को तुम ?
गंध ही जब स्वयं कह रही है--
व्यर्थ है बाँधना ; बाँध ना !

दीप के नेह में जो पगे तुम,
लौ बने और जग में जगे तुम,
क्या हुआ, जो तले ही अँधेरा ?
तुम बनो साधना, साध ना !

1948

11

एक क्षण भी तुम हिमाचल-शीश पर चढ़कर अगर गिर ही पड़े तो क्या?

रश्मि से छूकर तुम्हारे स्वप्न ने जग को जगाया--जाग मेरे होश !
भोर का सपना तुम्हारे सामने कुम्हला रहा था--जग रहा बेहोश !
और, जब उस दिन बिहँस रस का हलाहल पी गए थे, कम न था संतोष !

आज तब क्या है कि सूने में गड़ाए आँख तुम हो एकदम खामोश ?
क्या नई-सी बात, 'पी' की टेर पर घन से अगर शोले झड़े तो क्या ?

दाह-घर से आह की उठती घटाओं ने पुकारा--ओ अमर आलोक !
तुम रहे बुनते सुनहले स्वप्न शोभा के जहाँ पर, वह नहीं यह लोक !
इस चमन में तो पनपते ही सुमन-दल को सुखा देता गगन का शोक !
और, प्रतिभा का अरुणपथ भी अँधेरा है, कलपते हैं कला के कोक !
पर, किरणमाली ! चले जब फूल ही चुनने, कहीं काँटे गड़े तो क्या ?

1951

12

वे कुछ दिन बचपन के मेरे !
वे कुछ दिन !!

धरती की गोदी में भूला,
भोलापन फिरता था फूला,
आँखों में सपनों का झूला--
प्राण तुहिन !

नील गगन आँखों की छाया,
भूतल पर जादू की माया,
बौरों के मधु से बौराया--
विपिन-विपिन !

मिट्टी की सोंधी साँसों से
भर-भर उभर-उभर बासों से
उड़े रूप-रस के प्यासों-से
स्वर अमलिन !

1949

13

बादलों की ओट से चाँद मुस्कुरा रहा !
चाँद मुस्कुरा रहा ! !

आसमाँ समुद्र है, चाँद युद्ध-पोत है ;
चाँदनी जहाज के दीप का उदोत है ;
पंकजों की आँख में धूल झोंकता हुआ,
मेह के अंबार-सा फेंकता हुआ धुआँ,
रश्मियों की गोलियाँ ओट से चला रहा !

पंछियों के लोक में चीख है, पुकार है--
चाँदनी चकोर को दे रही अँगार है !
तारकों की मंडली परस्त, बेकरार है ;
लूटने के जुर्म में चाँदनी फरार है !
चाँदनी की लाज से चाँद मुँह चुरा रहा !

व्योम है कलिन्दजा, नाग है काली घटा ;
नीलिमा फुंकार है, फेन है उडुच्छटा ;
रश्मियों की रास है, चाँदनी विलास है,
कालिमा के छत्र पर चाँद व्रज-हास है !
नाग को नाथे हुए बाँसुरी बजा रहा !
चाँद मुस्कुरा रहा ! !
चाँद मुस्कुरा रहा ! ! !
1951

14

बरसे हैं मेह, कहीं न कहीं !!

ईर्ष्यातप के हुत श्वास पवन,
दहते चलते थे जो बन-बन,
लगते हैं अब तन में चन्दन ;
लगता है, आज पुकारों ने परसे हैं मेह, कहीं न कहीं !

बिजली तो है, पर मेह नहीं ;
जलती है लौ, पर नेह नहीं ;
हैं प्राण कहीं, औ' देह कहीं ;
फिर आज, पपीहे के स्वर को तरसे हैं मेह, कहीं न कहीं !

मेरे दृग में जो भर आया,
बनकर मरु-जीवन लहराया,
सचमुच, वह है ! या, मृग-माया ?
फिर आज, सफल छल पर अपने, हरसे हैं मेह, कहीं न कहीं !

1952

15

घर-घर आँगन-आँगन जागा, तेरा घर अँधियार,
आली ! तू भी संझा बार।

शशि शरमाए कुमुद-नयन में ;
निशि शत-शत-दृग विस्मित मन में--
यह कैसी लौ मृन्मय तन में !
इन दीपों के आगे जागे क्या नभ का शृंगार !

पर्व नहीं, यह गर्व धरा का ;
तिमिर-शिखर पर ज्योति-पताका ;
अति पर नति की जय का साका ;
इन नेही नयनों के जोड़े क्यों न जुडे, संसार !

एक दिया तेरे भी कर में,
साँझ दिखा दे, सखि, घर-घर में ;
निज लघुतमता में मत भरमे ;
यह तेरा लघु नीराजन ही होगा रवि साकार !

1952

16

पकने दे तप के बोल, बनें नभ के रस-घट अनमोल !

कू-कू कुहुकिनियों की रट से रीझा आता ऋतुराज ;
पी-पी-पी पिहक पपीहों की लाती सावन के साज ;
बजने दे अन्तर खोल, सजे फिर यमुना-तट अनमोल !

बन-वन पर पियरी चढ़ती है तब आता है मधुमास ;
घन-अंजन-दृग होकर ही नभ पाता है शारद हास ;
चढ़ने दे चितवन-चोल, बने हिय पिय का पट अनमोल !

पचकर जीवन में पंक कला का बनता पंकज-देश ;
तम पीकर अंक-कलंक कलंकी ही बनता राकेश ;
पचने दे विप का घोल, मिलें तेरे भी नट अनमोल !

तारों के नग लगते ही नभ बन जाता है निशि-हार ;
उर में लौ लगते ही माटी पाती है मणि-शृंगार ;
लगने दे लोने दोल, नयन हों बंसीबट अनमोल !

1952

17

दिशि-दिशि निशि घिर आई ; जग के दीप, जलो।

जिस रजनीमुख से छुट जूठी
ज्योति हुई लुट-लुटकर झूठी,
वह, महि की अहिता से रूठी,
विधु-विधुरा फिर आई ; मग के दीप, जलो।

घन-रण-फण का जो भय-पावस
छाया है बन प्रेत-अमावस,
अभय शरद् हो, भरित सुधारस--
नेहदृगी झिर आई ; पग के दीप, जलो।

तम के बल से हारा-हारा
माँग रहा नभ ज्योति-सहारा ;
ताक रहा है तारा-तारा ;
लौ रज के सिर आई ; लगके दीप, जलो।

1952

18

आज अमा घर आई ; मेरे दीप, जलो !!

प्रीति निभाकर नीलविभा की
मरघट-मरघट जो भटका की,
वह सिन्धुज श्री, मूर्ति व्यथा की,
भस्म रमाकर आई ; मेरे दीप, जलो।

अभ्युदयी, तम के रज-ध्वज धर
सत्पथभ्रष्ट हुए, भृगु-पद भर ;
प्रायश्चित्त बनी, अवनी पर
विष्णु-क्षमा ढर आई ; मेरे दीप, जलो।

दीर्घ तिमिर, महि पर अहि-कुन्तल ;
उडुगण, गुम्फित मणि-मुक्ताहल ;
दीपक-माल दिये भव के गल
स्वयं प्रमा वर आई ; मेरे दीप, जलो।
1952

19

जब-जब बुखार आता है !

जी में होता है, तुम सिरहाने होते ;
सिरहाने मेरे, दो-दो आँसू रोते ;
मेरे ललाट पर छन-छन सुधा छहरती ;
सिर पर, चन्दन की छाँह बने, घन सोते ;
तुम नहीं, मगर, तुम से भी तरल तुम्हारा,
तब-तब अधीर, उमड़ा दुलार आता है !

ज्वर की लहरों का ज्वार उधर चढ़ता है,
लहरों पर मेरा चाँद इधर बढ़ता है ;
तब निबिड़ निशा ही बन जाती है पूनम ;
सिरहाने, मन का चाँद मन्त्र पढ़ता है !
अफसोस ! काश ! यह ज्वार चढ़ा ही रहता !
जिसकी डोरी धर, गया प्यार आता है !

ज्वर जाकर जब भाटा बनकर आता है,
क्या कहूँ कि मन तब कैसा हो जाता है !
दुपहर का सूरज भी चन्दा-सा लगता--
उतरा खुमार ऐसा तुपार लाता है !
बज उठती अपनी साँस, भरम हो आता ;
आता है काल, मुझे पुकार जाता है !!
1952

20

पीते ही आए नैन, न हिम की प्यास गई !!

रस परसे जो गल जाय, गले को क्या कहिए !
चन्दन देखे जल जाय, जले को क्या कहिए !
क्या कहिए उसको, आप छला जो अपने से !
अपनी आँखों ढल जाय, ढले को क्या कहिए !
कि गया अँग-अँग से चैन, गई न उसाँस गई !!

उतरा था जो दृग-बंक, गगन-मन में तिरके,
लगके पूनम के अंक, लुटा नभ से गिरके !
उडु-दीप न ये, आँसू बनके फूटीं आँखें--
पर वह मन का अकलंक न फिर आया फिरके !
नित नैन बिछाती रैन, लगाके आस नई !!

सुमनों को दे हिम-हार, शिशिर ने सिर नापे !
आगे की सोच बहार, लुटे काँटे काँपे !
कि अतन बन, बन की हूक कहीं से कूक उठी--
रस के बस के अभिसार, करीरों ने भाँपे '
श्रुति नैन बनी, सुन बैन ; न पिक के पास गई !!
1952

21

तुम्हीं मुँह मोड़ रहे, सजाकर लोचन-दर्पण-द्वार ! !

प्रलय में पोत किधर, कहाँ आया, मैं क्या जानूँ !
भँवर में था लंगर, हुआ फिर क्या, मैं क्या जानूँ !
पुकारा था शायद, तुम्हीं को तब रोकर मैंने !
तुम्हारा क्या होकर तुम्हें पाया, मैं क्या जानूँ !
तुम्हीं अब छोड़ रहे, किनारा ही करके मँझधार ! !

हरे अरमानों से, जिसे तुमने हँसकर हेरा ;
सुरीली तानों से, जिसे तुमने डँसकर टेरा ;
लता वह लजवन्ती, बनी तुमसे जो रसवन्ती--
गुणी संधानों से, जिसे तुमने कसकर घेरा ;
तुम्हीं अब तोड़ रहे, उसे असमय देकर पतझार ! !

मिला जो नेह-सलिल, खिला जड़ता में भी जीवन--
कि जैसे शापित सिल हुई थी पद परसे श्री-तन ;
तुम्हारी चितवन ने बना डाला तम को चन्दा--
कलूटे काँच-कुटिल, बने कांचन-दीपक-दरपन !
मुकुर वह फोड़ रहे, तुम्हीं अब छल के छींटे मार ! !

1953

22

बीत गया मेला दिन-भर का, दिन-भर का यह मेला बीता ! !

सपना था जो, सच हो आया !
तम पर छाई ज्योतिर्माया !

किन्तु, यहाँ क्या थिर रह पाया ?
भर-भर घट सब छोड़ चले तट, पनघट फिर रीता का रीता !!

उमड़े धुन सुन औढर जलधर,
गिरि से उतरे स्वर के निर्झर ;
जगत जुड़ाया जीवन पाकर !
एक सँजीवन-टेक न टूटी, प्यासा घन का ही मनचीता !!

शिशिर-चरण की रौंदी क्यारी
मृदु मुसकाई, बन फुलवारी ;
सुख पर आई दुख की बारी--
ऋतुपति-मिलन बिहँसकर हारा, अंत, निदाघ-बिरह ही जीता !!

1953

23

क्या न हुआ, जो अनहोना था,
केवल तुम न हुए, तो क्या !!

सपने तो अपने हैं वे ही
दीवाने लौलीन सनेही ;
स्वर के पर छूकर भी तुमने
पर के स्वर ने छुए, तो क्या !

रोए राग हँसे सीपों में,
सोए त्याग जगे दीपों में ;
मधु के फूल चुए माटी पर,
जीवन में न चुए, तो क्या !

नभचुम्बी स्मृतियों के हिम-पथ
ढर आए बनकर निर्झर-रथ ;
अमिट हुए मिटकर जो लय में,
प्रलय हुए न मुए, तो क्या !
1953

24

दिल को दिलगीर नहीं मिलता !

रत्नाकर के घर में आकर
तुम भूल गए--मोती पाकर--
पत्थर जितने मिल जायँ यहाँ,
प्यासे को नीर नहीं मिलता !

बिन माँगे मोती धर जाते,
बाँसों में भी रस भर जाते,
वे ही पपिहे को कहते हैं--
सबको यह क्षीर नहीं मिलता !

किस ओर नहीं घनघोर भँवर ?
सब ओर यही उठता है स्वर--
इस लोन-लहर में जो आया,
फिर उसको तीर नहीं मिलता !
1953

25

क्या बोलूँ, क्या बात है !

नीलकमल बन छाईं आँखें,
राग-रंग ने पाईं पाँखें ;
बाण बने तुम इन्द्रधनुष पर--
जग पीपल का पात है !

अनयन दिन के बीते पल-छिन ;
माँग भरे क्यों, संध्या तुम बिन !
लुक-छिपकर क्या झाँक रहे हो ?
देखो, कैसी रात है !

घर सूना, बाहर भी सूना,
झंझावात, अँधेरा दूना ;
कंपित दीप, झरोखे पर तुम--
आँगन में बरसात है !

1953

26

अमरण लय-स्वर क्यों मरण-रंध्र में फूका ?

पथ की अथ-इति भी नहीं बताई तुमने,
न अथक गति ही दी मुझे बिदाई तुमने ;
तारे हारे, उस पथ पर मुझे चलाते !
ग्रहपति मेरे, मैं तो जुगनू हूँ भू का !!

आते-आते, बंदन-बेला टल जाती,
मंजिल-मंजिल मेरी गति पर पछताती ;
मुझको विलोक नभ-कोक कलपने लगता !
लहता सुहाग लुट जाता साँझ-बधू का !!

तुमको पाने मैं प्यासा दौड़ा जाता,
भ्रम के श्रम में संचित भी अमृत गँवाता ;
करुणा अपनी देखो मृगतृष्णा मेरी !
तुम चिर-निदाघ, मैं थिर पावस आँसू का !!

1953

27

यह भी शिल्प तुम्हारा ही है, आँखों में झाँको भी तो !

अचरज की क्या बात ? तुम्हारे
दीप्त नहीं किस नभ में तारे !
अपनी आँखों इन आँखों का तारक-धन आँको भी तो !

देखो, क्या कविता बनती है !
क्या-क्या भाव-सुधा छनती है !
इनका दिल इनके ही दल पर एक कलम टाँको भी तो !

बिन डूबे मोती पाते हैं,
जो इन पर ढर उतराते हैं !
एक बार इनके जल-पथ से जीवन-रथ हाँको भी तो !

1953

28

खुश होऊँ क्या ! नाखुश भी क्या !!

फिर आज गगन भर आया है,
स्वाती का मन ढर आया है ;
पर कौन करे स्वागत इनका ?
पिंजड़े का बोल पराया है !
पथराई आँखों को घन क्या,
बिजली क्या, इन्द्रधनुष भी क्या !!

जिनकी सुध ही से मोर मगन
चलते थे नाच किये बन-बन,
जब टूट गए नुपुर के सुर,
तब आए तो क्या आए, घन !
पंखिल चाँदों की पतझड़ को
दल क्या, दूर्वा क्या, कुश भी क्या !!

1953

29

हँसता तो हूँ ! रोता कब हूँ ?
हँसता ही हूँ ! रोता कब हूँ ?

पीड़ा जो शूल चुभाती है,
मुझसे कुछ रस ही पाती है ;
मेरे जादू से जड़ में भी
जीवन की लाली आती है ;
खुद से जो भी हो रंज मुझे,
जग से नाखुश होता कब हूँ ?

तुम जो पूनों बन आती हो,
क्यों मेरी लाज लुटाती हो !
इन कोरे काँच-कटोरों में
क्या-क्या तूफान उठाती हो !
यों मैं, अपने भरसक, अपना
खारा धन भी खोता कब हूँ ?

आँखों में लाल जँभाई है,
पीते ही रात बिताई है !
तलछटवाले प्याले धोने
ऊपा पनघट पर आई है !
तारों के सँग मैं भी निशि-भर
जगता ही हूँ ! सोता कब हूँ ?

1953

30

मुझको जरूरत क्या, किसी की याद की ?
मुझको जरूरत क्या, किसी भी याद की ?

लेकिन, भला यह तो कहो, हो कौन तुम ;
सूरत तुम्हारी लग रही जानी हुई !
सहसा सहमकर हो गए क्यों मौन तुम ?
पलकें तुम्हारी जा रहीं पानी हुई !

क्यों बेधकर मेरी पुतलियों की सतह
तुम पैठ जाना चाहते हो प्राण तक ?
क्या फायदा, तल तोड़ने से, इस तरह ?
हैं भाप बनकर उड़ चुके पाषाण तक !

दिल से उठी, आँखों बुझी यह आग है !
जग से शिकायत हो मुझे क्यों दाद की ?

दर्दी अगर हो, तो बनो हमदर्द मत ;
हमदर्दियाँ होती बड़ी मक्कार हैं !
बरसात का घर है, करो बेपर्द मत ;
बाजार हँसने के लिए तैयार हैं !

जो भेद पाने के लिए हो बेक़रार,
वह खोलने से मैं स्वयं लाचार हूँ ;
है खुद मुझे उस बेखुदी का इन्तजार,
जिसके बिना मैं नींद में बेदार हूँ !

खुद बुत बना हूँ, और खुद ही बुतपरस्त ;
बलि हो गई है जीभ ही फरियाद की !!

1953

31

लाज की यह बात मैं कैसे छिपाऊँ ?--
जानता संसार--मैं क्या हूँ, कहाँ हूँ !

हो रहे तुम आज घर-बाहर उजागर,
दिप रहे कलधौत आभा से, धरा पर ;
मैं तुम्हारी लाज--दीप-तले अँधेरा--
पास भी हूँ दूर, खुद आँखें चुराकर ;
दो मुझे आलोक, या, ऐसे छिपा लो--
दृष्टि दुनिया की न जाय, मैं जहाँ हूँ !!

मौन हैं मधु-कुंज--ये हिम-हार कैसे !
स्तब्ध तारक-पुंज--ये अंगार कैसे !
छेड़ निशि का राग, धुन धर 'पी कहाँ' की
साधते तुम सिंधु पर स्वर-तार कैसे !
रास-राजित श्री-शिखर पर, शशि ! न भूलो,
छाँह में छविहीन छाया मैं यहाँ हूँ !!

1954

32

मत भीख माँग, मत भीख माँग, मत माँग भीख

तू ब्रह्मतेज, वाणी का सुत ;
तुझमें तेरी प्रतिभा अद्‌भुत ;
तू भाव-कला-निधि से संयुत ;
मत भूल कि तू भू पर क्या है, ऊपर दिव को क्या रहा दीख।

तू राग-कल्पना से समृद्ध
तू त्याग-भावना-युक्त सिद्ध,
सारल्य-बाल, अनुभूति-वृद्ध,
ओ रे वसंत के अग्रदूत ! पिक होके क्यों यों रहा चीख ?

कहता उलटी लिपि का विधान,
कीचड़ में गड़कर रत्न छान !
तो यह भी तू कर दे प्रमाण ;
उलटी गंगा बह जाय यहाँ, बह जायँ कूल, वह योग सीख।

1954

33

तुझमें प्रतिभा भरकर विधि ने वरदान दिया, या शाप ?

नाहक इसकी चिन्ता मत कर--
यह खेती है किस पर्वत पर !
उपजेगा तृण, अथवा, केसर !
तू तो मजूर, अपने भरसक, बस, खटता चल चुपचाप !

हँसकर हालाहल पीता चल,
कमखावी कथरी सीता चल ;
संघर्षों में ही जीता चल ;
धो स्वेद-सलिल से ही अपने कोरे चोले की छाप !

तेरे तन की है लाज, उसे ;
लेना है तुझसे काज, उसे ;
सब कुछ का है अन्दाज उसे ;
तेरे लायक जो कुछ होगा, देगा वह अपने आप।

1954

34

मुझे प्रेरणा दे तो कौन ?

भरा नहीं जिसका अन्तर-सर,
उभरा फूल नहीं जीवन पर,
मधुवन के उस मूर्त मोह को
दिव्य चेतना दे तो कौन ?

ऐसा ही अपना जीवन है,
जड़ समाधि में लीन मरण है ;
प्राण कण्ठ तक आएँ, तब तो
गान बने अन्तर का मौन !

पाँखों को आँधी ने तोड़ा,
आँखों को पावस ने फोड़ा ;
बिन्दुशेष उस शिशिर-नीड़ को
गंध-वेदना दे तो कौन ?

1954

35

मेरे गीत अगर सूखें हों, तो इनको तर कर दो ना !

मैंने तो जो आँखों झाँका
अपने मन के पाँखों आँका ;
आँसू के इन क्षर चित्रों को छूकर अक्षर कर दो ना !

हार किये आई भू जिनको,
यदि लू ही होना है इनको,
तो, हे चाँद ! जरा इन हिम के फूलों पर रज धर दो ना !

निशि के फूल, बिंधे किरणों से,
बाँधे नयन रहे हिरनों-से ;
गिरते-गिरते भी, इनमें टुक श्रुतियों का सुख भर दो ना !

1954

36

रत्न बने लोचन-- इनमें से मन का मोती चुन लो तुम !

फूल चुने, आए डाली बन,
टपके हैं दृग से लाली बन ;
मणि-माणिक हो जायँ, अगर, प्रिय ! करतल-राग अरुण दो तुम !

आँखों के धोए धागे हैं,
प्राणों के रस में रागे हैं,
पीताम्बर हो जायँ, अगर टुक अपने हाथों बुन दो तुम !

पतझर के दल हैं, सूखे हैं,
फिर भी ये ये मधु के भूखे हैं ;
तर हो जायँ, अगर इन पर झुक अपने नयन करुण दो तुम !
रत्न बने लोचन--इनमें से मन का धन तो चुन लो तुम !!
1954

37

चाँदनी ने कहा चाँद से--ऐ पिया !
तू मुझे तो उजागर किये चल रहा ;
पर, कभी देखता आप अपना हिया--
दाग-सा क्या लिये, किसलिए जल रहा !

चन्द्रमा ने कहा--दाग मेरा, प्रिये,
दाह है भूमि का, अंक में पल रहा !
विश्व-विप का हरण, प्राण का आभरण,
मैं धरा के लिए बन सुधा ढल रहा !!

मेदिनी ने कहा मेघ से,-- ऐ सुजन !
तू मुझे तो जिलाता सुधादान से ;
मन जुड़ाता, वदन लहलहाता मेरा,
मोर के पैंजनी बाँधता, गान से।
पर, जला तू भला किस तरह रस-धनी ?
मेह बोला,--बँधी वेदना प्राण से ;
सिन्धु से विप-कुलिश भेंट में जो मिला
दे रहा मैं उसे बिन्दु-प्रतिदान से !!
1951

38

घुला ही किए भूमि के तृण-तुहिन, पर हिमाचल कहाँ घुल सका आज तक ?
घुला ही किया नील अम्बर, मगर दाग दिल का कहाँ धुल सका आज तक ?
ढुला ही किये आँसुओं के नखत, पर निशाकर कहाँ ढुल सका आज तक ?
भरम ही भरम है सभी कुछ, मगर यह भरम भी कहाँ खुल सका आज तक ?

कसाई बने आप अपने लिए, आँसुओं की कमाई कमाते रहे !
हहाती रहीं लालसाएँ बँधी, हम तड़पकर छुरी आजमाते रहे !
उजड़ते रहे पात के घोंसले, बाँधकर पर उन्हें हम बसाते रहे !
गलाती रही जो शिखा मोम का मन, उसी को हिये से लगाते रहे !!

कुमुद इंदुवंचित न सूखें, ललक के चकोरे अँगारे चबाते रहे !
लहकती चिता नेह की हो न मद्धिम, शलभ प्राण से लौ जगाते रहे !
कहीं प्यास की प्रेरणा ही न रुक जाय, चातक अथक रट लगाते रहे !
गुलों का न फीका पड़े रंग, बुलबुल गुँथ शूल पर मुस्कुराते रहे !!

1952

39

अलि हे ! हरसिंगार भी फूले !!

झूल रहे अब तक आशा से
मेरे मन के झूले !

ललित मयंक कुमुद-अम्बर में,
कलित कुमुदिनी शशि के सर में ;

आज मुदित मन-मन घर-घर में ;
मेरे ही···घर भूले !

विकल विफल वंचित मृग-दृग-दल ;
कम्पित उर ममताकुल, प्रतिपल ;
यह वामन मन मेरा चंचल--
शशि को कैसे छू ले !

1937

40

सखि ! रजनीगंधा के फूल--
गुंजन की गीली साँसों से भर जाते दृग-कूल।

बरबस हिय में हूक उठाकर,
सोए मेरे स्वप्न जगाकर,
टीस रहे प्राणों के व्रण में, जैसे टूटे शूल !

धूल हुए, सब फूल हमारे ;
फूल चुए, आँखों के तारे ;
फूटी इन आँखों में अब ये भरते क्योंकर धूल !

माना, वे सोने के सपने
होते-होते हुए न अपने,
अनहोनी हो गई ; हो गया ; फिर क्यों इतना तूल !

1937

41

आज भी घन घिर आए हैं !

डोल रही मारुत द्रुत-उन्मन,
मत्त शिखी नर्तन-रत बन-बन,
सिहर-सिहर उठता सुख-कातर
द्रुम-दल-सा मेरा आतुर मन ;
विफल उसाँसों की आँधी के बादल छाए हैं !

खोया-सा नभ अब घन-तम में,
जाने बरस पड़े किस दम में !
जाने कब ढुल-ढुल जाऊँ, घुल
मिल जाऊँ मैं भी प्रियतम में !
मोम-नयन में प्राण-वियोगी जोत जगाए हैं !

1938

42

कहाँ बरसाऊँ व्याकुल प्यार ?
कौन जग में अपना आधार ?

पतझर में मधुकर के मन-सा,
सूनेपन में सावन-घन-सा
डोल रहा, बाँधे प्राणों में
रस के ज्वर का ज्वार

अपने ही मद से विह्वल-सा,
मृग-सा, पाटल के परिमल-सा,
ढूँढ़ रहा मैं निष्फल, बन-बन,
सौरभ का संसार !

किस-किसकी मैं प्यास बुझाऊँ ?
कहाँ बिखर जाऊँ, लुट जाऊँ ?
कौन सँभाल सकेगा, मेरी
गंगा का अवतार !

1938

43

यह अँधेरी रात--
आली ! यह अँधेरी रात ! !

कामना-सी तारिकाएँ--
भग्न किस उर की कथाएँ--
मौन इंगित से बताना
चाहतीं क्या बात ?

याद-से कुछ मेह छाए,
दाग-सा दिल में छिपाए,
पूछता किसका पता, यह
बावला-सा वात ?

मुग्ध की सुख कल्पना से,
स्वप्न-से, छाए कुहासे ;
किस निठुर का नाम रटते
तोड़ते दम, पात ?

1938

44

एक आकुल आस--

प्राणों से लगी, न निकल रही,
गतस्नेह भी नित जल रही,
बनकर अमर विश्वास--
लौ-सी एक आकुल आस ! !

याद बनकर साँस--

मर-मरके भला क्यों जी रही ?
क्यों घाव दिल के सी रही ?
अब क्या धरा है पास ?--
कोई याद, बनकर साँस ! !

1938

45

मन रे ! इतना तो धीरज धर।

इतना तो उदार हो जाए,
प्रियत की गति पर ध्यान न लाए ;
लोक-लोक के वे जीवन हों,
तू निर्भर बस उन पर।

दुनिया हँसती है, हँसने दे,
चाहे जो ताने कसने दे ;
तू उनकी सुध के मन्दिर में
जल उज्ज्वल, उज्ज्वलतर !

घर-घर को दे मधुर उजाला,
जले मौन तेरी यह ज्वाला,
इतना भी क्या रख न सकेगा
हालाहल, गल में भर ?

1938

46

आज विदा तुमको देनी है !
हास तुम्हारा व्याज-सहित भर, फिर अपनी पीड़ा लेनी है !!

दो दिन साथ चले हम बहते,
अपनी रामकहानी कहते ;
आज अकेले ही मुझको अपनी झँझरी नैया खेनी है !

साथ तुम्हारा जीवन-फल था,
हाथ तुम्हारा जीवन-बल था ;
आज यहाँ बस मैं हूँ, मेरी किस्मत और लहर-श्रेणी है !

प्रिय हे ! आज नयन ये वंचित
रत्न तुम्हें देते हैं संचित ;
ले लो अपना हास, इन्हें तो फिर अपनी पीड़ा सेनी है !

1938

47

मेरे सपने फिर आए हैं !
आज गगन में फिर भी श्यामल बादल घिर आए हैं !!

तम दिग्-दिग् में घिरता आता,
भीत विहग-दल तिरता आता,
मेरा भी कलहंस नीड़ में
उड़ता पड़ता गिरता आता ;
जाने कौन सँदेशा फिर ये मेघदूत लाए हैं !

मोर चकित है, शोर न करता ;
'पी-पी' रटते चातक डरता ;
टूटे दिल-सा टूट कभी, दल
कोई मर-मर करते झरता ;
रात समझ चकई के लोचन भय से भरमाए हैं !

आज किसी की याद विकल-सी
हिलती है दिल में चलदल-सी,
कुहुक-कुहुक उठती, यह क्या है ?
रह-रहकर भीतर कोयल-सी !
जाने क्या संकेत, कहाँ से, प्राणों ने पाए हैं !!

1938

48

बोलूँ और कहूँ क्या ?
वाणी की इस नीरवता में सचमुच मैं चुप हूँ क्या ?

यह कवि की भाषा है अश्रुत, कविता की परिभाषा !
यह अन्तरतम का प्रकाश है, यह निराश की आशा !
कौन जानता, इस परदे में होता कौन तमाशा ?
ढोल पीटकर इस दुनिया को मैं निज परिचय दूँ क्या ?
1938

49

चिन्तन बन, चल-चपल भावने ! चिन्तन बन।

अभव-अविध में विविध भवयिता
--प्रकृति जनी कब ?--महत्-जनयिता ;
दिखा सत्य जब बना कवयिता ;
तू भी बन--दर्शन बन।

दिये दृष्टि के लिये विवर्तन ;
किये भवन के पट-परिवर्तन ;
जिये सृष्टि-अंकुर बहुविध बन ;
तू भी बन--सर्जन बन।

प्रलय-चरण में बँध जिसका मन
गति का बंधन बना--अबंधन-- ;
वही सृजन में भी गुँजन-छन ;
तू भी बन--शिंजन बन।
1950

50

आज मोह लगता है !
कितना आज मोह लगता है !

आज न जाने कैसा तो यह
कसक रहा मन में कुछ रह-रह ;
अँगड़ाई लेता ज्यों सोया
ज्वालामुख जगता है !!

इधर एक आग्रह रुकने का,
और, उधर न तनिक झुकने का ;
आवाहन करता दूरी पर
वह शतघ्न दगता है !

किसकी मानूँ ? किसकी टालूँ ?
क्या ठुकरा दूँ ? क्या अपना लूँ ?
प्रेम और कर्तव्य बीच यह
कौन मुझे ठगता है ??

1938

51

मैं इतना आकुल ही क्यों हूँ ?

तन जलता है, मन जलता है, जलता है नयनों में पानी,
रोम-रोम में चिनगारी है, चिता बनी जलती है बानी ;
लिपट गईं लपटें अधरों से, साँसों में है जलन-कहानी,
जीवन-वन में आग लगी है, निठुर नियति की यह मनमानी !

तिनके ही अंगारे जिसको, वह बन्दी बुलबुल ही क्यों हूँ ?

प्यार यही तो किया कि जग ने पीड़ा के सामान दिये हैं !
मैंने फूल चढ़ाए, जग ने शूलों के वरदान दिये हैं !
देकर नभ को चाँद, स्वयं मैंने तारों के बाण लिये हैं ;
भाव बहा बेभाव, अभावों के उर पर पाषाण लिये हैं ;

अब घुलता रहता दृग-जल में, मैं ऐसा दुलमुल ही क्यों हूँ ?
1938

52

वह दिन तुम्हें याद है प्राण ?

सजल श्याम बदली छाई थी,
एक नई आशा लाई थी,
हम दोनों ने पास-पास से
दोनों की झाँकी पाई थी ;
सहम-सहम सिहरी-सी मारुत,
दूती-सी चलती धीमे-द्रुत,
हमें मिलाने को आई थी ;
चातक ने खुलकर गाए थे, उस दिन अपने गान ! !

क्षुब्ध न हो धरणी, इस डर से,
भानु नहीं निकले थे घर से ;
स्वाती चाह रही थी, उसका
व्रती और अब अधिक न तरसे ;
रिमझिम-रिमझिम जल के सीकर
बरस रहे थे, धर भू का भर ;
नीरस ताल-सरोवर सरसे ;
पावस की रानी आई थी, धर धानी परिधान !
1939

53

आज मेरे दृग उनींदे !
आज फिर कोई लगा ठोकर लगा वह बेकली दे !!

पँखरियाँ बिखरें हृदय की, नाचकर क्षण-भर गगन में ;
अधिखिले अनुराग, भीत पराग लुट जाएँ विजन में ;
ओस बन ढुल जाय जो, वह स्वप्न फिर कोई छली दे !

साधना की आँख में अपलक बसा हो बिन्दु जैसे,
नीरनिधि के नयन-मन में पूर्णिमा का इन्दु जैसे,
दर्द की तस्वीर--वह मकरन्द--फिर कोई अली दे !

हृदय हो जिसका हिमोपल, स्मरण हो जिसका अनल-सा,
मिलन हो शीतल सुधामय, विरह हो जलते गरल-सा,
निठुर वह कोई, जरा फिर, पीर की भर अंजली दे !!

कब खिली, कैसे खिली, किस थल खिली, जाने न कोई ;
लेश भी रह जाय शेष न चिह्न, कब अनिमेष सोई ;
मृत्यु पर मेरी, नहीं दो बूँद भी कोई कहीं दे !

1941

54

साँझ हुई, घर आए पंछी, साँझ हुई, घर आए।

थका हुआ, हारा दिन-भर का,
राजहंस अम्बर-सरवर का,

अरुणचरण, श्रम-श्लथ, मंथरपद,
नत पतंग नीचे को सरका--
अशरण दीन पथी परेदसी जाए ज्यों सिर नाए।

तार-तार तृण का, तरुवर का,
सर का, सरिता का, निर्झर का,
गूँज उठा ; गूँजा दिङ् मण्डल ;
रन्ध्र-रन्ध्र सस्वर भू-स्वर का ;
विविध-वाद्य-संयुत जड़ जग ने राग सरस दुहाराए।

1941

55

आज बजती ही नहीं यह बीन !

आज ऐसा लग रहा है,
दर्द-सा कुछ जग रहा है,
विसुधि में सब पग रहा है,
प्राण कातर दीन !

तार ढीले हो रहे हैं,
दृग पनीले हो रहे हैं,
गीत गीले हो रहे हैं,
ताल-लय-स्वर-हीन !

मोह घिरता आ रहा है,
तम हृदय पर छा रहा है,
चित्र होता जा रहा है--
-दूर, क्षीण, मलीन !

आज कोई, काश ! होता,
छाँह बनके पास होता ;
आप जीवन-धन न खोता--
मूढ़ मानस-मीन !

क्या करूँ ? कैसे बजाऊँ ?
तार-सुर बिखरे सजाऊँ ?
रागिनी कैसे जगाऊँ,
पास जबकि तुम्हीं न !

1941

56

आज घन की रात--
भादों की अँधेरी रात !!

दिल दबा-सा जा रहा है,
कण्ठ भरता आ रहा है,
और, तिरती आ रही है आँख में बरसात !

चकित चितवन, चित्र-सा मन,
लीन प्राण, विलीन कम्पन,
एक भी साथी न संगी, और झंझावात !

एक जो भी था सितारा,
नयन का, मन का सहारा,
घिर गया वह भी, घिरे जो घोर घन-संघात !

लो, लगी पड़ने झमाझम,
छा गया भव पर विभव-तम,
रो पड़े क्यों प्राण मेरे, याद कर क्या बात ?

कौन है जो दे दिलासा,
सब तमाशा ही तमाशा ;
आज अपने शूल पर हँसते सुमन के पात !

1941

57

आज अपने आपसे भी उठ गया विश्वास !

सजल जो सपने सँजोए,
नयन में मन में जुगोए,
आज वे भी जब न रह पाए, रहा क्या पास ?

आस पर जिनकी चला मैं,
आज उनसे ही छला मैं ;
साधना की भित्तियाँ भी बन गईं परिहास !

धुल गई धुँधली प्रतीक्षा,
हो गई अन्तिम परीक्षा ;
बुत बनीं इन पुतलियों में आज गति न विलास !

अब न डोलेगा कभी मन,
अब न सिहरेगा कभी तन,
बाँध पाएगा हृदय को अब न कोई पाश !

1941

58

बीती आधी से भी अधिक रात।

पूरब से धीरे-धीरे उठकर,
तिरता आया मन्थर जो हिमकर,
नमित हो रहा नित, ज्यों हो पतंग खंडित या सुरतरु का रजत-पात।

बहती पुरवैया धीरे-धीरे,
बजते बंसी-वन सरिता-तीरे,
उन्मन-उन्मन मन, सिहरन से सहमा तन,सुध कर ऐसी कौन बात ?

क्या है यह, कोई बतलाए तो,
पागल इस मन को समझाए तो,
भरमाता आता, सपना बन मँड़राता, पलकों पर छलका प्रभात !

1941

59

आज तुम यदि पास होते--
धीरता बनते हृदय की, नयन के विश्वास होते !

रात यह काली भयावन, गूँजता झनझन् भयस्वन,
रो रहा अम्बर अकेला, रो रहे बिलजी बिना घन ;
क्यों बिलखते प्राण, प्राणों में बसे तुम काश होते !

साधना के अग्निपथ पर किस तरह अविचल चरण धर
चल रही मेरी जवानी, फल रहे फोले निरन्तर ;
देखते अपने प्रणय का नाश से विन्यास होते !

यन्त्रणा ही राग में है, वेदना अनुराग में है,
यह न जानो, जानता था मैं नहीं, क्या भाग में है ;
जानकर चलता चला हूँ, आग अन्तर में जुगोते !

1941

60

मेरी खाली प्याली में भी आज नशा है !

तुमने मेरी ओर आज कुछ ऐसे ताका,
मदिराक्षी ! क्या कहूँ कि तुमने कैसे ताका ?
बाणविद्ध पंछी जैसे दम तोड़ रहा हो,
एक अधूरी आस आँख में छोड़ रहा हो !
ऐसी कातर और पनीली थी वह चितवन,
ऐसा भेद-भरा उसमें था एक निवेदन !
अनजाने, जाने कब तक दृग टँगे रह गए,
धोया कितनी बार, मगर ये रँगे रह गए !

नाच रही है आज आँख में एक कहानी ;
उमड़ रही है आँसू बनकर याद पुरानी ;
नागिन बनकर किसी आँख ने मुझे डँसा है !

1943

61

मेरे सपने ही सुख हैं, सोने दे, साथी !

दिन में, जग की चंचलता में, भूल गया पथ अपना,
मन की मधुर सफलता बनकर आया है यह सपना ;
दो पल तो मन की थकान खोने दे, साथी !

रात कटी सारी आँखों में ; जब हो चला सबेरा--
सपना बन आया है, मेरे अरमानों का फेरा ;
यह सपना मत छीन, लीन होने दे, साथी !

दो छिन को यह भी आया है, मुश्किल से आया है ;
बस, दो छिन को, मीत ! उमंगों की दुनिया लाया है ;
दो छिन तो इसके उर में रोने दे, साथी !

1943

62

मन इसीलिए तो डरता था !
जीवन ही उलझ न जाय कहीं, तन इसीलिए न सिहरता था !

आँखों पर लेकिन बस न चला,
फिर चली आँख, फिर मन मचला ;
कुछ इसीलिए तो खग मेरा आँखों से आँख न भरता था !

धरना दे बैठी है पीड़ा,
दे डालूँ आज बची व्रीड़ा ;
जीवन ही माँग न ले कोई, डर से दृगदान न करता था !

अब तो बस पानी-पानी हैं,
आँखें अपनी हैरानी हैं ;
क्या अच्छा था, मैं सूने में उड़-उड़कर चाँद पकड़ता था !

1948

63

बोलो तो, प्यार किया था क्यों ?
मेरे कंधों पर, बादल-सा झुक, जीवन-भार दिया था क्यों ?

मेरा सपना परिचित ही था,
जो हूँ भी आज, विदित ही था,
मेरी उजड़ी फुलवारी में
आते न अगर तो हित ही था ;
ठुकराना ही था प्राण-सुमन, तो अंगीकार किया था क्यों ?

तुमने मरु को मधुमास दिया,
रस-हास दिया, उल्लास दिया,
अर्पण करके उर का दर्पण,
मन को खोया विश्वास दिया ;
बँधते-बँधते जो टूट गया, ऐसा उपहार दिया था क्यों ?

1943

64

आज मेरे गान भी हैं मूक !

काठ-सा यह तन खड़ा है,
नयन सूने में गड़ा है,
लग रहा है, हो गई है बीन ही दोटूक !

एक दिन वह था--कि उन्मन
नित नई छवि थी, नया मन,
नयन में मधुमास, प्राणों में पिकी की कूक !

एक दिन यह है--कि सूना
है हिया, मरु का नमूना ;
साँस लू, सब आस बालू, पास केवल हूक !

छलक पड़ती हैं अजाने
आज आँखें ; कौन जाने,
वह तुम्हारी थी कि मेरी बरुनियों की चूक !!

1943

65

आज भी न पुरी, मगर, यह लालसा--
आज भी न पुरी !

रो गये बादल गगन के नयन का काजल बहाकर ;
धुल गई पीड़ा धरा की, श्याम-घन-रस में नहाकर ;
पर यहाँ यह 'पी कहाँ ? रे पी कहाँ ?' की रट लगाए
आज भी व्याकुल पपीही--हाय ! स्वाती-घन न आए !
जहर के मुँह में दबाए काल, मानो व्याल-सा !

आस पर जिनकी चला मैं, हाय ! उनसे ही छला मैं ;
साधना की भित्तियों से ही घिरा, जल में जला मैं ;
धुल गई धुँधली समीक्षा, हो चुकी अंतिम परीक्षा,
बुत बनी इन पुतलियों में थम गई जमकर प्रतीक्षा ;
मीन-जल पर छा रहा कोई जलद-धनु-जाल-सा !

1944

66

तुम चाहोगी गान--

प्रणय के, तुम चाहोगी गान !!

दो दिन का यह खेल-घरौंदा, तुमको प्यारा लगता ;
आँखमिचौनी का यह कौतुक जग से न्यारा लगता ;
फूल-फूल पर रीझा भौंरा तुमको ललचाता है ;
और, तितिलियों का मोहक सुख मन को उकसाता है
अमराई की इस रस-ऋतु में, तुम चाहोगी तान !

पर कैसे तुमको बतलाऊँ, मैं अपनी लाचारी ?
रस का लोभी होकर भी मैं बन न सका व्यापारी ;
ललचाई आँखों में मैंने पाकर मधुर इशारे--
अब तक जितने दाँव लगाए, एक-एक कर हारे ;
और आज, अब तुम आई हो, लिये मधुर मुस्कान !

1944

67

यह चाँद आज पीला क्यों है ?

चाँदी के सिक्के-सा चमचम उस रोज यही तो दिखता था,
जो किरण-करों से धरती के आँचल पर कविता लिखता था ;
उस दिन तो दूध बरसता था,
पूनों का चन्दा हँसता था,
पर आज वही अपने में यों खोया-सा, गीला क्यों है ?

हम तो दुनिया के वासी हैं, दुनिया-भर की फरियाद लिये ;
हँसते हैं दुनिया की खातिर, घुलते रहते कुछ याद लिये ;

ऐसी अपनी लाचारी है,
जीती बाजी भी हारी है ;
लेकिन यह चाँद, इसे क्या दुख ? फिर इसका दिल नीला क्यों है ?

यह तो हम दुनियावाले हैं, किस्मत पर रोते चलते हैं,
जलते हैं और जलाते हैं, छल-छलकर खुद को छलते हैं ;
है जहर हमारे प्राणों में,
विष की बोली के बाणों में,
पर आज सुधा का राजा भी सूरत से जहरीला क्यों है ?

1944

68

ऐसा दुख क्यों दिया ?--
दुनिया-भर का दुख देते तुम, ऐसा दुख क्यों दिया ?

सहना क्या, कहना भी दूभर,
कोई भी मरहम न सके भर,
ऐसा घाव, प्राण के भीतर जिसका मुख, क्यों दिया ?

मेरे प्राणों में फूटा जो,
शीशे-सा सपना टूटा जो,
बिजली-सा घन से छूटा जो, ऐसा सुख क्यों दिया ?

ललचाना ही था लोचन को,
कलपाना ही था यदि मन को,
यही विषय था, तो जीवन को वह आमुख क्यों दिया ?

1944

69

बीती बात भुला लेने दो !

मैं लूँ समझ कि सब सपना था,
जो कुछ था, भ्रम-भर अपना था ;
इस रस में क्या स्वाद मिलेगा ?
मन को और घुला लेने दो !

ठंढी तो हो ही जाएँगी,
बादल बन जब ये छाएँगी,
कुछ दिन तो तल की ज्वाला में
चाहों को अकुला लेने दो !

इतने तड़के आज पधारे ! --
जाग रहे जब दीये-तारे ;
ठहरोगे ? ठहरो, आँखों की
गीली धूल धुला लेने दो !

1944

70

न हँसते हैं, न रोते हैं !

बहुत-कुछ दे चुके लेकर,
बहुत-कुछ ले चुके देकर ;
कहाँ से चल, कहाँ आए,
तरंगों में तरी खेकर ;

खड़े इस तीर पर अब हम
न पाते हैं, न खोते हैं !

बढ़ी सरिता, गई लेती
उमंगों की हरी खेती ;
किनारे पर उगी है अब
महज सूखी मरी रेती ;
गले बीये, छले माली,
न उगते हैं, न बोते हैं !

अँधेरे में उजाला हो,
गरल-घट प्रेम-प्याला हो--
रहे अपना लहू देते
कि भू का मुँह न काला हो ;
मगर, कुछ दाग ऐसे हैं,
न धुलते हैं, न धोते हैं !

समुन्दर छान जीवन के
रतन लाते रहे मन के ;
कटीं रातें, दिवस कितने,
लुटाते लाभ लोचन के ;
अभी चुप हैं कि झुटपुट है,
न जगते हैं, न सोते हैं !

1948

71

अब है क्या, जो लिये चलूँ मैं ?

सुध का मीठा भार तुम्हारा
जीवन का था शेष सहारा ;

वह भी हार चुका जब तुमको,
क्या लेकर अब जिये चलूँ मैं ?

कुश गड़ते ही रहे राह-भर,
पग बढ़ते ही रहे, आह भर ;
इब इस तार-तार चादर को
किस आशा से सिये चलूँ मैं ?

नयनों की अनजान चपलता
जीवन की बन गई विफलता ;
अब अपने इन पाषाणों को
मोती कैसे किये चलूँ मैं ?
1944

72

नाता टूट गया जग से जब, नाता टूट गया--
तुम्हारा नाता टूट गया !

बोलो तो, हे नभ की रानी !
क्या, सचमुच, वह थी नादानी ?--
नयनों में मेरा सैलानी मन जो छूट गया !

नीरधि में डुबकियाँ लगाकर
मैंने मोती रखे चुराकर ;
पर किसका वह ध्यान ? कि आकर सब कुछ लूट गया !

चाँद, जिसे लहरों ने घेरा,
आज स्वयं बन गया अँधेरा ;
एक - एक कर सपना मेरा फूला, फूट गया !
1944

73

आओ, बैठा जाय--
आओ, बैठा जाय यहाँ, कुछ देर बैठा जाय !

दूबों का मखमली गलीचा,
धरती की ममता से सींचा,
खुली चाँदनी, धुला बगीचा,
आओ, बैठ यहाँ वह कौतुक फिर दुहराया जाय !

जीवन में ऐसे सुख के छिन
गिने-चुने होते हैं, लेकिन,
भूले नहीं भूलते वे दिन ;
आओ, उस दिन-सा, आँखों-आँखों मुसकाया जाय।

1944

74

उधर चाँदनी, इधर अमा है--यह भी कैसी रात !

सपना है, जो सत्य बना था,
ज्योति बना, जो तिमिर घन था ;
आँखों में शशि की संध्या है, पाँखों में रवि-प्रात !

सीप डूबते मिलन-कूल पर,
मोती उगते विरह-धूल पर ;
सागर में लू, सागर-तट पर अस्रधार बरसात !

अन्तःपुर में कुसुमसमय है,
दृश्यद्वार पर शीतप्रलय है ;
फूले प्राण-मधूलक मेरे, जड़ीभूत जलजात !
1954

75

यदि मुग्ध कमलिनी के मधु से स्वर के पर बरबस बँध जाएँ
तो मधुकर का क्या दोष ?

जिसके ऊर्म्मिल उर पर झुकके रजनी ने लूट लिया, चुपके,
रत्नों का तारक-हार ;
जिसका पीकर पीयूष, गरल तक पचा गया सुरलोक,
बचाकर केवल हाहाकार ;
जिसके जीवन में आग लगा विधि ने सारी मधुता छीनी,
छीना कलरव-गुंजार ;
जड़ता का वह शृंगार कि जो गलकर करुणा का तार बना,
बाँधे रज का संसार ;
शशि के देखे से आपे में से वह रह न सके, लहरा जाए,
तो सागर का क्या दोष ?
1952

76

मुँह फेरे, ओ चन्दा मेरे ! अब तो मेरी ओर मुड़ो !

अब कितना टक बाँधें तारे ?
कुमुदनयन भी इनसे हारे !
अपना ही मृग मान इन्हें भी, दृग को दृग दो और जुड़ो !

सिन्धु यहाँ भी लहराता है,
मेघ यहाँ भी घहराता है,
अथक मिचौनी का मन हो तो इन तारों से मत बिछुड़ो !

आओ, तुमको अंजन कर दूँ,
चितवन देकर खंजन कर दूँ,
पाँख करो मेरी पलकों को, बाँधो, मेरे व्योम उड़ो !

1954

77

कुछ और गवा लो गीत, मीत !

चाँदनी गगन में है जब तक,
गाने ही दो मुझको, भरसक ;
यह कंठ मिलाने की बेला आँखों में ही मत जाय बीत !

जागी है जब तक मोमशिखा,
नभ पर है आँसू-लेख लिखा,
इन जलते छन्दों में ही प्रिय ! दुहराने दो गीला अतीत !

बस, ऐसे ही झाँकते रहो,
लहरों पर छवि आँकते रहो--
जब तक न तुम्हारा दाग धुले, मेरा स्वर-सिन्धु न जाय रीत !

1954

78

मेरे गीतों को भी प्यार मिलेगा क्या !!

कलियाँ हो जाएँगी बासी,
जब तक आएगी पुनवाँसी !
पतझर के काँटों में फूल खिलेगा क्या !

काँटे जो लगते आए हैं,
लाल-गुलाबी दल लाए हैं !
इनसे पत्थर का भी मर्म छिलेगा क्या !

सूई भी है, डोरा भी है ;
शशि है, और चकोरा भी है !
टाँके पाकर मेरा घाव सिलेगा क्या !

1954

79

जबसे तुम तारों में आए,
बादल ही रहते हैं छाए !
मैं रूप निहारूँ, तो कैसे ?

जिनमें मोती भर आते हैं,
वे सीप स्वयं मुँद जाते हैं ;
मेरे तो बन्दी बिन्दु तुम्हीं,
बन्धन भी मेरे, सिन्धु तुम्हीं !
मैं आँख उघारूँ, तो कैसे ?

आकाश खुला मिल जाता है,
तो क्या-क्या गुल खिल जाता है !
तुमने जो आँज दिये लोचन,
उड़ना ही भूल गए खंजन !
मैं पाँख पसारूँ, तो कैसे ?

लहरों के चित्र, पवन-प्रेरित,
हो जाते हैं तट पर अंकित ;
पर मैं, जिसमें तुम काँप रहे,
तटहीन बनाकर भाँप रहे !
यह चित्र उतारूँ, तो कैसे ?
1954

हिमशिखर

हिमशिखर

अपने सुख-दुख की बात कहो तुम अपने से ;
किसको इतना अवकाश, तुम्हारा मन देखे !

जिसमें निज रूप निहार उषा शरमा जाती,
बिम्बित शत-शत शतपत्रों पर भरमा जाती ;
विंधकर जिसके हिम-अंक, अनलपंखोंवाली
किरणों की क्रूर शलाका भी नरमा जाती ;

दिव ही जाने, उसके दिल पर क्या होता है--
अवनीतल को क्या ज्ञात, शिखर क्या होता है !

खेतों का मोर, गरुड़ या हंस नहीं होता !
किस भाँति हिमाचल का नीरज-दर्पण देखे ?

मिट्टी के बरतन और खिलौने सस्ते हैं,
दो क्षण इनसे ही लोग हँसाते-हँसते हैं ;
किस हेतु जुगोया जाय नयन-घट में पानी ?
हर ओर हजार दृगों से इन्द्र बरसते हैं !

टीला होते तो खेत भले तुम हो जाते !
हिमतल के समतल से कैसे निबहें नाते ?

विद्युद्घन भी कटिबंध बने रह जाते हैं ;
धूमल दृग फिर किस भाँति तुहिन का तन देखे ?

जीवनदानी बन देह गलाते रहते हो ;
क्या पीर नहीं, पर-हित, प्राणों में सहते हो?
दिग्दाह दयारों को जब रेत बनाता है,
तुम आप उमड़ सौ-सौ आँखों से बहते हो !

तुमसे उर्वर होनेवाला ऊसर-ऊसर
प्रतिदान तुम्हें क्या देता है ? दानी भूधर !

संचय खोने में लाभ तुम्हीं समझो, ज्ञानी !
धरती ऐसे उत्सर्जन में क्या धन देखे !!
1954

दुनिया ना मानेगी कब तक ?

दुनिया ना मानेगी कब तक ?

दुनिया से तू ऊपर उठ जा
भूधर होकर भू पर उठ जा
चट्टान बना ले तन अपना
हिमवान बना ले मन अपना
फिर देख कि फेरों के बादल--
ये वज्र गिरानेवाले दल--
किस भाँति कहाँ तक आते हैं
किस-किस ढब से टकराते हैं
क्या-क्या होकर भहराते हैं
पानी होकर बह जाते हैं !

घनघोर घटा के घेरे से
ऊपर तेरी वह ऊँचाई
दुनिया ना जानेगी कब तक ?

दुनिया तुझसे जो रूठ गई
तेरी हिम्मत क्यों टूट गई ?
दुनिया चलती है, तू भी चल
दुनिया के चक्कर से न बिचल
चल दे, खुद बन जाएगा पथ
दो पद ही तो पौरुष के रथ
जब तू आगे बढ़ जाएगा
संसार स्वयं तब आएगा
अपनी गति पर पछताएगा
रो-रोकर मान मनाएगा

बढ़ता जा मेरे सत्यवान !
मत सोच कि तेरा सत्य मान
दुनिया पहचानेगी कब तक।

1948

चाँद की चुनौती

कलेजा हो किसी के पास, मेरा प्यार पाले ! !
समुन्दर का हिया हो तो, किरन का हार पा ले ! !

बहुत नजरें मिलाने को यहाँ मिलते सनेही ;
नजर का जर चुराने को यहाँ मिलते सनेही ;
तितलियों की कमी क्या है, कहीं जो गुल खिला हो !
महज कुछ गुल खिलाने को यहाँ मिलते सनेही ;
मगर वह कौन है, जो प्राण में अंगार पाले ?

यहाँ तो लौ-लपट को ही सनेही मान देते हैं--
कि दीये देह लेकर नेह का ईमान देते हैं !
नहीं वह प्रेम, जो फानूस के छल से चमकता है,
मगर, फिर भी, उस छल पर पतंगे जान देते हैं !
कहाँ वह लौ कि जो लौ-सा अजर संसार पाले ?

किसी का लूट रस-सरबस, मदोन्मद, लड़खड़ाता
भ्रमर लम्पट कली के पास आता, गुनगुनाता ;
निरी नादान क्या जाने, छली का मर्म क्या है ?--
कली लुटती, अली रस पी, नई पाँखें लगाता !
कहाँ वह दिल जहाँ में, जो दिये दिल को सँभाले ?

1948

तट के फेन

डुबा एक को तीन-चार यदि बच जाएँ तो,
नीति यही कहती है, कुछ परवाह नहीं !
बँधी लीक पर चलनेवाली दुनियादारी--
क्यों बूझे, यह कला-तीर्थ की राह नहीं !

पार्थिव सुख के पीछे मरनेवाली दुनिया
कलाकार को ठीक समझ भी पाती है ?
लोकोत्तर संगीत गले से पाती जिसके,
उसी गले पर स्वार्थी छुरी पजाती है !

मस्ती इनका दोष, हवा से बज उठते हैं ;
बाँस तभी तो काटे छेदे जाते हैं !
शीतल गंध लुटाने से ही तो वनचन्दन
साँपों से घिरते हैं, चिता सजाते हैं !

तल के निश्छल बिन्दु हवा का मन क्या जानें ?
लगी नहीं कि लगे ये उसके साथ उड़े !
चढ़े चाप पर, पाकर चोटी का आमन्त्रण !
गगन ! देख तो सही कि ये किस ओर मुड़े !
1951

शहीद-गीत

जगमगा रहा दिया मजार पर !

एक ही दिया, सनेह से भरा ;
प्रेम का प्रकाश, प्रेम से धरा ;
झिलमिला हवा को तिलमिला रहा ;
ज्योति का निशान जो हिला रहा ;
मुस्कुरा रहा है अंधकार पर !

यह मजार है किसी शहीद का,
दर्शनीय था जो चाँद ईद का ;
देश का सपूत था, गुमान था,
सत्य का स्वरूप, नौजवान था ;
जो चला किया सदा दुधार पर !

देश का दलन, दुसह दुराज वह,
वे कुरीतियाँ, दलित समाज वह,
वे गुलामियाँ जो पीसती रहीं,
वे अनीतियाँ जो टीसती रहीं,
वह दमन का चक्र अश्रुधार पर--

देख आँख में लहू उतर गया,
पंख चैन के कोई कुतर गया ;
धधक उठी आग अंग-अंग में,
खौल उठा विष उमंग-उमंग में ;
चल पड़ा अमर, अमर पुकार पर !

वह जिधर चला, जवानियाँ चलीं,
बाढ़ की विकल रवानियाँ चलीं,
नाश की नई निशानियाँ चलीं,
इन्कलाब की कहानियाँ चलीं ;
फूल के चरण चले अँगार पर !

दम्भ का जहाँ-जहाँ पड़ाव था,
सत्य से जहाँ-जहाँ दुराव था,
वह चला, कि अग्निबाण मारता,
पाप की अटा-अटा उजाड़ता,
वज्र बन गिरा, गिरे विचार पर !

आज देश के उसी सपूत की,
राष्ट्र के शहीद, अग्रदूत की--
शान्ति की मशाल जो लिये चला
क्रांति के कमाल जो किये चला--
लौ जुगा रहा दिया मजार पर !

1946

शब्दवेध

विज्ञान दक्ष यजमान ; साध रहा विश्वमेध ;
तब, यह किसका सन्धान ? सध रहा शब्दवेध !-
'मन बन्धन माँग रहा, मन के बन्धन तोड़ो ;
ये जड़ बन्धन बेकार ; तार चिन्मय जोड़ो।'

तुम आज बहुत दिन पर आईं, मन की रानी !
तुम आज बहुत दिन पर लाईं, मन की बानी !
मेरे जीवन की सरिता का फिर खुला स्रोत ;
फिर चली धार, तिर चले तीर-से भाव-पोत।

मरु में जैसे अन्तः सलिला की धार लीन,
स्वर-सरिता थी हो गई बीच में ही विलीन ;
मैं बालू का था ढेर, ढेर हो रहे प्राण ;
व्याकुल थे वर्पण की तृष्णा से बिन्दु-बाण।
तुम, सहसा, श्याम घटा बन छाईं, पक्षि-प्राण !
उमड़ा-उमड़ा अन्तस्, पावस का आसमान।
मरु के तप ने तुमको पाया, ज्यों प्रथम सिद्धि ;
तरु ने पाया जीवन ; जीवन ने कला-वृद्धि ;
तुम नाच उठीं, झमझम बरसा सावन भावन ;
मन थिरका शतदृग-मोर, कि प्राण बने शिंजन ;
काजल की घनी बरुनियों में कजली का मन ;
'पी कहाँ ?' पपीहा बोल उठा, उन्मन बन-बनः
'पी कहाँ ?' रटे पियराए आमों के यौवन--
कि बजा घन-घन, घनघना उठा आकाश सघन--
'पी यहाँ, यहाँ रे, यहाँ, प्राण !' हृन्नयन खोल ;
ज्ञानान्ध ! प्रेम की कूँजी ले अन्तर टटोल ;
आँखों के मन की बाढ़ देख, जल ही जल है !
दिव्याक्ष ! खोल आँखें, गवाक्ष अन्तरस्तल है !'

मुसकाया फूलों का आनन, कलिका-कानन ;
लहराया अम्बर नील, मेघ-गागर का मन ;

सरसाया मधुवन का आँगन, तन-मन भींगा ;
भरमाया मेघ, धरा का धूल-बसन भींगा ;
दूबों की पहली लाज हुई पानी-पानी ;
निर्झरिणी दौड़ पड़ी शिखरों से, दीवानी ;
चल पड़े हंस-निर्झर शैलों से सैलानी ;
सीकर पग-झंकृत झाँझ, चली झंझा रानी ;
मुक्ता-मणियों के रास ; हार-हीरक टूटे ;
राधा के बन के गान, कण्ठ-कीचक फूटे ;
रोमांच गुलाबों के तन में, काँपे कदम्ब ;
लतिकाओं का अंचल सरका, सिहरे कलम्ब ;

अलका वियोगिनी बीन, श्वास बन गए तार ;
साधनालाप, स्थायी वियोग, अन्तरा ज्वार ;
आहों में बोला पड्ज, दाह में ऋषभ-नाद ;
पंचम में आकुलकण्ठ मूक पिक का विषाद ;
मध्यम में हूक, जगी कोमल गान्धार याद ;
धैवत गुणवादी चित्त बना अनहद निनाद ;
पीड़ा मूर्धन्य हुई, चिक्कार उठे निषाद ;
उन्माद मेघ-मल्हार प्रवासी-प्रियाह्लाद ;
तुम गगन-रन्ध्र में रागीं, रानी बना त्याग.
खांडव के भव में नव-मरन्द-परिमल-पराग ;

रसमयी रसा के रोम-रोम में अभिनन्दन ;
हरिदाभ दाभ उन्नयन, अर्चना के वन्दन ;
फिर राम-शृंग पर घनन्नाद उतरे विमान ;
बूँदों के बन्दनवार टँगे छाया-वितान ;
सुरधनु का मण्डप तना,सुधर्मा की हलचल ;
हलचल-हलचल सब ओर, पवन चंचल चलदल ;
कानाफूसी हो रही--पात से पात बोल
अलकापति के उद्दण्ड दण्ड को रहे तोल ;
आँखों-आँखों संकेत चले, बिजली चमकी,
किन्नरियों की स्वरपरता-तत्परता तमकी ;
बन्दी दुलार उन्मुक्त प्यार का बना छंद ;
धृतपवनपक्ष उड़ चले यक्ष-धावन अमंद ;

निर्ममता का हो गया प्रेम से प्रतीकार ;
रीझे कुबेर ; जड़ता पर विजयी कलाकार।

ओ कलाकार की कल्याणी, कवि की रानी!
तुम भूल नहीं पाईं मुझको, मेरी वाणी !
तुम ऐसे आईं आज, कहूँ कैसे आईं !
जीवन के शरन्नयन में जैसे सरसाईं !

नीलम के दरपन में पूनम की परछाईं !
किरणों की धरकर डोर लहर पर लहराईं !!

आओ, मेरी जीवनधारा, आओ, आओ ;
आओ, मेरे सागर में, प्राण ! समा जाओ ;
आओ, मेरे अन्तःपुर की अन्तर्वाणी !
आओ, मेरी युग-युग की जानी-पहचानी !
तुम 'मैं' हो जाओ, प्राण ! और मैं 'तुम' होऊँ ;
तुम चंचलता, मैं जीवन की जड़ता खोऊँ।

ओ कलाकार की कल्याणी, कविता-रानी !
तुम आज बहुत दिन पर आईं, मेरी वाणी ! !

1950

सावधान !

जाग रहा तूफान, माँझी, सावधान !

चलने को तो रात-रहे तुम चल दिये,
ताक गगन के तीर, भँवों पर बल दिये--
भीषण प्रलयी भाव-भ्रमों को भाँपते,
चावों के पाँवों से सागर नापते--
आप बना था यान, लहरों का उफान।

घोर अमा का जोर, तिमिर सब ओर था,
तारों के मन में भी कोई चोर था ;
सुन तट का आह्वान, चले तुम ज्वार पर,
स्वर्णोदय-सा देख क्षितिज के क्षार पर ;
जोह रही थी आँख, आँखों का विहान।

देख तुम्हारा केतु, घटा घुमड़ा गई ;
देख तुम्हारा तेज, तड़ित् शरमा गई ;
देख तुम्हारा वेग, हवा घबरा गई ;
देख तुम्हें मँझधार, लहर चकरा गई ;
पर न रुका अभियान, भा-रत, ओ महान् !

बहता बेड़ा पार लगाना है तुम्हें ;
आँधी में मधु-दीप जलाना है तुम्हें ;
चमके प्राची-चक्र, कि लोक अशोक हो,
भूमण्डल पर राम-राज्य का लोक हो !
बनो शान्ति के मान, भव के स्वाभिमान !

1952

सत्यरथ !

बढ़ते चलो, हे सत्यरथ ! बढ़ते चलो, बढ़ते चलो।

हर ओर बादल छा रहे,
घहरा रहे, हहरा रहे,
काले क्षितिज के क्षेत्र में
विद्युद्ध्वजा फहरा रहे ;
धमका रहा पर्वत-शिखर,
शर छोड़ निर्झर के प्रखर ;
बस, सावधान ! वहीं ठहर !
--गुर्रा रहे दिग्दिङ्. मुखर ;
नटराज के दृग से कढ़ा,
भूचाल के रथ पर चढ़ा,
तूफान को ललकारता
संवर्त आता है बढ़ा ;
पर, कढ़ चले, तब तर्क क्या ? हे क्रांतिपद ! कढ़ते चलो।

क्या-क्या न दुख तुमने सहे !--
सागर उबलते ही रहे,
दिग्गज मचलते ही रहे,
घन पवि उगलते ही रहे ;

दोटूक आशा हो गई,
नौका तमाशा हो गई,
हर डाँड़ छूटी हाथ से,
पतवार टूटी, खो गई ;
ऐसे विकट परिवेश में,
उद्धत प्रलय के देश में,
हिचके न तुम, पिचके न तुम,
जब मृत्यु के आश्लेप में,
तब आज क्या रुकना, हठी ! हर विघ्न से लड़ते चलो।

दावाग्नि की भीपण लपट,
उत्कट प्रभंजन की झपट,
वन के विकट संकट-शकट--
सब एक भ्रूकुटि से डपट,
किस विश्वजित् अभिमान से
बढ़ते चले तुम शान से !--
अणु के प्रलय-हयमेध में
मनु के अभय अभियान-से--
कि निरख जिसे नभ झुक गया,
रवि सारथी भी रुक गया ;
पथ में पड़ा जो वक्र ग्रह,
वह लुक गया, या, चुक गया ;
उस गर्व-गति से आज भी अपना गमन गढ़ते चलो।

धधके ज्वलन, न जला सके ;
उखड़े पवन, न उड़ा सके ;
उमड़े अतल, न डुबा सके ;
रजकण तुम्हें न मिटा सके ;
आकाश भी खुद खो गया,
लय-सा तुम्हीं में हो गया,
स्वर में तुम्हारे गूँजकर
कुछ हँस गया, कुछ रो गया ;
तुमसे विजित हर तत्त्व की
जड़ शक्ति क्या, अमरत्व भी

नारे लगाने लग गया--
जय हो मनुज के सत्त्व की !
उस कीर्ति को अपने रजत-बलिदान से मढ़ते चलो।

1942

चुनौतियाँ

तुम नवीन देश के गुमान हो,
मान हो, स्वतन्त्रता-प्रमाण हो ;
सत्य की कमान पर तुले हुए
त्याग के अमोघ अग्निबाण हो।

तुम अमर समर-सुधी सुधीर हो,
वीर हो, जगज्जयी प्रवीर हो ;
होलिका-दहन-युगान्त-पर्व में
विश्व के गुलाल हो, अबीर हो।

अग्नि बन समुद्र में जले तुम्हीं ;
घोपणा किये विदिग् बले तुम्हीं ;
गर्व से उठे, हिमाद्रि बन गए ;
लोक के लिए पिघल चले तुम्हीं।

धर्म की धरा-धुरी धरे हुए,
कर्म के अपार को तरे हुए ;
सत्य की हरेक जाँच-आँच में
तुम तपे सुवर्ण-से खरे हुए।

आज फिर पड़ी हुई कमान है,
दे रहा चुनौतियाँ जहान है,
भूमि का हिया करे मुदित कोई--
आज फिर तुम्हारा इम्तिहान है !!

1946

नया बिहान

नया विहान है, नया कमल खिला !
नया कमल खिला ! !

गई गुलाम दीनता
मरी गड़ी अधीनता
दिमागो-दिल बुलंद हैं
बँधे-बँधे न छंद हैं
विवर्ण देश को सुवर्ण-हल मिला !

अरुण जो लाल-लाल है
गगन का ही कमाल है
कि धर धरा को ढाल पर
रगड़ दिया है थाल-भर
गुलाल गोल गाल पर
कि आज ही स्वदेश को सुफल मिला !

अपूर्व आज पर्व है !
कि भूमि ही सगर्व है--
यही सही स्वतंत्र दिन
पवित्र मुक्ति-मंत्र दिन
अशोक-लोकतन्त्र-दिन !
समस्त शोपितों को आज बल मिला !

कि दिन है आज ध्यान का
शहीदों के गुमान का--
लहू जो आप दे गए
हमारे पाप ले गए
हमें प्रताप दे गए
लहू का आसमाँ में उठ रहा किला !

नई बहार देखें अब
नया सिंगार देखें अब
कि भूमि तो हरी-हरी
वरुणदिशा सिताम्बरी
उदयदिशा है केसरी
अनन्त में तिरंग का पटल खिला !

यही शपथ लें आज हम--
रखेंगे इसकी लाज हम
जिएँगे देश के लिए
मरेंगे देश के लिए
बनेंगे देश के दिये
मिटाएँगे हमी तमी का सिलसिला !
नया कमल खिला !!
1948

सँजीवन

आदमीयत का जड़ें जिस जहर से सड़ने लगी थीं
सभ्यता की शाख से चिनगारियाँ झड़ने लगी थीं
अनगिनत हरियालियों की राख है जिसकी निशानी
और यह नीला पड़ा आकाश है जिसकी कहानी
वह जलन, वह जहर हरने जो चला अकसीर बनके
पच न पाया वह सँजीवन, पेट में पापी भुवन के !

अखिल संसृति की तपस्या देह धर जो आ गई थी
छाँह बन शिशुवत्सला की विश्वजन पर छा गई थी
सुरभि-पय-पीयूष स्रवता ही रहा जिसके हिये से
ताप गलता ही रहा करुणाभरण अपलक दिये से
स्वर्ग की ममता मिली ज्यों मर्त्य को मधुक्षीर बनके
पच न पाया वह सँजीवन, पेट में पानी भुवन के !

नव-नयन में उन्नयन-विज्ञान की क्या ज्योति जागी
पतित-तम-पथ पर पलटकर सभ्यता भागी अभागी
आदमीयत की वसीयत--सृष्टि के श्रम की कमाई
प्रेम, करुणा, एकता--क्या निधि नहीं हमने गँवाई
और, वह जीवन, मिला जो आखिरी तदबीर बनके
पच न पाया हाय ! वह भी पेट में पापी भुवन के !

कोटि जग उर के सुलग जी-जग उठे, जिसके जगाए
हँस रहे वीरान भी फलवान बन जिसके लगाए
मृत्तिका की पुतलियों में फूँक जीवन की शिखाएँ
धो गया अपने लहू से जो धरातल की बलाएँ
जा बसा सुर-कंठ में वह अब नयी तकदीर बनके
पच न पाया जो सँजीवन, पेट मे पापी भुवन के !

1948

कौन-सा तारा ?

वह कौन-सा तारा ? सखे !

प्राची-दिशा-भू-भाल पर
लहरे तिमिर-कच-जाल पर
बन माँग का टीका सुभग
जो खिल रहा चकवाल पर
लघु लाल-सा ; क्या कह रहा ?
वह कह रहा--'भू-पुत्र मैं
कब ध्वान्त से हारा ? सखे !'

तारा नहीं, वह ग्रह ललित,
मंगल-कलित, विद्रुम-वलित,
वह माँ मही का ही सुवन,

श्रद्धा-सहित-मति से चलित,
सर्वंसहा-सा सह रहा
झोंके अनन्त, अनन्त के ;
सच्चा सकलहारा, सखे !

तारे, सखे ! गतिहीन है,
जड़वत् जलन से दीन हैं,
जो, देख ग्रह-गति को, बने
जलते तवे के मीन हैं ;
ग्रह-ग्रह गतिग्रह लह रहा,
दृग टिमटिमाता रह गया
उडु-दल अफल सारा, सखे !

तुमको भले लघु लग रहा
वह दूर से--ज्यों टँग रहा--
पर जग रहा सज्ज्योति से
अपनी लगन में पग रहा,
ख-तरंग को वह गह रहा ;
कब कान्त-प्रान्त-जयिष्णु को
रजनी बनी कारा ? सखे !

1948

आह्वान

कोड़ते चलो जमीन कोड़ते चलो !--
कोड़ते चलो !!

इस जमीन में हजारों धन-भरे घड़े
व्यर्थ हैं पड़े, समाज-पाप से गड़े ;
बन्द हैं विकास, कोष-कैद में पड़े ;
लाखों-लाख गुल--शराब के लिए--सड़े ;

ये गड़े लहू के घडे फोड़ते चलो !!
कोड़ते चलो !!

सूख गई धार यहाँ धूर हुई रेत ;
एक बियाबान, जहाँ जिन्दगी अचेत,
आते नहीं मेह, मधुर भूल गये हेत ;
टाँड़-टाँड़ कास हँसे ; बाग-बाग बेंत !
मेह बनो, धार नई छोड़ते चलो !
कोड़ते चलो !!

सैकड़ों पसार शाख, फैल सभी ओर,
भूमि में हजारों गोड़-गोड़ सूँड़-सोर,
लाखों-लाख पौधों के आधार छीन-छोर
फैले सात-पाँच बड़े रुख भूमि-चोर ;
भूमि के लिए इन्हें मरोड़ते चलो !
कोड़ते चलो !!

राह बँधी, चाह बँधी, आह भी बँधी ;
कोटि-कोटि बेपनाह जिन्दगी बँधी ;
कोठियाँ खुलीं, कि मुक्ति की मही बँधी ;
सड़ गई यहाँ बयार तक बँधी-बँधी ;
ये सड़ाँध के तिलिस्म तोड़ते चलो !
कोड़ते चलो !!
1951

चुटकी में प्राण हैं

फिर घेरा डाल रहा है कोई घेरके ;
यह ममता का गुण है या छल का जाल है ?
खोकर जो अपना केन्द्र परिधि-सा आप है--
फिर विन्दु बनाने आई विधि की चाल है !

अधिकार तुम्हारा है भी ? जो अधिकार का
आकाश तुम्हारा बाँध रहा है आग को ;
दिल छील रहे छुरियों से, छल की धार से,
पर धो भी क्या सकते हो तुम इस दाग को ?

चुटकियाँ चटखती हैं, चुटकी में प्राण हैं ;
मसले हैं मेरे फूल, तुम्हारी जीत है !
मेरी हारों के हार पहन तुम हँस रहे ;
हारों में गूँज रहा मेरा जय-गीत है !

मोहक यह घेरा मोह कहीं जो बन गया,
कोमल ! तुम कैसे झेल सकोगे पीर वह ?
जलपरियों की ज़ो आँखमिचौनी आज है,
भय है, बन जाए ज्वाल न छलका नीर वह !

1951

रहने दो चाप चढ़ाओ मत

अधरों पर लोट रही रसना--
तट पर लघु रोहित नीरमना !
अनुराग-सजल-पट पर छटपट
जलधरबसना बिजलीदशना !!

आधा ही जाम दिया तुमने--
क्या जालिम काम किया तुमने !
रह भी न सके, बह भी न सके ;
अच्छा बदनाम किया तुमने !!

रहने दो, चाप चढाओ मत ;
तारों पर तीर चलाओ मत !
यह दाग ? यहीं था चाँद कभी ;
इसको अब चाँद बनाओ मत !!

भौरों के होंठ लगाओ मत ;
प्यालों को व्यर्थ लजाओ मत !
तलछट-भर शेष यहाँ, साकी !
प्राणों की प्यास बढ़ाओ मत ! !

क्यों पोंछ रहे मुँह पल्लव का--
मिट जाय तरस मधु-आसव का ?
बढ़ जाय कहीं कुछ और न लौ--
अलि ! खेल नहीं बुझना दव का ! !

1951

दिवकुसुम

अभ्यर्थना का भी नहीं साहस रहा।

अब क्या कहूँ, कैसे कहूँ ?
चुप भी मगर कैसे रहूँ ?
किस भाँति मेरा भाव ही मेरे हृदय को कस रहा !

धारा बनी हो बाढ़ जब,
बह जाय तट तो क्या अजब !
अपनी अबलता की सबलता पर न मेरा बस रहा !

तुम तो, परन्तु, सहज सदय,
पद में तुम्हारे कौन भय ?
कर दो उसे भी चन्द्रमणि, जो नाग मन को डँस रहा !

मेरी भ्रमरता क्षुब्ध है,
चक्षुःश्रवा मन लुब्ध है,
दृग में चकोरी-चाह के, लांछन तुम्हारा बस रहा !

अपने सजल निर्मल नयन
भर दो, कि धुल खिल जाय मन ;
छवि-भाव कवि का आप अपनी भावना पर हँस रहा !

अब तुम न 'तुम' मेरे लिए,
हो दिवकुसुम मेरे लिए ;
आराध्य हो--वह फूल, जो भर धूल में भी रस रहा !

1951

क्या तू भी ऐसे कभी तड़प उठती है ?

तड़पा देते हैं मुझको तेरे सपने ;
क्या तू भी ऐसे कभी तड़प उठती है ?
कुछ तेरे तारों भी तिर आता है क्या ?
जैसे तू मेरी आँखों छप उठती है !

तूने जो भूलभुलैया में डोरी दी,
मैं चलने लगा सहारा तेरा लेकर ;
गुण तोड़, छोड़ क्या गई, देख जा, निर्मम !
दे गई मुझे तारे, शशि मेरा लेकर !

तेरी अबूझ इस लीला को क्या बूझूँ ?
अचरज क्या, जो सम्मुख भी तुझे न सूझूँ ?
विश्वास-पक्ष ही जब गिर गया किले का,
मैं तर्कों की दीवारों से क्या जूझूँ !

उफ् ! गंध-कीट यह कहाँ छिपा था घाती ?
धोई थी पँखुरी-पँखुरी, पाती-पाती !
यों पुनः परीक्षित किया मुझे क्यों डँसकर ?
किसका बिगड़ा ? तेरी ही तो थी थाती !!

1951

निश्छल अन्तर

निश्छल अन्तर छल पर ढलकर अपनी आँखों दयनीय हुआ ! !

रज के तारों की क्या चर्चा, रजनी के तारों को देखो !
मन के हारे क्या होते हैं, अपने से हारों को देखो ;
इतने ऊँचे चढ़नेवाले, ऐसी गति से चलनेवाले,
भू के खींचे भू पर आए, टूटे बेचारों को देखो ;

तारे तो घुल-घुल ओस हुए, अवनी ने दिखलाई माया--
अभिनन्दन का सामान किया, दुधिया पलकों पर बिठलाया !
मन में पाताल रहा रमता, मुँह पर छलकी नभ की ममता ;
तारों ने जग को नहलाया, जग ने तारों को बहलाया !
यह तो कहिए, दिन उग आया, झूठा मुँह का कमनीय हुआ ! !

धरती का मुँह जोहा करता जो चाँद, चकोर बना, ऊपर,
कटते-कटते कट जाता है, लुट जाता है, नभ से चूकर ;
ज्वारों पर आता है तो पाता है उपहास, कलंकी है !
मिट जाता है बेचारा, तो मनती है दीवाली भू पर !

आदृत होता है चाँद--कि वह भू के सिर के भी सिर पर है,
देवों में है गिनती उसकी, वह गंगाधर का शेखर है !
मिट्टी, तेरी भी बलिहारी ! शिव की तो हो पार्थिव पूजा,
शिवशेखर हो बदनाम कि वह ताराप्रिय है, लांछनधर है !
महि पर न्योछावर चाँद महज मुँहदेखे का महनीय हुआ ! !

रौंदी जाकर सूखी माटी, श्रम का जीवन बेहाल हुई ;
चावों के चाक चढ़ी नाची, पाकर कर-परस निहाल हुई !
भँवरी को भाव मिला मन का, वैभव साकार खिला तन का ;
तप के आँवे में लाल हुई, माटी की देह कमाल हुई !

तन-मन तो सुन्दर बन आए, पर जीवन धन्य बने कैसे ?
उमड़ा जो नेह कलेजे में वह ज्योति अनन्य बने कैसे ?
जलता नेही भुनगा आया, ठंढी बाती को सुलगाया ;
लौ में पड़कर दियरी दहकी, दृग-प्राण जले कैसे-कैसे !
लुटता आया शुचि नेह, मगर लौ में छल ही नयनीय हुआ !
1952

कवीन्द्र रवीन्द्र

तव आए थे तुम, हे उदार !

जब तुहिन घना था अम्बर में,
भय का था चोर घुसा घर में,
दिग्भ्रम के दृग सकुचे सर में ;
जग-जगड्वाल--शैवाल-शोक के ओक उजागर करने को--
नयनों की जाली हरने को--
तुम आए थे, हे ऋषि उदार !

दिङ्. मूढ़ विकल थे कोक दुखी,
भ्रमभीत मलिनमुख भानुमुखी ;
तम और तिमिर के पंख सुखी--
तब, पूर्व-प्रभा से पंकज में नववैभव के स्वर भरने को--
पंकज को शतदल करने को--
तुम आए थे, हे रवि उदार !

आलोक-क्रान्त के हे द्रष्टा,
सद्धर्म-क्रान्ति के हे स्रष्टा,
सांस्कृतिक सौध के हे त्वष्टा,
गोष्पद को गंगा बना, अमरता को चरणों से तरने को--
धूलों में सौरभ भरने को--
तुम आए थे, हे कवि उदार !
1952

महर्षि-दीप

दिया बुझा, मगर जला गया नए दिये !

असत्यदृष्टि-दर्श दृप्त था दिगन्त में,
अहम्मतिप्रधान मान अन्त-अन्त में ;
कहीं न दृष्ट एक भी प्रकाश की किरण,
अदृष्ट-पंक में निमग्न थे नयन-नयन ;

विमान जाति का अनन्त ध्वान्त क्यों तरे ?
कहाँ समान अवतरण ? किधर गमन करे ?
--कि गुर्जरी जमीन पर कहीं दिया दिखा ;
बढ़ा विमान 'मूल' की तरफ नजर किये।
दिया बुझा, मगर जला गया नए दिये !

--कि मूल, जो विकस वटत्रयी सघन बना,
प्रकाण्ड-ज्ञान-शाख-संहिता-सहित तना,
उदग्र अग्रशिर, प्रसन्नता हरीतिमा,
स्वतन्त्र शक्त प्राण, घ्राण में पुनीतिमा,

कली-कली प्रकाश के विकास के नयन,
अपौरुपेय-ध्यान, पौरुपेय-मान-घन ;
प्रदीप थे महर्षि द्वीप-द्वीप के लिए।
दिया बुझा, मगर जला गया नए दिये !

कि राम थे, व्रती बने वनान्त में अटे ;
कि कृष्ण थे, न क्रूर-खड्ग-भीति से कटे ;
कि बुद्ध थे, विरक्त फिरे लख स्वजन-निधन ;
कि ख्रीष्ट थे, दयार्द्र, हुए देख आर्त्त जन ;

कि एक-ईश-वाद-बन्धु-भाव के नबी ;
कि सिद्ध सन्त थे, कि भूति भक्ति से दबी ;
प्रताप जाति के, कि देश के महेश थे ;
अमृत दिया समाज को, गए गरल पिये।
दिया बुझा, मगर जला गया नए दिये !

1952

बापू !

जब तक जग में थे, यम ने मात न मानी,
रज-तम ने सत्-क्षिति भी सिकता ही जानी ;
अब क्यों न भजे भव-गज, पद-रज ले सिर पर !
जब स्वयं ब्रह्मपद ने मिट्टी पहचानी !!

तुम आए, जीवन आया, मरु भी फूले ;
तुम कूके, लहलह हुए ठूँठ भी झूले ;
तुम उड़े, कि उधरा अन्त, रह गए टेसू !
अब जिधर देखिए, बालू और बगूले !!

जिस पद पर इनको छोड़ उड़े तुम ऊपर,
तुम छुटे, कि सब बेछूट आ रहे भू पर ;
ये पतित पत्र पहले पद तक तो पहुँचें !
हैं चले हिमाचल चढ़ने, चढ़कर लू पर !!

क्या कहा जाय अब हाल ? नहीं जब तुम हो--
बारात तुम्हारी है, पर तुम ही गुम हो !
थे कभी फूल तुम इसी धूल-धरती के !
अब तो गिरिवर भी कहते, नीलकुसुम हो !!

बनिया बन तुम आए थे, सो हे ब्राह्मण !
बनिया ही बने रहे सत् के, आजीवन ;
हे कृपण ! एक भी पुण्य न छूटा तुमसे !--
तुम गए कि जग रह गया नितान्त अकिंचन !!

पिक-कूक कहाँ ? हाँ, भय की भूँक बहुत है ;
मलयज है लूक, कि फण की फूँक बहुत है ;
आचरण वचन में, दर्शन है बाने में--
साधना मूक है, मुँह में थूक बहुत है !

हो रहा जुए का नाल सत्य की पूँजी ;
तालोंवालों के हाथ, नीति की कूँजी ;
बगुलों के हक में मान ! हँस रोते हैं--
क्या खायँ, हाय ! घर में है भाँग न भूँजी !!

पानी भरते पण्डित, खण्डित चलने में ;
शकटासुर ताक रहे शिशु को, पलने में ;
बाहर के दृग भीतर क्या देखें, जिनको
पूर्वोदय दिखता है पश्चिम ढलने में !!

कुछ समझ नहीं आता है, क्या करना है,
किस ओर डगर है, किधर पाँव धरना है ;
अब भी तुमसे ही आशा है, हे स्वर्गत !
यह अन्धतमस भी तुमको ही हरना है !!

भारत-भव थे, अब तो स्वरीय हो, बापू !
महिमापति थे, अब अप्सरीय हो, बापू !
दो अमृत उसे भी, पर भू को पहले दो--
स्वर्गीय ! प्रथम तुम भारतीय हो, बापू !!

1952

हे तुलसी !

लगे जिसके, तुम हरि से लगे, मुझे भी वह ठोकर लगती !

शब्द का लगता ऐसा घाव,
टूट जाते तृष्णा के पाँव,
कुमति की गति होती लाचार,
हृदय हो जाता हरि का गाँव ;
मोह के झूठे बंधन तोड़, चेतना मुक्त हुई जगती !

कभी होता ऐसा संयोग
कि मैं भी पाता प्रीति-वियोग ;
रीति की यमुना होकर पार,
धन्य होता मेरा भी योग ;
चितौनी ही ला देती चेत, चकित चितवन चित् से टँगती !

1953

मैं तो रस के बस था !

मैं तो रस के बस था !
तुम कहते हो, भावुकतावश, मैं बुद्धिहीन हो गया, मीत !

सच है, मैं तो रस के बस था ! --
मैं छला गया, पर छल न सका,
जलकर भी लौ से टल न सका ;
जलना मेरी लाचारी थी,
ज्वाला ही मुझको प्यारी थी ! --

क्या कहूँ कि उसमें क्या रस था !
जय तो मैं भी पा सकता था, पर मुझे मुझी ने लिया जीत !

प्रिय कहीं अंग, प्रिय कहीं आग !--
पाकर सनेह मन जलता है,
दीपक नेही को छलता है ;
कोई बरबस बस लुट जाता,
परवाना लौ से जुट जाता !
प्रिय कहीं रूप, प्रिय कहीं राग !
मेरी यह लय तो रक्षित है, सुर भले नहीं बन सकें गीत !

1953

हे तीर्थङ्.कर !

चहुँ ओर तिमिर जब तैर रहा, इस दुर्दिन में, नभ पर, भू पर,
तुम फिर उतरो, हे तीर्थङ्.कर ! फिर देह धरो, हे ज्योतिर्धर !

जीवन की चन्दनबाड़ी में व्यालों का जोर बढ़ा देखो,
मानस की कुसुमित आँखों में रागों का शूल गड़ा देखो ;
हिंसालु घृणा-वन में दंशित जग के युग-होंठ हुए नीले,
दाँतों का जहर चढ़ा सिर पर, चित-खेत अचेत पड़ा देखो ;

दावानल बढ़ता आता है, इन्धन बनते जाते तरुवर !
लुकवारी भाँज रहे, लू बन, शीतल परिमल-तल भी तपकर।

विज्ञान-बलोन्मद निर्झरिणी शिखरों के शेखर ठुकराती
अज्ञान-धरातल पर उतरी, हरियाली पर आफत ढाती ;
कितनी ऋजुकूलाएँ डूबीं, कितने ही जृम्भिक ग्राम बहे --
किस महाप्रलय को लक्ष्य किये यह ध्वंसधुनी बढ़ती जाती ?

प्लावित पीड़त संसार पुनः पथ जोह रहा, हे भूपकुँवर !
कब भागीरथी बनाते हो, धरकर तुम यह धारा दुर्धर !!

अब की दुर्गति अब क्या कहिए ! संयम सम छोड़ बना यम है,
दर्शन दिग्भ्रान्त प्रदर्शन में, प्रवचन में तर्कों का भ्रम है ;
गौओं पर दाँत लगा नाहर मौलिक अधिकार विचार रहे !
संचय तप का साफल्य बना ! ज्ञानी हैं वे, जिनमें हम है !

स्वार्थ ही नीति, छल राजनीति, है प्रेय-प्राप्ति ही श्रेयस्कर ;
कृष्णा-भू टेर रही कब से, अब देर करो न, सुदर्शनकर !

1953

क्या पाप मेरा प्यार है, प्रिय !

प्रेम के वरदान का किसको यहाँ अधिकार है, प्रिय !

लालची अनुराग जिसका भोग में डूबा हुआ है,
तृप्ति को हो जो तृषाकुल, योग से ऊबा हुआ है,
ध्यान भी जिसका चपल छल-बंधनों की दीनता है,
क्या वही बड़भाग है जिसमें कि संयमहीनता है ?
या, उसे अधिकार है, जो त्याग ही साकार है, प्रिय !

चुटकियाँ लेता जमाना, नाम सुनकर साधना का,
स्वार्थ ही जिसके लिए आधार है आराधना का,
वासना के ज्वार को जो प्यार दिल का मानता है,
देखता है चर्म-भर, पर मर्म कब पहचानता है !
रूप पर लुटते-लुटाते, क्या यही संसार है, प्रिय !

प्यार तो उसको सुलभ, जो वासना का है पुजारी,
दृष्टि भी दुर्लभ उसे, जो भाव का ही है भिखारी !
चार होते चक्षु जो करते सदा परिचार भ्रम का,

हारता वह मन, कि जो करता सदा परिहार तम का !
साधना की निःस्वता का क्या यही प्रतिकार है, प्रिय !

सींचकर जिसको हृदय के रक्त से मैंने बढ़ाया,
सब निछावर कर दिया जिस पर, यहाँ जो श्रेय पाया,
आज वह विश्वास का बिरवा भला क्यों डोलता है ?
भीत मर्मर के विजन में कौन कातर बोलता है ?
सच कहो, मेरी कसम, क्या पाप मेरा प्यार है, प्रिय !

मैं जगाऊँ साधना, आदेश यह मुझको मिला है,
कुछ न देखूँ , कब कहाँ काँटे चुभे या क्या छिला है,
घाव मेरे चाव हों, फूटें नहीं दिल के फफोले,
पग न डोलें भाव के, मन ऊबकर उफ भी न बोले ;
पर तुम्हीं जो डिग पड़ो, तो और क्या आधार है, प्रिय !

1938

मैं ही केवल दीवाना !

तुम लोग सभी ज्ञानी हो, बस, मैं ही केवल दीवाना !

जिसको मसान या कब्रगाह कहते, बस्ती है मेरी,
जो हैं उलूक के वास, खँडहरों में देता हूँ फेरी ;
हीरक, मूँगे, माणिक, मणियाँ, होंगी दुनिया की सम्पद्,
मेरी निधि तो बस है कंकड़-पत्थर, झिकटों की ढेरी ;
दुनिया हँसती है--लुटा दिये मोती, कुछ मोल न जाना !

ये दीन-हीन भिखमंगे, जो मारे-मारे फिरते हैं,
अंधे, लूले-लँगड़े, ठोकर खाते, चलते गिरते हैं ;
सब देख घिनाते हैं जिनसे बचकर पथ पर चलते हैं,
मेरे कर बढ़ते उसी ओर, मन-नयन वहीं तिरते हैं ;
मैंने भी उन-सा ही ममतावश बना रखा है बाना !

ऊँचे टीले, नदियाँ, तालाब, पहाड़ों के प्रान्तर को
मनमाना मैं छाना करता उर्वर-ऊसर भू-भर को ;
दूबों की सेज मुझे शासन-सिंहासन से बढ़कर है,
गढ़ और महल क्या पाएँ मेरे घास-फूस के घर को !
मैंने अपने आगे भूपों को भी दरिद्र ही माना !

सब लोग भोग से भूरि भरा करते भारी भण्डारा,
मैं हूँ, अपने घर में संचित करता केवल अंगारा !
पूँजीपति के उद्यान पटाता है गुलाब का पानी,
मेरी क्यारी को रोज सींचती है लोचनजलधारा !
मुझको कुबेर कहलाने से भाता दरिद्र कहलाना !

छप्पन प्रकार के व्यंजन की लालसा नहीं जगती है,
दो घड़ी मौज की खोज महज नटलीला-सी लगती है ;
आँसू उधार लेता, मोती के मोल चुकाया करता !
हर बार, सरल मेरी ममता को यह दुनिया ठगती है !
पागलपन तो देखो--खोने में समझ रहा हूँ पाना !!
तुम लोग सभी ज्ञानी हो, रहने दो मुझको दीवाना !!

1939

इस जग में केवल जलना है !

मुझे प्रेम-पथ पर चलना है !

लेकिन प्रेम जिसे कहते हैं--
जिसके पीछे लोग न जाने
कितना क्या खो-धो देते हैं,
दाना से बनते दीवाने !--
आखिर है क्या ? कौन बला है ?
किससे और कहाँ मिलता है ?

किस उपवन में, किस डाली पर
यह आकाशकुसुम खिलता है ?
सचमुच, यह सब कुछ, कुछ है भी, या, केवल भ्रम है, छलना है !

किस कूचे की खाक न छानी,
कहाँ-कहाँ मैं नहीं गया रे !
बस, ठोकर ही मिली बिदाई,
हया गई, पाई न दया रे !
चटक-मटक थी छद्‌म-छटा की ,
यौवन की ढलती हाला थी !
खिल-खिल हँसती मस्त सुराही,
मस्त बनी साकीबाला थी !
देखा, लेकिन, चहल-पहल के इस जग में केवल जलना है !

क्षणिक छटा की छूट भले हो,
लेकिन इसमें सार नहीं है ;
दो घड़ियों का राग-रंग यह
एक नशा है, प्यार नहीं है ;
इस दुनिया के दीवानों का
दिल ही जब अविकार नहीं है,
हौंस-हिलोरों पर हिलते हैं--
यह तो शुद्ध दुलार नहीं है ;
मुझे नहीं जलना शलभों-सा, और, न मदिरा-सा ढलना है।

ओसों से क्या प्यास बुझाऊँ--
आँसू का निर्झर जब हारा !
टेसू से क्या बाग सजाऊँ--
'अपत गुलाबी डार' सहारा !
मिट्‌टी के क्या दीप जलाऊँ---
दिव्य दीप जब हार चुके हैं ;
साँझ-सबेरे, दोनों मेरे
पथ में रो बेजार चुके हैं !
भीतर ही भीतर मुझको तो काँच-आँच सहना, गलना है !

1939

यह भी तो न हुआ !

इतना भी तुम सह न सके, यह एक निशानी तो रह जाए !

नयनों का वह खेल, खेल में, जीवन का जंजाल हो गया !
तुम पत्थर ही रहे, और मेरा क्या से क्या हाल हो गया,
अब देखूँ, क्या चाव तुम्हारा--यह सपनाघर भी ढह जाए ?

आँखों को वह दान मिला, कि कलेजे का पाषाण बन गया !
अपना ही अरमान आज अपने मन का तूफान बन गया !
और, तुम्हारी चाह, आज यह पत्थर भी गलकर बह जाए !

लौटी उल्टे पाँव, मौत को भी मुझसे संकोच हो गया,
और, रह गई जान तड़पती हुई, कि तुमको सोच हो गया--
जीकर जो कुछ लह न सका, वह मरकर ही न कहीं लह जाए !

यह भी तो न हुआ, कि नयन से नयन आखिरी बार बोल लें,
दो-दो हृदय मिलें नयनों में, और हृदय की गाँठ खोल लें ;
जाती-जाती बेर किसी से कोई एक बात कह जाए !

शायद यही विधान, तुम्हारी करुणा का वरदान यही है,
प्रेम नहीं फल पाता ; लेकिन दुनिया का अरमान यही है--
एक निशानी तो रह जाए, एक कहानी तो रह जाए !
तुमसे तो यह भी न हुआ, यह एक निशानी तो रह जाए ! !

1943

यह कैसा निर्माण ?

यह कैसा निर्माण तुम्हारा ?

जिस आधार शिला पर धरकर
आत्मा की पूजा के पत्थर
तुमने यह प्रासाद बनाया--
देख कला जिसकी, शरमायी असुरों और सुरों की माया ;
ढाह रहा है आज उसी को अग्निगर्भ अभिमान तुम्हारा !

श्रम के रजशेखर सिर दलकर
स्वेदशुद्ध शोणित से पलकर
तुमने चाही थी मांसलता ;
चाही थी अपनी अबाधगति, संसृति में सब ओर कुशलता ;
मुड़कर लेकिन आज तुम्हीं को बेध रहा है बाण तुम्हारा !

तुमने जड़ता को पनपाया,
फैलाई यन्त्रों की माया,
रौंदी नेहमयी मजदूरी ;
प्राणों से अनजान बना दी आत्मा के मंदिर की दूरी ;
बिहँस रहा है आज व्यंग्य बन तुम पर ही विज्ञान तुम्हारा !

बहुत हुई, अब तो तुम जागो,
मुग्ध स्वप्न की तन्द्रा त्यागो ;
जागो, जाग उठे भू-संस्कृति ;
जगें दीप्त दृग-दल दिग्-दिग् में, भर जाए उछाह की झंकृति !
मानव, कब से तड़प रहा है बन्धन में निर्वाण तुम्हारा !!

1943

बयालीस की दीवाली

देखा मैंने एक रात, सपने में कोई बोल रहा है,
घोल रहा है भाव गरल में, गाँठें दिल की खोल रहा है ;
धँसी आँख, गड्ढे कपोल में, वह कृशांग कंकाल-मात्र था,
देखा मैंने, मेरे मन को वह अभाव से तोल रहा है !

लज्जा ढाँके हुए महज थी एक लँगोटी उसके तन पर,
मन के उसके भाव फलित हो आए थे उसके आनन पर,
बोला वह कंकाल--हाय ! तुम कहते हो त्योहार मनाएँ ?
रास रचाएँ उस जमीन पर, नाश जहाँ अंकित कण-कण पर ?

विवश पराजय पर अपनी, निर्लज्ज गीत क्या गाना होगा ?
उजड़ा चमन कागजी फूलों से क्या आज सजाना होगा ?
जादू-सा फिर जाय, ज्योति से चकाचौंध आँखें हो जाएँ--
इसीलिए क्या दीप जलाएँ ?

किन खुशियों के दीप जलाएँ ?
यही, कि घर-घर में मातम है, हरेक दिल में एक दाग है,
अँधियारा आँखों में छाया, सीने में जलता चिराग है !
झोंपड़ियों का कौन ठिकाना, भवन दूह के ढेर पड़े हैं,
जले किवाड़ और छप्पर की बुझ पाई अब तक न आग है ;

उजड़ गए अम्बार, भूसियों के अवशेष उदास पड़े हैं,
मवेशियों के नाद, बिना बन्धन के खूँटे जहाँ गड़े हैं,
कई शाम तक राख सर्द चूल्हों में किस्मत को रोती है,
और, कुर्क के लिए, द्वार पर लालभूत यमदूत खड़े हैं !

मानवता की नई राह जो नए विश्व ने दिखलाई है,
नए सभ्य-संगठन, शांति के लिए सीख जो सिखलाई है,
ये वरदान बड़े महँगे हैं, इनको जिसमें भूल न जाएँ--
इसीलिए क्या दीप जलाएँ ?

अधिकारों की माँग करो, पर अधिकारों के लिए अड़ो मत ;
अधिकारी से अर्ज करो, पर अधिकारी से कभी लड़ो मत ;
अधिकारी की राय न्याय है, और वही विधि का विधान है !
दुआ करो, जो कुछ मिल जाए, हाथ मगर उनका पकड़ो मत !

--सदियों की यह सीख पुरानी, भूल चले थे हम दीवाने ;
छोड़ सनातनधर्म, चले थे नया-नया युग-धर्म बनाने ;
पर अपना कर्तव्यधर्म यह नई सभ्यता क्योंकर छोड़े ?
नई रोशनी तो आई है मानवता को राह दिखाने !

उसकी ही करुणा तो है, जो यह विभूति हमने पाई है !--
दासधर्म सीखा है हमने स्वामिभक्ति यों अपनाई है !
भावी के इतिहास न ऐसे वर्तमान की याद भुलाएँ !!
इसीलिए क्या दीप जलाएँ ?
1942

खामोश धुआँ

मेरा यह विश्वास किसी दिन इतिहासों की शान बनेगा !

धधक उठेगी ज्वाल, दबी है अभी जहाँ मन की चिनगारी,
ऊसर अभी जहाँ दिखता है, देखोगे कलियों की क्यारी ;
जहाँ अभी सर मार-मारकर लहरें लौट लुटी जाती हैं,
चट्टानों को चीर वहीं पर होगा कभी समुन्दर भारी ;
आहों का खामोश धुआँ यह, देखोगे, तूफान बनेगा !

नक्शा बदल रहेगा थल का, ऐसा एक ज्वार आएगा,
खेत-खेत में जीवन होगा, जीवन में विचार आएगा ;
अगतिशील सेवार न होंगे, प्रगतिशील लाचार न होंगे ;

उतर आसमाँ से धरती पर हँसता हुआ प्यार आएगा।
पत्थर का भगवान पिघलकर, देखोगे, इन्सान बनेगा !
1944

हो गया असंभव भी संभव !

तुम किधर जा रहे हो, मानव !

तुमने ही कभी धरातल पर सपनों का स्वर्ग उतारा था,
चैतन्य कला के कौशल से जड़ता का रूप सँवारा था ;
तुम जिधर चले, ख़ुल गया मार्ग, विघ्नों ने हाहाकार किया,
सिद्धियाँ हाथ जोड़े आईं, निधियों ने जय-जयकार किया ;
हो गए निहाल तुम्हें पाकर, अग-जग के योग-प्रयोग-विभव,
देवों ने फूके शख और दिग्-दिग् में गूँज उठा वह रव--
जय हो, जय हो, जय हो, मानव !

हर ओर तुम्हारी चर्चा थी, हर ओर तुम्हारा ही कीर्तन ;
कोई भी ऐसी शक्ति न थी, जिस पर न तुम्हारा था शासन ;
सम्मान तुम्हारा किया, और हो गया स्वर्ग भी स्वयं धन्य ;
तुम लोक-लोक के रक्षक थे ; जग में था तुम-सा कौन अन्य ?
तुम देते रहे विभूति, और पाता ही रहा भीख यह भव ;
बस, ध्यान तुम्हारा गया नहीं, हो गया असंभव भी संभव--
सुख-शांति-विधाता ओ मानव !

पर आज, तुम्हारे ही हाथों भू-स्वर्ग तुम्हारा उजड़ गया ;
पूजा था जिसे अमरता ने, वह स्तम्भ तुम्हारा उखड़ गया ;
सपने-सा टूट गया वह सुख, आदर्श तुम्हारा छूट गया ;
देवता तुम्हारे लुटे ; पुण्य को पाप तुम्हारा लूट गया !
हर ओर आह का दाह ; चाह की राह रुद्ध ; घायल अवयव ;
दारिद्र्य नग्न ; शनि-चक्र-लग्न ; अट्टाट्टहास करता कैतव--
तक्षक-महिमाधर, ओ मानव !
1944

राष्ट्रपिता !

तुम न रहे, संसार अँधेरा !

उगते-उगते डूब गया दिन,
तुम थे जिसका अरुण-सबेरा !

धरती के युग-युग के तप ने
पा तुमको स्वर-वर-सा अपने,
आँखों में आँके जो सपने--
श्रुति के गीत बने द्युति-खग वे,
छोड़ गए जग--रैन-बसेरा !

धन्य धरा नव-राग सरस से--
शत-शत शतकल खोल दरस के--
पुलक रही थी, 'पुलक'-परस से ;
पर, सहसा, सुख के सरवर पर
डाल दिया दुर्दिन ने डेरा !

अघहारी, 'नवजीवन'-दाता !
कोटि-कोटि प्राणों के त्राता !
अभिनव-भारत-भाग्य विधाता !
तप के तपन ! तपो उर-नभ में,
रह न जाय किल्विष का फेरा।

1951

क्यों दिया यह दान ?

कविहृदय का दान--
दाता ! क्यों दिया यह दान ?

देकर मृत्तिका की देह--
सौ-सौ आँसुओं का गेह--
कहते हो, न भींगूँ ; किन्तु,
छवि के ही चतुर्दिङ् मेह !
मैं कैसे करूँ परित्राण ?
तुमने क्या दिये सामान,
जिनसे बच सकें मन-प्राण ?
पाया, बस, हृदय का दान तुमसे--कविहृदय का दान !

कण-कण में कि जिसका वास,
मन-मन में कि जिसका हास,
ध्वनि-ध्वनि में कि जिसका ध्वान,
गति-गति में कि जिसका लास--
माया, अनथ-अनिति वितान,
भव का राग, लय की तान-
किसका है विनोद-विधान ?
तिस पर यह हृदय का दान मुझको--कविहृदय का दान !

थल-थल निहित दलदल घोर,
ओर न छोर, तिमिर अथोर ;
संबलहीन, दुर्बल, दीन,
मैं बढ़ता, कहो, किस ओर ?
इतना भी न रक्खा ध्यान,
कैसे जायगा, अनजान,
बे-पहचान, पथिक अजान !
तिस पर यह हृदय का दान, भावुक कविहृदय का दान !

मुझ पर भ्रांति का आरोप,
पर अपना न देखा कोप ?
कहते हो कि खोलो आँख,
करके आँख ही का लोप ;
भ्रम में क्यों न पड़ते प्राण ?
पाकर भ्रम-भरा यह ज्ञान,
भ्रम के ज्ञान का अभिमान !
उस पर कवि-हृदय का दान ! दाता ! क्यों दिया यह दान !!

1935

दो दिन का साथ

दो दिन का साथ रहा तुमसे, दो दिन कुसुमों की बात रही ;
फिर तो काँटों की बन आई, सब दिन दुर्दिन की घात रही !

तप क्या आया, मुझ-से कितने
जीवनदानी बेहाल बने ;
मलयज को लूक लगी, झुलसी,
चन्दन के बन बनज्वाल बने ;

अलसाये दिन में भी सपने
आँखों की नींद चुरा भागे ;
ऊमस की आई रात, रात-भर
प्राण बने प्रहरी जागे ;
तुमसे बिछुड़ी हर-एक घड़ी मुझको मरघट की रात रही !

अम्बर पर नाग उतर आए,
कच्चे घर की छत पर ठनके ;
पावस की पहली बूँद गिरी,
कुछ अश्रु तवे तन पर छनके ;

बिजली ने रह-रहकर बरजा,
स्वाती की छाती बैठ गई ;
पी-पी रटती प्यासी रसना
तालू से लगकर ऐंठ गई ;
मेरी आँखों नभ ने देखा--जल में जलती बरसात रही !

नभ का जब दानोन्माद गया,
मिट्टी के उन्मद राग धुले ;
हिम से तब आग लगाने को
शरदम्बर पर शीतांशु खुले ;

हर ओर चकोर लगे चुगने
मेरी चाहों के अंगारे ;
मेरे उल्लास लिये, नभ तक,
बेचारे सिंधु उठे, हारे ;
तुमको दृग-पथ पर घेर, सजल सजती भर-रात बरात रही !

1953

कौन-से ये मेघ छाए ?

कौन-से ये मेघ छाए ?
नींद के माते हुए-से, स्वप्न से शशि के जगाए !!

अश्रु किसकी याद के ये किन बरुनियों से टँगे हैं ?
सुख-दुखों के दाग, धूमल चित्र, अम्बर पर रँगे हैं ;
कौन--किसकी चाह--किसकी राह पर आँखें बिछाए ?

आह के हलके परों पर दाह का अरमान ढोते,
पुतलियों में प्राण, लौ के प्यार के सपने सँजोते ;
ये चले किस दर्द की तस्वीर-सी दिल में बसाए ?

स्वर-सुरभि से किस भ्रमर की, मन-सुमन ये खिल रहे हैं ?
मिल रहे हैं भाव-से, या, घाव दिल के सिल रहे हैं ?
मौन को ये कौन अपनी ज्योति से हैं जगमगाए ?

हूक है उस कू-कुहू की, मूक जो रटके हुई है ?
या शलभ की साँस है, जो दीप के दिल की सुई है ?
त्याग यह किसका, निराली वासना मन में छिपाए ?

ये विरह-संदेश किस गिरि से किधर को जा रहे हैं ?
कौन, किसकी चेतना को, फिर 'धवल' ढो ला रहे हैं ?
किस कन्हैया की तरफ किस राधिका के श्वास धाए ?

'पी कहाँ ?'--रटता पपीहा, चुग रही चिनगी चकोरी ;
पी कहाँ ?--चकई विकल है, चीखती पगली मयूरी ;
पूछता कण-कण प्रकृति का--पी कहाँ ? कोई बताए।

नीलसागर में उठे क्या फेन, जो तिरते चले हैं ?
या नए नल-दूत हैं, जो शून्य-मानस में पले हैं ?
कल्पना के पोत किस कवि-बाल ने जल में बहाए ?

हे गगनचारी, रुको, उतरो, तनिक विश्राम कर लो ;
ध्वंस के अपने स्वरों में 'रुद्र' का शिवराग भर लो,
तुम बनो आनन्द जीवन, विश्वकानन मुसकराए !
चित्रकर हे मेघ छाए !!

1941

मीड़

1

तू मुझको यदि पद-गति देगा, तो अपने ही बोल सुनेगा !

चरण-बँधे स्वर, मधुप-कुलक-से,
गूँज उठेंगे परस-पुलक से ;
सागर देगा ताल इधर तो चाँद उधर हिंडोल सुनेगा !

बंधन का मन जब चिर-गोपन
ध्वनित करेगा आत्म-निवेदन
धरती रुककर, अम्बर झुककर वह शिंजन अनमोल सुनेगा !

जड़ता को यदि मुखर करेगा
तो तेरा ही मन उघरेगा ;
अपना ही गुण सगुण पदों में तू मुझसे बेबोल सुनेगा ! !

1956

2

ज्योति-करों से स्पर्श करो हे, काँपें तम के तार !

नीलकुसुम जो कुम्हलाए हैं,
धूल घुलाने ढुल आए हैं ;
चरणोदक भर दो इनमें तो अर्घ्य करे संसार !

पाँखों में बन्दी भ्रम का मन
खोले आँख, खिले दर्शन बन ;
किरणों पर कलियाँ बलि जाएँ, कलियों पर गुंजार !

फूटे मन के अस्फुट व्यंजन
कुछ मुँह में, कुछ लोचन के धन--
तुम स्वर से बाँधो तो ये भी पा जाएँ आधार !!

1954

3

जितने भी गीत सिखाने हों, जल्दी ही जरा सिखा दो !!

कुछ ठीक नहीं, कब चल दूँ मैं, अब ऐसा ही लगता है,
ये गीत सुनाने हैं जिसको, शायद अब तक जगता है !
जो भी सन्देश लिखाने हों, जल्दी ही जरा लिखा दो !!

यह रूप-रंग का धाम तुम्हारा ऐसा चित्रालय है
सब देख सकूँ सब आँक सकूँ, उफ ! इतना कहाँ समय है !
अब जो भी चित्र दिखाने हों, जल्दी ही जरा दिखा दो !!

1955

4

मेरे गीतों को, कुहुकिनी ! मत गाना !!

इनमें हाला है, सुधा-सी जो लगती,
ऐसी ज्वाला है, जलधि में जो जगती,
इन चिर-रीतों को अधर से न लगाना !

मुँह लगते ये स्वर गले पड़ जाते हैं,
चरणों के ये बोल सिर चढ़ जाते हैं ;
दिल पर बीतों को जुबाँ पर मत लाना !!

इनका अपना क्या, पराया भी क्या है !
यों ही सपना था, गँवाया ही क्या है !
निर्मम प्रीतों को भुलाते ही जाना !!

1956

5

मन कितना आतुर है कुछ गाने को !
लगता है, मेरा प्रिय है आने को !!

हो रहा गला गीला, आँखें छलछल ;
पदचाप किसी की सुन पड़ती पल-पल ;
बेसुध प्राणों के तार तड़प उठते ;
सुध मचली है कजली बन जान को !

अभिषेक-सलिल-पूरित कलसोंवाले,
छविछत्र-चँवरधारी, जलधर काले
आ रहे पवन के संग, सने श्रम से,
बारात उसी की द्वार लगाने को ! !

1955

6

मुझे विजित ही करके क्या तुम जीत बनोगे ?

लाज बनी रहने दो ! मुझे प्रलोभन मत दो ! !
इनके लिए मुझे मन मत दो ! लोचन मत दो ! !
नहीं चाहिए दृष्टि तुम्हारी, इन जालों से--
नहीं चाहिए ! नहीं चाहिए ! ! यह धन मत दो ! ! !
मुझे घृणित ही करके क्या तुम प्रीत बनोगे ?

पथ चलता जाता है, पंथी ही अविचल है ;
गगन बदलता जाता, बादल ही अविकल है ;
गरल पिये जल जलता, ज्वाला प्यास बुझाती,
परिमल का पहरा है, वन्दी वना कमल है ;
मुझे रुदित ही करके क्या तुम गीत बनोगे ?

1955

7

चरण-शरणगत घुँघरु अनाहत, थिर जमुना का नीर है !

अग-जग के दृग वेणु-चकित मृग,
कलरव का मन आकुल दिग्-दिग्,
जलज-सलज-मुख ललस रहा-सा चाँद गगन के तीर है !

यह रजनीमुख, जिसमें सुख-दुख,
अपना-अपना देख रहे मुख,
कैसे खोले आँख गगन में, छाई धूल-अबीर है !

नाचो मोहन ! मदन-विमोहन !
विमद करो मत यह पद-बन्धन ;
चपल चरण ही बतलाएँगे, नूपुर की क्या पीर है !!

1956

8

एक अकेला दीपक मेरा सौ-सौ दाहों से जलता है।

आँखों में हिमहास उगाए,
मन में जलती प्यास जुगाए,
तारों-सा मेरा दीपक भी सौ-सौ चाहों से बलता है !

सावन-धार, शरद्-उजियारी,
हरसिंगार या हिम की क्यारी--
मेरे मन का मोम पिघलकर सौ-सौ साँचों में ढलता है !

जीवन के सपने उधियाते
राखों पर लौ धरने आते,
बुझता-सा विश्वास सुलगकर ठंडी साँसों को छलता है !!

1954

9

आज तुम्हारी स्नेहल सुध भर मैं भी दीपक बाल रहा हूँ !

जग ने जो दी है अँधियारी,
कैसे हो जाए उजियारी !--
छाती में छवि की बाती धर नेह-नयन भर ढाल रहा हूँ !

मैं जो अपने से ऊबा हूँ,
घबराकर तुममें डूबा हूँ ;
मत पूछो, इस अपनेपन से मैं कितना बेहाल रहा हूँ !

सोने की यह रेख दिये की
जाहिर मेरी देख, हिये की,
फिर भी, जग क्या जान सकेगा, मैं दिल में क्या पाल रहा हूँ !

1954

10

मैं हूँ बीच भँवर में, कोई तट पर जोह रहा है !

कैसे ऐसे प्रीति निबाहूँ,
कहूँ--कहाँ, कैसे हूँ, क्या हूँ !
छूटे हुए तीर को मुझसे कितना छोह रहा है !

भरा हुआ ही डूब रहा हूँ,
पर अभाव से ऊब रहा हूँ,
तट का मोह छूट कर भी इस घट को मोह रहा है !

लहरो ! तुम्हीं उसे समझाओ,
तट पर लिखकर भेद बताओ
यह सागर-अवरोह वही, जो गिरि-आरोह रहा है ! !
1956

11

नाविक मेरे, तू मत खे रे !

बहने दे उन्मन, तिनके-सा
धार जिधर ले जाय तरी को ;
तिरने दे दुखनीलसलिल में
हिमताड़ित सरसिज-सफरी को ;
तू मत धर पतवार, मुझे ही धरने दे कुछ सपने मेरे !

घिरती आती रात, क्षितिज पर
स्याही-सी छाती जाती है ;
घायल तट की घात उलटकर
धारा को डसने आती है ;
यह न गरल-संचार, यही है मीरा का अभिसार, चितेरे !

डाँड़ धरूँ क्या, थाहूँ भी क्या,
मन ही जब न कहीं लगने का !
धुँधला कोई कूल कहीं पर,
चारा है मन को ठगने का !
रहने दे मँझधार, यहीं यह नाव लगेगी पार, सवेरे ! !
1954

12

यह एक बूँद सागर बन जाएगी--
जलधर को भी ऐसा विश्वास न था !!

दुर्दिन में ऐसी रात कहाँ होगी ?--
अंगारों की बरसात कहाँ होगी !
तुमसे भी थी उम्मीद यही, मुझको--
हँस दोगे, मेरी बात जहाँ होगी !
पर शिला स्वयं निर्झर बन जाएगी--
भूधर को भी ऐसा एहसास न था !!

आने ही वाले थे फूलों के दिन,
आ गए लूक बनकर धूलों के दिन ;
चीखता रहा पंछी कि उसाँसों से
शायद कुछ नम हो जाय हवा, लेकिन--
बन की पुकार ही घन बन जाएगी,
अम्बर को भी ऐसा आभास न था !!

1955

13

यह तट अब छोड़, हठीले, मन के माँझी !!

लहरों का लोल निमंत्रण
कब से मग जोह रहा है,
इस ठौर गिरा लंगर ही

अब तुझको मोह रहा है ;
बालू मत सींच, पनीले, मन के माँझी !

पहचान भरम आँखों का,
यह सिंधु सुनील नहीं है ;
रम जाय कहीं पथ में ही,
पंथी का शील नहीं है ;
झूठी यह लाज, लजीले, मन के माँझी !

इस मुग्ध उपासन से क्या ?
यह कैसी तत्परता है !--
रत्नाकरगम्य तरी में
तट की सीपी भरता है !
अब तो पथ चेत, नशीले, मन के माँझी !!

1957

14

सावन के भावन मेह आके झाँक जाते हैं !!

अहियों के विष का जोर है,
चन्दन के बन में आग ;
अंगारी लू सब ओर है,
सूखे मकरन्द-पराग ;
बिजली से यह तस्वीर बादल आँक जाते हैं !

असमय आई पतझार है,
हरियाली है झंखाड़ ;
पी-पी की करुण पुकार है,
बन-बन के अंग उघार ;
धरती की नंगी लाज बादल ढाँक जाते हैं !

छालों से छापा गात है,
नयनों में जलती प्यास ;
अन्तर में कोई बात है--
स्वाती के घन की आस ;
पपिही के दिल के घाव बादल टाँक जाते हैं !!

1955

15

सपनों के दृग ! मत नाच, शिशिर-बन में,
पावस के घन बरबस घिर आएँगे !!

मैं तो तुझमें ही था, पर तूने ही
मुझको छलकाकर सागर कर डाला !
सीपी तक से थी भेंट नहीं जिसकी,
उसको तूने रत्नाकर कर डाला !
तू डूबेगा मेरे नीलेपन में--
तो लहरों पर मोती तिर आएँगे !!

एक ही राग तूने मुझ पर साधा,
जो आग लगा देता है पानी में !
पर यह सुर भी मुझमें ही डूबा था,
जो आज विकल है मेरी वाणी में !
मत छेड़ मुझे, वरना जो सावन में
घर लौट गए थे, फिर फिर आएँगे !!

कूलों से बहते आए जीवन को
तूने अकूलता देकर बाँध लिया !
चुप रहूँ आज भी क्या ? जैसे उस दिन
बेदम होकर मैं दम साध लिया !

उमड़ेगा तू कूलों के निर्जन में,
अपजस नाहक मेरे सिर आएँगे !!

1956

16

गगन चढ़े ये क्या फिर आए ?

मोर, नाच मत फूला-फूला !
चातक-सा क्या तू भी भूला ?
ये तो मधु के गंधविकल स्वर,
बौरों पर जो थे बौराए !!

परिचित प्रिय के वेश नहीं ये,
प्रियतम के सन्देश नहीं ये ;
दृग-छल को ही सजल बनाकर
मरु-मृग ने हैं प्राण जुड़ाए !!

मावसपीड़ित सिन्धु-चकोरे
पावस-पट में आग बटोरे
हार पिरोते हूक रहे हैं,
प्रिय के पथ पर नयन बिछाए !!

1955

17

जलती हुई दुपहरी की रेती पर
एक बार तुम रोज छाँव बन छा जाओ !

फूल, तुम्हें पाकर जो खिल जाते हैं,
खिलने पर तुमको ही मिल जाते हैं !
खिलने के पहले तक ही पाना है ;
खिलकर तो तुममें ही खो जाना है !
इसीलिए अनुनय कि रोज तुम आकर
एक बार पुलिनों के फूल खिला जाओ ! !

आओगे तो अपनी ही इच्छा से ;
दीखेगा, तुम मिले मुझे भिक्षा से !
प्राण-पिपासा तर्पण बन जाएगी ;
जीवन-लिप्सा अर्पण बन जाएगी ;
यह पुकार मेरी ऊँची कहलाए--
एक बार तुम रोज उतरकर आ जाओ ! !

1955

18

रोज, शाम को, मन थकान से भर जाता है ! !

बस, मरु ही मरु, आँख जहाँ तक जाए ;
कोई छाँव नहीं कि जहाँ सुस्ताए ;
उड़ता ही रह जाता है जो पंछी,
क्या लेकर अपने खोंते में आए !
रोज, शाम को, मन उफान से भर जाता है ! !

रोज-रोज एक ही बात होती है--
रोज, पाँख से आँख मात होती है !
लेकिन, इतनी दूर निकल जाता हूँ--
आते-आते साँझ रात होती है !
रोज, शाम को, मन उड़ान से भर जाता है ! !

1955

19

यह रात नहीं ही रीते, तो कितना अच्छा !

जिसमें पाकर बिन्दुल बंधन,
दृग से छूटा मेरा मृग-मन
बन आता है घन की चितवन--
बरसात नहीं ही बीते, तो कितना अच्छा !

जिसमें तारे मेरे मन के
ढुल आते हैं नभ से छनके,
उस हिमनिशि को, चित्रक बनके,
मधुप्रात नहीं ही चीते, तो कितना अच्छा !

जीते खुलकर जो दुख जी में,
हारे बँधकर तो सुख ही में ;
पाँखों की आँखमिचौनी में
जलजात नहीं ही जीते, तो कितना अच्छा !!

1955

20

चाँद ढलता जा रहा है !

रश्मियों के मूर्त स्वर पर
मुग्ध हैं मृग-दृग-कुमुद-सर ;
शशिप्रभा की मूर्च्छना से नभ पिघलता जा रहा है !

पालती बाती हिये में
साधना जलती दिये में ;
वेदना की वेदिका पर मोम गलता जा रहा है !

स्वप्न घुल-घुल ढुल रहा है,
सत्य धुल-धुल खुल रहा है ;
दीप बुझता जा रहा है, घर उजलता जा रहा है !!

1954

21

उनसे कहने की बात कही न गई ;
हिम में आई बरसात सही न गई !

होंठों ने हिल-हिलके कोशिश तो की ;
पर, मुँह तक आई बात कही न गई !

फूलों के दिन तो पलकों झेल गया ;
पर, आँखों-फूली रात सही न गई !

क्या बात नहीं बदली, न गई दिल से ?
बेसुध रहने की बात, यही न गई !!

1955

22

यह घुटन, यह मौन--ऐसी साधना किसके लिए है ?

महल के फानूस में मधुदीप जो जलता रहा है,
आप अपनी दीनता पर पिघलता-गलता रहा है--
आवरण तक ही शलभ का भी जहाँ अभिसार होता--
ज्योति-छल से जो तिमिर के सत्य को छलता रहा है !
पूछती है रात--यह आराधना किसके लिए है ?

भाग्य ने जिसको दिया है स्वर्णपिंजर में बसेरा,
चाँदनी से ही जहाँ रहता नयनपथ में अँधेरा ;
चाँद भी अंगार ही होकर जहाँ जुड़ता-जुड़ाता,
और, कुहरा ही भरे रहता जहाँ, सब दिन, सबेरा !
पूछता है व्योम--यह टक बाँधना किसके लिए है ?

1955

23

बात किससे करूँ, पास हो भी कोई,
कौन टोके मुझे, फिर कहाँ खो गए ?

पास थे एक दिन, और तब क्या रहे !
दूर होके तुम्हीं आज क्या हो गए !

रात झपके नहीं, गंध के बंध में,
दल उघरने लगे, तब कहाँ सो गए ?

धूल पर ओस ने जो लिखी थी कथा,
वह कथा तो कथा, धूल तक धो गए ! !

1956

24

अब शायद कोई फरियाद नहीं है !

एक समय था, याद बहुत आती थी,
अब उसकी भी राह रुकी लगती है ;
बाहर की अँधियारी हँस जाती है--
दीपित थी जो चाह, चुकी लगती है !
लगता है, यह घर आबाद नहीं है !

'टिकना मुश्किल है' कहकर जिस घर को
छोड़ दिया, उसमें अब क्यों ठहरोगे !
लेकिन, गुजरोगे जब कभी इधर से,
तो मेरी हालत पर तुम्हीं कहोगे--
अचरज है, कुछ भी बरबाद नहीं है !

पर, ज्यों ही चौखट पर पाँव धरोगे,
पहरे पर की छाँव पाँव धर लेगी !
पहचानेगा कौन तुम्हें, सूरत से ?
पूछोगे तो खुद सुध ही कह देगी--
'क्या जानूँ, अब कुछ भी याद नहीं है !'

1956

25

मेले में बिछड़ा बालक हूँ, बिसरा मेरा ज्ञान !--
भूला-भूला मेरा ज्ञान !!

कुछ ऐसा ही भूल गया है मुझको मेरा मन ;
लाख पूछते लोग, एक ही उत्तर है--रोदन !

यहाँ तमाशे में आया था, बना तमाशा हूँ !
भाप जहाँ भाषा, मैं उस करुणा की भाषा हूँ !
लोगों को हैरानी है !-मैं आप यहाँ हैरान !!

मुमकिन है, मेरी भी होती होगी खोज कहीं !
वरना कोई हाथ विठा जाता क्यों रोज,यहीं ?

मुझे यहाँ यों छोड़ गया है कौन, कौन जाने !
मेले में तो होता ही है ! बुरा कौन माने !
मुझको भी सब समझ रहे हैं मेले का सामान !!

1955

26

तबीयत ही नहीं लग पा रही है--
बहुत भींगी हुई है !!

बड़ी लौ से रही लगती जिगर की चाह, दिल से ;
सिराकर रह गया, लिपटा प्रलय का दाह दिल से ;

तरलता में तड़ित् के प्राण यों डूबे हुए हैं--
कि स्वर के कूल तक खिंच ही न पाई आह दिल से ;
पलक से सुध नहीं टँग पा रही है--
बहुत भींगी हुई है !!

नयन की रंगशाला में नजर की तूलिका ने
बरुनियों से टँगे परदे रँगे कितने, न जाने !
पुतलियों पर लहू का रंग ही चढ़ता नहीं अब--
कुहुकिनी रात को दूँ किस तरह रतनार बाने ?
कि तूली ही नहीं रँग पा रही है--
बहुत भींगी हुई है !!
1955

27

वह दिन भी आएगा जरूर--मन ! हार न रे !!

दुर्दिन में ऐसी हलचल तो होती ही है,
दुश्शासन-धृत द्रौपदी-शान्ति रोती ही है ;
अन्नमय कोश ही जब तक सब कुछ रहता है,
सौन्दर्य-सत्य का साधक सब कुछ सहता है ;
इसलिए, टूटकर हो न चूर--मन, हार न रे !

माना, आगे हैं प्राण-मनोविज्ञान-कोश--
लम्बी यात्रा है--फिर भी, अपना सही होश,
आनन्द-लाभ तक, मनुज नहीं खो सकता है ;
धावे में बेसुध नींद नहीं सो सकता है ;
वह आसमान भी नहीं दूर--मन, हार न रे !!
1955

28

ऐसे ताक रहे हो, जैसे, हो कब की पहचान !

तुमसे मेरी समता ही क्या, तुमसे कब का भाव ?
कहाँ लहर पर चढ़ी चाँदनी, कहाँ भँवर में नाव !
फिर, ऐसे भीने बाणों से क्यों मेरा संधान ?

व्यर्थ बहा दोगे पानी में यदि इतना पीयूष,
तो हिम से जमकर ग्रावन भी हो जाएगा पूस ;
मेरी हैरानी कर देगी तुमको भी हैरान !

कितना अच्छा था तटस्थ ही ; तुमसे परिचयहीन,
तुम अपना गाते, मैं अपनी अलग बजाता बीन ;
कहाँ खींच लाए तुम तट से, लहरों के अरमान !

1956

29

मुड़कर, अब अपने को देखो और मुझे ! !

कहाँ छोड़ आए थे अथ में !
चढ़ भागे सोने के रथ में !
सो मैं लेकर हार खड़ा हूँ--
आज तुम्हारे स्वागत-पथ में !
अब अपने सपने को देखो और मुझे ! !

तब तो तुमने बिहँस दिया था--
प्रथम-प्रथम जब दरस दिया था !
खनिज-मलिन मेरी माटी का
पावक ने जब परस किया था !
अब मेरे तपने को देखो और मुझे !!

1955

30

जब तक मेरी तुम्हें जरूरत होगी--
तब तक मैं ही तुम हो जाऊँगा !

गुल खिलनेवाले मौसम में तुम आए थे,
मन की मधुर व्यथा बन काँटों में छाए थे ;
पिऊँ-पिऊँ जब तक मैं सौरभ की प्याली से,
तुम्हीं तोड़ भी गए, जिसे तुम भर लाए थे !
अब, जब तक फिर जाम भरोगे, तब तक
मैं ही मदिर कुसुम हो जाऊँगा !!

इसी कुंज में भरम रहा हूँ मैं भरमाया,
जबसे उढ़ा-उतार गए तुम दृग की माया !
टूटे स्वर टूटे काँटों में अँटक रहे हैं--
पता तुम्हें ही नहीं, यहाँ किसने क्या गाया !
पता लगाने जब तक तुम आओगे,
तब तक मैं ही गुम हो जाऊँगा !!!

1955

31

तुम कोई सपने की बात नहीं हो ! !

    वैसे तो, जैसे भी छवि दिखलाओ,
    आँखों में फूलो, सिंगार बन जाओ ;
    सपना भी तुमसे सच हो जाता है--
    मुझसे इसको सपना मत कहलाओ !
तुम तारों की सूनी रात नहीं हो ! !

    ओ स्वरकार ! मुझे भी स्वर दो, गाओ ;
    मेरी रचना को निष्फल न बनाओ !
    तुम न रखोगे सुध, तो कौन रखेगा ?
    एक बार यह टेक रोज दुहराओ !
विजय-वरण मेरे ! तुम मात नहीं हो ! !

1955

32

तुम भी मीठा ही पाओगे, जीवन जो मुझको प्यारा है !

    कबसे घट में भरा रखा है,
    एक बार भी कभी चखा है ?
लोने हो जाएँगे प्याले ! --क्या यह जल इतना खारा है ?

    कैसे कह दूँ, पंक नहीं है,
    इसमें एक कलंक नहीं है ,
किन्तु, यहाँ खिलकर तो देखो, यह सरवर सबसे न्यारा है !

अम्बर में तो खिलते ही हो,
सागर से भी मिलते ही हो,
बाँधूँ तुमको मैं किस गुण से, चपल नहीं मेरी धारा है !!

1956

33

तुम दुहरे टूट रहे, साथी !

पाँखों की चाह मचलती है,
तलछट में बाती जलती है ;
मावस की रात दहलती है !
हमदर्द निगाहों को भी तब, मुस्कान तुम्हारी छलती है ;
अपनों से क्या, सपनों से क्या, तुम खुद से छूट रहे, साथी !

यह किसने किसको जीता है ?
पनघट पर भी घट रीता है ;
मधु भी माहुर-सा तीता है ;
अपनी न सही, पर मेरी तो देखो, मुझ पर क्या बीता है !
यह किस अपने को भरने को, अपना घर लूट रहे, साथी ?

1955

34

मैं माँगूँ, तब तुम मिलो और क्षण मिले--
तो कहो, तुम्हारापन इसमें क्या है !

यह तुम भी कह दो तो मैं कैसे मानूँ ?
स्वेच्छित खिलने में तुमको अक्षम जानूँ ?
मेरी चितवन पर तुम तो बनो न ऐसे--
देखा ही कहीं नहीं हो मुझको, जैसे !
मँडराऊँ, तब तुम खिलो और मन खिले--
तो कहो, तुम्हारापन इसमें क्या है !

दम साधे तुमको जगा रहा अपने में !
तुम बेसुध हो स्वर्णोदय के सपने में !!
छेड़े अब तुमको भले किरन ही चंचल !
भर पाएँगे, बिन खुले, अलस मेरे दल !!
गुंजारूँ तब तुम हिलो और बन हिले --
तो कहो, तुम्हारापन इसमें क्या है !!

1955

35

मैं तुम्हें पचा लूँ अपने में, कुछ ऐसे !--

जैसे रचते हैं फूल, गोदकर गात ;
सिल बनती बुत, सहकर छेनी के घात ;
बुलबुल के गुँथे कलेजे का अनुराग
रच देता है टहटह गुलाब के पात ;
मैं तुमहें रचा लूँ अपने में कुछ ऐसे !

बादल के पत्तों में बिजली की आँच ;
दीपित हो जैसे शीशमहल का काँच ;
लहरों में झंकृत पूनों का संगीत ;
दीया बुझने के पहले, लौ का नाच ;
मैं तुम्हें नचा लूँ अपने में कुछ ऐसे !

1955

36

मैं तुमसे क्या बात कहूँ, क्या बात नहीं !!

दिन-भर तो रहता है मेला,
हाट-बाट का झूठ-झमेला ;

पर जब नभ सजने लगता है,
मेरा मन बजने लगता है,
तुम आँखें भर जाते हो, किस रात नहीं !!

तुमने समझा--वर्षा बीती,
होगी सावन-सरिता रीती ;

लेकिन, जिनका स्रोत हिमानी,
कैसे सूखे उनका पानी !
कब इन आँखों रहती है बरसात नहीं !!

1955

37

मैं ही नहीं समझ पाता हूँ, तुमसे क्या मिलता है !!

झूठ नहीं कहते होगे तुम, देते होगे दान !
मुझको ही अकुला देता है, करुणा का परिमाण !
तुम्हीं उतरते होगे दृग में, जब-जब मन हिलता है !!

मेरा धन तो यही पंक ही, या कुछ पंकिल नीर !
पंकज यहाँ खिला जाते हैं, किन किरनों के तीर !
तुम्हीं हुलसते हो क्या, जो यह मन मुझमें खिलता है !!

अभी यही विश्वास नहीं है, तुम मेरे हो मीत !
यही हरा देता है मुझको, यहीं तुम्हारी जीत !
जगते हो, जब जग सोता है ; कितनी अनमिलता है !!

1955

38

मैं दिल को दुहरा भार नहीं दूँगा !!

जो दोस्त मुझे कहते हैं कहने को,
वे ही शायद आए हैं रहने को !
मैं दो दिन का मेहमान--कहूँ तो क्या ?
दिन ही कितने बाकी हैं सहने को !
मैं दुश्मन को भी हार नहीं दूँगा !

लग गई आग--जाने किसकी गलती !--
ऐसे में कोई युक्ति नहीं चलती !
मैं हूँ कि स्वप्न-सा यह भी देख रहा--
चल रही नाव मेरी जल में जलती !
ज्वाला को भी जलधार नहीं दूँगा !!

1955

39

तुम एक बार फिर मेरी ओर निहारो।

इस बार तुम्हें नूतन ही दृष्टि मिलेगी,
नीराजन बन अभिनव ही सृष्टि खिलेगी ;
सच कहता हूँ, जो अब तक नहीं हुई थी,
अबके सावन में ऐसी वृष्टि मिलेगी ;
दर्शन तो सम्मुख हों, तब दृश्य बिचारो

अब निर्मल जल-भर है, सेवार नहीं है,
लहरें चोटी पर हों, वह ज्वार नहीं है ;
तूफान बँधे कलरव की स्वर-लिपियों में,
सागर तो है, पर हाहाकार नहीं है ;
अब एक बार ऐसे में नाव उतारो।

साँसत की धूली थी, यह नभ धूमिल था,
आँधी में आँख खुली रखना मुश्किल था ;
अचरज क्या, तुम जो लौट गए इस पथ से--
तब ऐसा शरत्-सुहास न मलयानिल था ;
अब आओ, इस सूने में पाँख पसारो !

1958

40

इस बार तुम्हीं मेरी पतवार सम्हालो !

पर्वत पर की यह झील झकोरे खाकर
झरना बन जाने को आकुल-व्याकुल है ;

कुछ ठीक नहीं, कब टूट जायँ तटबन्धन,
इन कूलाकुल लहरों में वेग विपुल है ;
पतवार तुम्हीं मेरी इस बार सम्हालो।

खारे पानी में ऐसी बात नहीं थी,
तूफान वहाँ भी बहुत बार उठते थे ;
लेकिन यह झील ! यहाँ फिर ऐसी आँधी !
इस भाँति वहाँ ये प्राण नहीं घुटते थे ;
विषकण्ठ ! तुम्हीं विष का यह ज्वार सम्हालो।

1958

41

प्रिय यह प्राणों की मालिन अनुक्षण उन्मन रहती है !!

मधुऋतु बीती, कुसुमों में रंगत ही आते-आते,
जब रंग चढ़ा, तब देखा, सबको लू में अकुलाते ;
करुणा की सूखी आँखें भर-भर आईं, ढर आईं ;
फिर ज्वार जगानेवाली किरणें भी क्या मुसकाईं !
अब इस पतझार में, देखूँ, यह क्या-क्या दुख सहती है !

रह-रह मन्दिर में जाती, चुप्पी-सी रह जाती है ;
फिर बाहर दौड़ी आती, हँसती है, पछताती है ;
यह थाती, जो बन्धक है, किस रोज छुड़ा जाओगे ?
इसको इसका लौटाने, बोलो, कब तक आओगे ?
यह तुम पर है, तुम देखो, यह दुनिया क्या कहती है !

1958

42

तुम नहीं होगे जहाँ, अब उस जगह की खोज है !!

बार-बार मना किया, पर मानते ही तुम नहीं !
मानने की बात, मानो, जानते ही तुम नहीं !
घेर लेते हो अकेले में मुझे क्यों इस तरह ?
लोक की मरजाद कुछ पहचानते ही तुम नहीं !
तुम न दुख दोगे जहाँ, अब उस जगह की खोज है !!

क्यारियों को क्या करीलों से सजाते हैं कहीं !
बाँसुरी को क्या कमानी से बजाते हैं कहीं !
छेड़ते हो तार वीणा के, मृदंगी की तरह !
मीड़-पीड़ित को भला ऐसे सताते हैं कहीं !
तुम न छेड़ोगे जहाँ, अब उस जगह की खोज है !!

1958

43

दिशि-दिशि घन अन्धकार ;
जाना है सिन्धु पार।

तरणी असफल अधीर,
ओझल हर ओर तीर,
फेंको प्रिय वह प्रकाश,
उतरे दृग में कगार !

अब तक तो लाज रही,
ज्यों-त्यों यह नाव बही ;
बल-मद सब छूट रहा,
बनकर अब जल-विकार।

झूठा भी यह गुमान
पा जाए सत्य मान,
तुम जो चाहो, उदार
हे मेरे कर्णधार !

1958

44

बन्धु ! जरूरी है मुझको घर लौटना,
एक मुझे भी ले लो अपनी नाव पर।

देर तनिक हो गई वहाँ, बाजार में,
मोल-तोल के भाव और व्यवहार में ;
आईना था एक अनोखी आब का,
इन्द्रजाल-सा था जिसके दीदार में ;
मैं गरीब ले सका न अपने भाव पर।

सनक नहीं तो क्या कहिए, इस ठाट को--
कौड़ी लेकर साथ, चला था हाट को,
जहाँ प्रसाधन बिकते हैं शृंगार के !--
कौन पूछता मुझ-जैसे बेघाट को ?
पड़ता रहा नमक ही मेरे घाव पर !

हल्का हूँ, कुछ खास न हूँगा भार मैं ;
निर्धन हूँ, दे सकता हूँ, बस, प्यार मैं ;

गीत सुनाऊँगा मीरा के, सूर के ;
ले लेना, जो पाऊँगा दो-चार मैं ;
कृपा करो अब, सिर धरता हूँ पाँव पर।
1958

45

जाहिर है, तुम कल रात यहीं पर थे,
हरियाली पर पद-चिह्न तुम्हारे हैं ;

तारों के फूल बिछे थे, सो अब तक
हो रहे सजल शबनमी किनारे हैं ;

रस-बस बेबस जो रहे नयन-बन्दी,
खुल रहे कमल में वही इशारे हैं ;

वन के जीवन में यों जो आग लगी,
पानी में फूट रहे अंगारे हैं !!
1958

46

कब तक यह आँखमिचौनी रे !
कब तक यह आँखमिचौनी ?

कब तक ताकूँ राह तिमिर में, इकटक, बनकर मौनी, रे ?
किस खेती पर आशा बाँधूँ, नाधूँ मन की दौनी, रे ?
दाना एक नहीं गिर पाता, यह भी कौन उसौनी, रे !
चाँद पकड़ने चली बावली, यह अवनी की बौनी, रे !
शशिधर ! तुम्हीं मिलो तो माने, यह नागिन की छौनी, रे !
1958

47

जागो जगत्प्राण !
सुधि के बरुण-बाण,
भूतल-अनलवान शीतल करो हे !

लाओ ललित हाव,
भव में भरो भाव,
कलिमल कुटिल चाव प्रांजल करो हे !

पाकर तुम्हें कूल,
कलियाँ बनें फूल,
हर फूल की धूल परिमल करो हे !

1958

48

चौराहे तक लाए, अब आगे की राह बताओ।

नयनों में यह कौन झलककर सहसा छिप जाता है,
चाव जगाता है प्राणों में पावस भर लाता है ?
यह रहस्य-छायातन क्या है, परिचय तुम्हीं कराओ।

चक्कर ही तो रहा अभी तक, कितना क्या भरमाया !
अग्निपरीक्षा लेकर भी क्या तोष नहीं हो पाया ?
सीधी राह दिखाओ अब तो घूम न और घुमाओ।

तुम चाहो तो बात बड़ी क्या, मंजिल मिले पलक में,
पल न लगे कि शिखर-मणिमंडप उतरे नयन-फलक में ;
कबसे दौड़ रहा हूँ बाहर, अब तो घर पहुँचाओ।
1958

49

मेरे श्रम का मोल, तुम्हीं बतलाओ।

खनना मेरा काम, काम का भागी ;
आमद जाने राम, दाम का भागी ;
खनिज-राशि-गुण-मान, कहूँ मैं कैसे ?--
कौड़ी और छदाम, दाम का भागी ;
अपने काँटे तोल, तुम्हीं बतलाओ।

यहाँ न्याय की नीति, खने सो खाए ;
निरपवाद यह रीति, करे तो पाए ;
खटना ही आराम, राम कहता है ;
छोड़े छल की प्रीति, सधे, जो आए ;
तब क्यों टालमटोल, तुम्हीं बतलाओ।

छूट गया जब गाँव, कहाँ था तब मैं !
कहाँ मिल सकी छाँव, तपा था जब मैं ?
किये शूल ही फूल, धूल ही चन्दन !--
ऐसे पावन पाँव तजूँ क्यों अब मैं ?
बनूँ बीन से ढोल ? तुम्हीं बतलाओ !
1958

50

दर्शन के प्रतिहार, नयन निशि-भर जागे ! !

कितने बन्दी राग खुली आँखों निकले ;
मचले पीत पराग, हवा के संग चले ;
फड़के जुड़कर पंख, कटे थे जो तम से ;
दमका दिशि-अनुराग, कि निशि के स्वप्न गले ;
हरियाली के हार मयूखों ने माँगे ! !

1955

51

जब-जब तुम आते हो, उपवन खिल जाता है !

आँधी की चंचलता रुक जाती,
संयत हर शाखा है झुक आती ;
तुमसे पाकर करुणा के सीकर
चन्दन-वन-ज्वाला है चुक जाती ;
तुमको पाकर वन को क्या तो मिल जाता है !

कलियों के आनन अरुणा जाते,
अभिनव तरुपल्लव तरुणा जाते ;
सिंचित होकर तुमसे, हे रसधर !
कर्कश काँटे तक करुणा जाते ;
बौछारों से तप का आसन हिल जाता है !

1958

52

उड़ा-उड़ा मन उड़ने से लाचार है !
पाँखों का होना भी लगता भार है ! !

तट पर हूँ, धारा में मेरी नाव है ;
चाहूँ तो उड़ जाऊँ, यह भी भाव है,
पर, मेरे पाँखों को यह क्या हो गया?--
इनमें कम्पन का भी आज अभाव है !
राह सुगम होकर ही आज पहाड़ है !
आज किनारा ही मुझको मँझधार है ! !

1955

53

कितना मीठा है यह वंचन !

अपनों में मैं जब रहता हूँ,
रहता है उल्लास उछलता ;
अपना ही अभिनय अपने को
तब कैसे-कैसे है छलता !
पचना था जिसको निस्तल में,
फेनों में छलका पड़ता है !
दाहशेष जीवनोच्छ्‌वास ही
घनीभूत होकर झड़ता है ;
इसी तरह क्या चला करेगा, मुझसे ही मुझमें यह प्रहसन ?

1955

54

मुझे टूट जाने से बचा रखोगे--
तभी न रस कुछ मुझसे भी पाओगे !

    कमी अमी की नहीं तुम्हारे मुख में--
    तुम्हीं नहीं सुख पाते अपने सुख में !
    स्वाद बदलने का जब जी होता है--
    होंठ लगा देते हो मेरे दुख में !
मगर, फूट जाने से बचा रखोगे--
तभी न मेरा विष भी पी पाओगे ! !

1955

55

मैं क्या चाहूँ ? चाह तुम्हारी ;
चाह तुम्हारी ! मैं क्या चाहूँ ?

    चलने दोगे जो मनमाना,
    तो मेरा फिर कौन ठिकाना ?--
    किस नाले में रथ ले जाऊँ ;
        पाँव तुड़ाऊँ और कराहूँ !

    मेरी रास तुम्हारे कर है,
    मैं क्या जानूँ, लक्ष्य किधर है ?
    कर्पण विन अविनीत तुरग मैं
        भाव तुम्हारा कैसे थाहूँ ?

ऐसे में जो यों हाँकोगे,
धूली ही तुम भी फाँकोगे !
परम रथी तुम हो, फिर भी, मैं
इस गति को किस भाँति सराहूँ ?

1958

शब्दवेध

1

रस की ऋतु बीत गई, सखि री ! यह अमराई सरसा न सकी !
मधु के माली आए तो थे, पर बगिया ही मँजरा न सकी !

कलरव करता कोकिल कोई कौतूहल-सा आया तो था ;
घन का नभ से परिचय जैसे, सूनेपन में छाया तो था ;
दरदीला ही न मिला कोई, उसने दिल से गाया तो था ;
बन ही भरपूर न भींग सका, उसने रस बरसाया तो था ;
अब तो सरि भी सिर घुनती है, वह धुन मुझको क्यों आ न सकी !

1951

2

पंगु मुझे करके कहते हो, शिखर चढ़ो !
एक नहीं औजार ;
और तब कहते हो, बैठे क्यों हो जी ?
गढ़ो, गढ़ो !

मालिक मेरे, यही तुम्हारा न्याय ?
व्यय की तो कौड़ी-कौड़ी पर कड़ी आँख है ;

रत्ती-रत्ती कंचन पर है कड़ी कसौटी ;
बात-बात पर अग्निपरीक्षा, लोक के लिए ;
पर यह भी गिनते हो कभी
कि तुमने अपने इस गुलाम को
संबल ही क्या दिए ?
और, कुटी की है कुल कितनी आय ?
पर यह कहने में न चूकते--
तुम कितने निरुपाय !
देख-देखकर भी लोगों को बढ़ते,
बढ़ने की लालसा नहीं जगती क्या ?
उठो, बढ़ो जी, बढ़ो !

सेनप मेरे !
ऐसी विकट भयानक यह रणभूमि !
कोसों एक न छाँव ;
भरी है दलदल। दूरबीन तो दूर--
मानचित्र भी पास नहीं सैनिक के,
और, न कोई यान ;
यान क्या सुलभ न मृदु पदत्राण।
लेकिन, यह आदेश--
तुम्हारा अभियानी आदेश--
करो या मरो !

1951

3

फिर पागलपन घेर रहा है !
मेरे मन को जैसे कोई अपनेपन में फेर रहा है !

लगता है ऐसा अपने में,
जाग रहा हूँ मैं सपने में ;
लेकर मेरा नाम न जाने कौन, कहाँ से टेर रहा है ?

जड़ता के ऐसे निर्जन में,
शिल्पी कोई मेरे मन में
धड़कन की छेनी से अपने मन का रूप उकेर रहा है !

कुछ न हुआ तो पुलिन पटाए,
बादल ने बनफूल उगाए,
आज इन्हें भी मौसम का मन कैसे-कैसे हेर रहा है !
1951

4

मैं बिहँसता चल रहा हूँ हार पर !

कौन यह पंछी ?--चमन में शोर है ;
हर सुमन-मन में समाया चोर है ;
हर कली मुद्रा बनी है प्रश्न की ;
एक कौतूहल जगा सब ओर है ;
गुल खिलाता चल रहा हूँ खार पर।

छाँव आँखों में किसी की है घनी,
चाह प्राणों में अँगारे-सी बनी ;
चाँद अब आवे न आवे, ग़म नहीं ;
छन रहे आँसू नज़र है चाँदनी ;
पल रहा हूँ मैं मधुर अंगार पर।
1952

5

ममता मेरी, मुझको लाचार न कर !

आँधी के कंधों पर ही चलने दे,
ऊष्मा की आहों पर ही पलने दे ;
हरियाली का मुझसे अब हाल न कह--
बगिया फल आई है तो फलने दे !
ठंढक देकर मुझको हिमहार न कर !

टकराता हूँ जलती चट्टानों से,
ऊपर ही उठता हूँ तूफानों से ;
बड़वा-दावा की भी परवाह नहीं,
बस, दिल घबराता है हिमवानों से !
हिम-आसन से मेरा सत्कार न कर !

1954

6

जागो प्राणों के दीप ! नयन की राह अँधेरी है।

वैसे तो जाग रही भू पर, जुगनू की जोत बहार,
ऊपर तारों के तडित्कन्द--फूले ज्यों हरशृंगार ;
लेकिन यह कालनिशा ऐसी घिर आई है सब ओर,
पथ और अन्ध हो गया, बँधे जो लौ के बन्दनवार ;
मन का मृग दृग से दूर, ताक में तिमिर-अहेरी है !

तम का अनन्त विस्तार, अजब सन्नाटे का यह देश--
साँसें बनतीं सनसनी, किरण का वर्जित अनधिप्रवेश !
ऐसे में जो बज उठी बीन-सी, भीनी-सी पदचाप,
कुछ और गहन हो गया नील मणियों का विपल-निवेश ;
किस मणिधर को धरने आई यह रात-सँपेरी है ?

दर्शाकुल मेरी साध, साधना से पाकर संकेत,
गुंजों से कर शृंगार, चली श्यामाभिसार के हेत ;
घेरे न लाज, दृग लिये मूँद ; पर आगे यह दुष्पार !
प्रकटो प्रकाश मेरे, तम पर बाँधो ज्वाला का सेत ;
देखो तो, इस नेही ने भी क्या पीर अँगेरी है !

1954

7

मेरा कच्चा घट रीता ही रहने क्यों न दिया, पनिहारिन !

आँवें में जो पका नहीं था, उसको तुमने पात्र बनाया,
कच्चा धागा डोर बनाकर घट को बाँधा और डुबाया--
ऐसे दुस्तर नील सलिल में, जिसकी कोई थाह नहीं है ;
जिसके लोने लहर-भँवर से छुटकारे की राह नहीं है ;
ऐसे में कैसे बच पाता, कोरी माटी का यह बरतन ;
नीर-निकप पर कसकर इसका कैसा हाल किया, पनिहारिन !

1955

8

तू अपना घर अगर सजाकर नहीं रखेगा
तो कोई मेहमान पधारेगा ही क्यों ?

यो तो जिसे ग़रज़ होती है, जाता ही है ;
ग़रज़मन्द ठुकराने पर भी आता ही है ;
लेकिन जिसका मन कि महाजन ही घर आवे,
वह व्यवहारकुशल घर-बार सजाता ही है !
भग्न भीत पर ही जिसकी नग्नता लिखी हो,
ऐसे घर, मणिकार पुकारेगा ही क्यों !

1956

9

तुम न हो सके मन के, मन न हो सका मेरा !

बात तो बहुत कुछ है, तुम अगर सुना चाहो ;
हर नकाब उठ जाए, तुम अगर चुना चाहो ;
तुम नहीं घिरे तो फिर याद ने मुझे घेरा !

किस तरह कहूँ यह घर शौक का नूमना है ;
चित्र हैं न गुलदस्ते ; हर तरह से सूना है ;
किस तरह रहोगे तुम, दर्द का जहाँ डेरा !

मैं फकीर हूँ तो क्या ! माँगने कहाँ जाता ?
फेर लो दिया अपना, तो बड़ी दया दाता !
फेर में तभी से हूँ, तुमने जो दिया फेरा।

मुझसे पूछते क्या हो ! आसमान से पूछो ;
या नहीं तो खुद, हलफन, अपनी शान से पूछो--
मैंने किस तरह टेरा, तुमने किस तरह हेरा ! !

1958

10

मैं तुमको सन्देश सुनाऊँ--दुनिया का सन्देश--
कहूँ किस दुनिया का सन्देश ?

मेरी दुनिया फूलोंवाली, तारों की बारात की ;
फूल, कृपण काँटों की निधियाँ ; तारे मणियाँ रात की ;
फूलों से है प्यार तुम्हें, मुझको काँटों से प्यार है ;
फूलों के दिन चार, मगर काँटों की रात हजार है ;
काँटे पाकर ही निखरा है फूलों का यह वेश !--
यही इस दुनिया का सन्देश !

तारे हैं कलियों के बूटे, रजनी के परिधान के ;
मेरी आँखों से देखो तो जलते फूल मसान के !
नज़र तुम्हारी अम्बर पर है, ऊपर के शृंगार पर ;
मेरा ध्यान अमावस पर है, दीवाली की हार पर ;
क्या होते ये फूल--न होती रात अगर तमकेश ?
कहूँ किस दुनिया का सन्देश ?

1958

11

व्यथाकुल प्राण को जब सुध ज़रा बेसुध बनाती है,
तुम्हारा प्यार आता है !

गरल तुम दे नहीं सकते, सुधा मैं पी नहीं सकता ;
दिया ही क्यों मुझे यह जग, जहाँ मैं जी नहीं सकता ?

विवश मैं ही नहीं, इसमें तुम्हारी भी विवशता है--
कि जब तक होश है, यह घाव कोई सी नहीं सकता !
विसुधि भी क्या कि उठता हूँ सिहर, हर बार, जब टाँका
हृदय के पार जाता है !

मिलन का सुख तुम्हीं ने तो विरह का दुख बनाया है !
तुम्हीं देखो कि देकर आँख तुमने क्या दिखाया है !
तमाशाई बना भेजा, तमाशा कर दिया मुझको !
भुलाया भी तुम्हीं ने, और कहते हो, भुलाया है !
कि जिसको आप अपने-सा बनाते हो, वही ऐसा
कठिन उपचार पाता है !

1958

12

मेरे लिए कष्ट न करो उतरने का, प्रभो !
झाँककर हाँक भर दो कि चला आऊँ मैं ;
घेरे जान जाएँ कि पुकारा मुझे किसने है,
सीढ़ियाँ मिलें न मिलें, चोटी चढ़ जाऊँ मैं।
भारवाह हूँ मैं, इसकी न परवाह मुझे,
सर्वदा तुम्हारे द्वार भार ही उठाऊँ मैं ;
मंद हूँ, इसी से पद-सेवा ही पसंद मुझे ;
यहीं रहूँ और यही चाकरी बजाऊँ मैं।।

तुमसे तुम्हारे ही लिए मैं तुम्हें माँगता हूँ,
पार लगूँ, इसी में तुम्हारा भी उबार है ;
वैभव तुम्हारा नहीं, सिर्फ तुम्हें माँगता हूँ,
क्योंकि और जो कुछ है, गर्द है, गुबार है।
आधी दौड़ पूरी हुई, आधी अब और बची !
हाँफने लगा हूँ, पहरावा बना भार है !
कौन हूँ, कहाँ हूँ और क्या हूँ, जग जानता है,
आगे जानो तुम कि तुम्हारा क्या विचार है।।

1962

13

साजन के ढिग कैसे जाऊँ ?

धूलि-बसन तन पर है,
लाचारी दुहरी मन पर है ;
आई मधुर मिलन की रात--
कुंज-निलय कैसे मैं जाऊँ ?

अविकच कलियोंवाली
ललक रही जीवन की डाली ;
बन्ध बने अपने ही पात--
प्राण-परस कैसे मैं पाऊँ ?

एक न संग सहेली,
छोड़ गई सब निपट अकेली ;
साध बनी मधु की सौगात--
भेंट उन्हें कैसे पहुँचाऊँ ?

चादर ऐसी काली !
तिस पर पूनम की उजियाली !!
पंच लगाए बैठे घात--
आँगन से कैसे बहराऊँ ?

लाज न जब तक छूटे,
कुल का बन्धन कैसे टूटे ?
उतरूँ, बनकर अतट प्रपात,
सरिता बन सुख-सिन्धु समाऊँ !

नाम तुम्हीं अब टेरो,
घेरे मेरे सहज निबेरो ;
निरावरण कंटकमय गात
फूलों की डलिया कर लाऊँ !
साजन के ढिग ऐसे जाऊँ !!

1962

14

आई कुछ ऐसी नींद हमें, मालूम न हमको हो पाया--
कब रात गई, कब भोर हुआ !

तारे थे तो कुछ जुगनू भी, रह-रह कुछ माँग रहे हमसे ;
आलोक उन्हें हम क्या देते--बेखुद, बेदम, अपने ग़म से !
काजल ही बरसा किया कुटिल आकाश हमारे आँगन में ;
बस, एक अकेली दीपशिखा भर-रात रही लड़ती तम से ;
तब भी न हमारी आँख खुली, जब सूरज काफी चढ़ आया,
कोलाहल-सा सब ओर हुआ !

ऐसा रसिया झोंका आया कि अबन्ध सुगन्ध उड़ी, फैली ;
तितली के पाँख पतंग बने, इठलाई पूरब की शैली ;
मधुकोष लुटाकर भौरों ने बदमस्त बड़ाई तो पाई !
पाटल की पौद करील बनी, क्यारी की साड़ी मटमैली ;
टूटा न खुमार--कि साक़ी ने जब-जब प्याले को सरसाया,
कुछ और नशे को ज़ोर हुआ !

दुपहर अब होने को आई ; अब तो जागें, कुछ होश करें ;
सपना सच करके दिखलाएँ---सपनों से क्या सन्तोष करें ;
गुलशन ही नहीं रहेगा तो गुल कहाँ खिलाएँगे माली ?
चाहिए कि पहले उत्पाती आँधी को हम खामोश करें ;
क्या हवा बही इस मौसम में !-- आलम का आलम बौराया !
तन साध रहा, मन चोर हुआ !

1962

15

रहूँ ठाट से ? नहीं, मुझे ऐसा मन मत दो।

मैं ग़रीब हूँ ; मेरीचादर की लम्बाई
उतनी नहीं कि पसरूँ तो हो जाय समाई।
आभूपण, परिधान, ग़लीचे, पलँग क़ीमती,
कोठे को क्यों तरसे, खेत-मजूर की सती ?
--दिखे सादगी हीन, मुझे वह अंजन मत दो !

यहाँ परीना ही गुलाबजल बन जाता है !
माटी पर माटी का ही साबुन भाता है !
नहीं 'रूज़' का रंग, रक्त की है यह लाली ;
तलवों से खिल उठतीं राहें काटोंवाली ;
--ऐसे को, ओ आता ! यह तितलीपन मत दो।

1962

16

ऊमस की है रात, न जाने कब बरसे !

दिन की आँच जुगाए सागर खौल रहे ;
सुलग उठे न बनाग, अचल तक हौल रहे ;
परसर न पाते पाँख ; टँगे दृग अम्बर से !

घूँघट-ओट छलककर तारा-घट डूबे ;
सूख रहे पनघट पर गीले मनसूबे ;
बाहर का तम का जोर--कौन निकले घर से !

चढ़ा साँझ ही से क्या है, जो रीझ रहा ?
गमक रहा आकाश, धरातल खीझ रहा ;
'पी' की टेर पिया को जाने कब परसे ! !
1963

17

अपनी गति का सोच मुझे क्यों हो ?
मैं अपनी क्या सोचूँ, जब तुम हो !

निकली हूँ, पथ पर ही हूँ, फिर भी
छूट रहीं आवाजें--निकल गई !
बाना तो अपने कुल का ही है,
गति-विधि भी अविनीत नहीं न नई ;
तब जो उठें उँगलियाँ--उठा करें ;
मैं क्यों व्यर्थ सँकोचूँ, जब तुम हो !

यों जो हूँ बेपर्द, यही शायद,
लगता है, पंचों को लगता है ;
बँधी टेक की टक ठक रह जाती ;
कंडे-सा अभिमान सुलगता है ;
फोड़ा करे माथ दुनिया--पर मैं
क्यों न सुहागों रोचूँ--जब तुम हो !

पैदल पथ पर, और अकेली भी,
मैं हूँ अभय कि तुम कब साथ नहीं ;
कवच तुम्हारी सुध ; फिर इस तन को
कैसे लगे कलुप का हाथ कहीं !
घूँघट-ओट सुधा-घट से मैं क्यों
लोचन-लवण बिमोचूँ, जब तुम हो !
1963

18

मैं लुटा रहा हूँ दिल अपना, जो दिल चाहे, ले, लूट ले !

आँखों के मेले में भूली आँखों पर आँखें झूल गईं ;
खेली आँखों के खेलों में भोली आँखें सब भूल गईं ;
धूली ही धूली थी, फिर भी, उसमें था वह काला जादू--
तितलियाँ उतर आईं पाँखों, आँखों में सरसों फूल गईं ;
बोला बसन्त--रसिया जो हो, आवे, रस का यह घूँट ले !

मैंने भी जो चख लिया ज़रा, आँखों के डोरे लाल हुए ;
काँटों में खून उतर आया, बुलबुल के गीत निहाल हुए ;
पानी में फूट पड़े शोले तो मीनों ने मुझको ताका ;
मेरा सुरूर यों चढ़ा कि सब मौसिमी साज बेताल हुए ;
दिलदार दर्द ने ललकारा--जो सुर में हो, यह छूट ले !

1964

19

पपीहा बोल उठा--पी कहाँ ! पी कहाँ !

पूरबी जंगलों में सुब्ह जो आग लगी,
शाम के घोंसलों में चीख-पुकार जगी--
ज्वाल का जोल उठा--पी कहाँ ! पी कहाँ !

चित्त पे ज्वार चढ़ा, स्वप्न की नाव तिरी,
याद के मेह लिये मावसी रात घिरी,
दर्द पर तोल उठा--पी कहाँ ! पी कहाँ !

कह की टीस उठी, सिल का दिल चाक हुआ,
साँस पर कर्ज लिया सब्र बेबाक हुआ ;
मौन मुँह खोल उठा--पी कहाँ ! पी कहाँ !

सच कहो, मेरे सनम ! तुम भी क्या चुप ही रहे ?
तब जो यह टेर सुनी, किसने दी, कौन कहे !
किसका मन डोल उठा--पी कहाँ ! पी कहाँ !

किसलिए चोंच खुली, खोखले सीप खुले ?
पुज सकी चाह--कहाँ--स्वाति के वज्र घुले ?
लोरजल रोल उठा--पी कहाँ ! पी कहाँ !

क्यों न वह दाह सहे, जिसने यह राह चुनी !
व्यंग्य ही सबने किया, टेर जो 'पी' की सुनी !
शून्य ठठोल उठा--पी कहाँ ! पी कहाँ !

1964

20

मेरे श्रम का मोल यही है क्या ?

तन का सुख मन की यह दुबिधा--
कहने को जो दी यह सुविधा--
केवल टालमटोल नहीं है क्या ?

मैं अनपढ़, दर की क्या जानूँ !
निभ पाऊँ तो पूरी मानूँ ;
काँटे का यह तोल सही है क्या ?

मधु में भी जो विरह गुँजारे,
रिमझिम में भी तृपित पुकारे,
तेरे मन का बोल वही है क्या ?
1966

21

ताल से तीर पर, तीर से मेरु पर,
अब किधर, किस शिखर ले चलोगे, कहो !

थी तराई जहाँ, मन निडर था वहाँ,
राह थी सामने, देखता मैं चला ;
अब चढ़ाई यहाँ, हर कदम डर जहाँ,
आँख बाँधे बढ़ूँ किस तरफ मैं, भला ?
आँख होती खुली, साफ मैं देखता--
था कहाँ, अब कहाँ, हूँ कहाँ जा रहा ;
पर, तुम्हीं डर गए--देख गहराइयाँ
मैं कहीं डर न जाऊँ, गिरूँ ढलमला ;
डाल दीं आँख पर मेघ की पट्टियाँ,
बिजलियाँ बन, मगर, कब बलोगे, कहो !
1974

22

मैं कहाँ हूँ, क्या हूँ, नहीं पता ;
मेरे होने में मेरी क्या खता ?
किसी भाँति हल जो न हो सका,
मेरी ज़ीस्त ऐसा हिसाब है !

मुझे किसने किसलिए लिख दिया,
किस अजब अदा से अयाँ किया ?
जिसे कोई पढ़ न समझ सके,
मेरी ज़िन्दगी वो किताब है !

क्यों करूँ किसी से कोई गिला,
क्या मिला, यहाँ क्या नहीं मिला ?
खुदनुमा खुदी के सवालों का,
मेरी बेखुदी ही जवाब है !

उन्हें क्या पता, कहाँ क्या कटा,
गुँथा और अँगारों से जा सटा ?
किया लुक्मा ज्यों ही जिगर मेरा,
कहा--क्या लज़ीज़ कबाब है !

कभी बेहिजाब मिले थे वो,
कि बहार बनके खिले थे वो,
जिन्हें चिढ़ थी मेरी नक़ाब से,
उन्हें अब मुझी से हिजाब है !

छुटा जाल से तो उड़ा,मगर
कहाँ जाऊँ तुझसे मैं भागकर ?
कहीं भी जो पीछा न छोड़ती,
तेरी आँख है कि उक़ाब है !

यों तो तू जहाँ है, बहार है,
खड़ी गुंचोगुल की क़तार है ;
जो खिजाँ में भी है दमक रहा,
देख, यह भी एक गुलाब है !

1978

23

मेरी छोड़ो ; तुम कैसे हो ? अपनी बात कहो !

मेरा तो है वही पुराना
एक राग, एक ही तराना ;
अब क्या मुँह खोलूँ, डरती हूँ, तुमको ऊब न हो।

इतने दिन पर तो आए हो !
और अभी से अकुलाए हो !
एक रात तो कटे बात में ! --मेरे साथ रहो।

आए हो जो सुध लेने को,
पपिही को पानी देने को,
तो आओ, यह आँच काँच की, तुम भी तनिक सहो !

1979

24

माँ, मुझको यह जग प्यारा है !
माँ ! यह जग कितना प्यारा है !

मन करता है, यहीं रहूँ मैं,
रस की बातें सुनूँ, कहूँ मैं ;
सुख की वर्षा, दुख का जाड़ा,
श्रम की गरमी सभी सहूँ मैं ;
सुबह, शाम, चाँदनी, दुपहरी--
ऐसी और कहाँ कारा है ?

छूटकर भी कब मुक्ति मिलेगी ?
वही दंड की उक्ति मिलेगी ;
इससे तो बदतर ही होगी --
और कहीं जो भुक्ति मिलेगी ;
पानी की क्या कमी, कहीं, पर
नीर कहाँ ऐसा खारा है ?

यहाँ बदलता रहता है मुख ;
आँखें भी जो दे जातीं दुख ;
स्थिरता में भी है अस्थिरता ;
अस्थिर क्षण दे जाते चिर सुख ;
ऋतुओं वस्त्र बदलनेवाला
यह जहान सचमुच न्यारा है !

1979

25

माँ ! यह अश्वमेध का घोड़ा किसने छोड़ा है ?

जी करता है, इसे बाँध लूँ,
फिर ताँगे में नाध साध लूँ,
लेकिन, डरता हूँ ; कोई मामूली घोड़ा है !

कितना छोटा मेरा कद है !
घोड़ा कितना बड़ा, प्रमद है !
रस्सी कितनी छोटी ! बित्ते-भर का कोड़ा है !

फिर भी कथा सुनाती है तू,
मेरा जोश जगाती है तू ;
कहती--डर ही नर के पौरुष-पथ का रोड़ा है।

होता तो मैं भी ; पर कैसे?
लव-कुश क्या रहते थे ऐसे ?
तू ही देख कि जो मिलता है, कितना थोड़ा है !

1979

26

मैं बजने को तैयार हूँ, मत मेरे तार उतार !

आँखों में ऐसी अंजनता !
पाँखों में कैसी खंजनता !
मैं अँजने को तैयार हूँ, तू दीपांजन तो पार !

वरदान मिला था जो तेरा
सरदर्द बना है अब मेरा
मैं तजने को तैयार हूँ, निज कर यह मुकुट उतार !

दिल हो, तो दिल के सान चढ़ा,
दृग या पग के पाषाण चढ़ा ;
मैं पजने को तैयार हूँ, किस सिल पर देगा धार ?

पीतल का बरतन धोना है,
ऐसा कि लगे, यह सोना है ;
मैं मँजने को तैयार हूँ, जो तुझे नहीं इन्कार !

जो फिर भी तेरा मन मचला,
तो 'ना' मैं कैसे करूँ भला !
मैं सजने को तैयार हूँ, आ, मेरे साज सँवार !

1979

27

देर हो गई !

सूरज सिर पर होता है जब,
आँखें मेरी खुलती हैं तब ;
ऐसी बिगड़ी आदत को मैं
कैसे बदलूँ ?--मुश्किल है अब।
गाड़ी रुकी रहे, कब मुमकिन ?
उफ् ! अबेर हो गई !

सपने में जा रहा था बहा ;
झटका देकर दोस्त ने कहा--
"अरे अदालत का भी तुझको
क्या खयाल कुछ भी नहीं रहा ? !"
--यहाँ सपरते दुपहर बीती,
वहाँ देर हो गई !

1979

28

आज चैत चढ़ गया !

बन तो महके, हमीं न बहके ;
आक, ढाक कोंपल, सब लहके ;
पर, यह डैना कौन ? कि पंचम में क्या तो पढ़ गया ?

कहाँ गई, मिलना था जिससे ?
खबर मिल रही यह अब किससे ?
श्यामा रानी का हरकारा क्या कहता बढ़ गया ?

अब भी है क्या चूल्हे पर ही ?
बासी हुई कहाँ, होकर भी ?
उबली कढ़ी, कटोरा छलका ; रस ही सब कढ़ गया !

जल्दी कर, रे चोर चटोरे !
चौरे धर आ माल बटोरे ;
जहाँ कटोरा चला कि तुझ पर पर का भी मढ़ गया !

1979

29

आज भी न आए !
किस लाज के लजाए ? !

घाट की कथा तो
अब हो चुकी पुरानी ;
कौन चौंकता है--
सुन चीर की कहानी ? !
क्या हुआ रई को ?--
चलती नहीं चलाए !

हर तरफ खड़ी हैं,
अपवाद की उँगलियाँ ;
भीत क्या टपूँ मैं ! --
हैं बंद सभी गलियाँ ;
द्वार पर खड़े हैं
सब खुखड़ियाँ उठाए !

टेर रहे मुझको,
अब किस करील बन में ?
बिंध रही यहाँ मैं,
कंटाल आयतन में !
कौन भला उनको,
अब तस्करी सिखाए ?
1979

30

अभुआते रात कटी, छूट कहाँ पाई ?

जल भरने यमुना तट, गई थी अकेली ;
देखते, गई सुध-बुध ; इतना तो खेली !
कहाँ किसी जतन घटी, वहाँ जो समाई ?

गुनी तो कई आए, बहुत बुदबुदाए ;
ठीक मुझे क्या करते, अपने पटकाए ;
उनसे मेरी न पटी ; हो गई लड़ाई !

अब देखूँ यह आए हैं कैसे गुन के !
लाखों में एक लोग लाए हैं चुनके ;
छूते ही छाँह सटी ; क्या दशा बनाई !

छूटते कहा--पानी ! बच गए, बहुत है !
बतलाऊँ क्या ? अद्‌भुत है, बस, अद्‌भुत है ! !
नाक रह गई, न कटी ; दे अब उतराई !

मेरी पूँजी ही क्या ? कौन-सी कमाई ?
दक्षिणा कहाँ से दूँ ? आ गई रुलाई ;
--नाव में नदी सिमटी, आँख जो मिलाई !
1977

31

मुझे ईख-सा पेर दे !

धरकर मुझे याद के दाँतों
    मर्मपेषणक फेर दे !

पीड़ननिरत रहे स्मृतियंत्रक,
शेष लेश भी रस हो जब तक,
पर, पहले, यह गाँठोंवाली
    मेरी छाल उधेर दे !

सिट्ठी हो जाएगी मेरी
सत्ता, जब जाएगी पेरी,
यह अनुरोध कि फिर भी मुझको
    अकुलाने कुछ देर दे !

1977

32

नींद उड़ गई है !

उगते अस्त हुआ रवि जिस दिन
आँधी उठी, उड़े सुख के तृण ;
सिमट गए सब दृश्य ; किस कदर
    दृशि सिकुड़ गई है !

बाहर कोई क्या पहचाने !
घायल की घायल ही जाने ;
मृग से उसकी नाभि, सर्प से
मणि बिछुड़ गई है !

भीतर जैसी है यह माटी,
कैसे निकसे, ऐसी काँटी ?
वज्रहृदय में गड़कर कोई
याद मुड़ गई है !
1977

33

कलरवों के नीड़ पर जो वज्र औचक आ गिरा है,
आसमाँ हैरान है--यह गूँजती किसकी गिरा है ?

काल तो समझा कि अबकी फैसला होकर रहेगा,
इस क़यामत में किसी का घोंसला क्योंकर रहेगा !
जिंदगी की आन, लेकिन, फिर कहीं से कूकती है--
देखना अंतक, विटप यह फिर हरा होकर रहेगा !
साज फूलों का यही होगा, कुहासा जो घिरा है !
असमाँ हैरान है, यह गूँजती किसकी गिरा है ?

फिर अमृत उच्छ्रित करेंगे अरुंतुद स्मृति-बाण मेरे,
प्रकट सारस्वत सुधा के घट बनेंगे गान मेरे;
उच्छ्रूवसन घन बन घुमड़ संजीवनी वर्षण करेंगे,
दग्ध वन को फिर हरित-कूजति करेंगे प्राण मेरे ;
सत्य कल का है, अभी जो स्वप्न आँखों में तिरा है,
आसमाँ हैरान है, यह गूँजती किसकी गिरा है ?
1987

34

गीतों में ही फूटता रहा हूँ मैं,
गीतों में ही आगे भी खुलूँ, खिलूँ।

क्या थे वे दिन ! जब ज्वार-जवानी थी !
लावण्य चाँद सँग रास रचाता था ;
हँसते थे कमल, सकुचते भी जब थे,
मेरा रक्तार्णव फाग मचाता था।
जम गई तरलता ही प्रलयी हिम से ;
अब चाहूँ भी तो मैं किस भाँति हिलूँ ?

काँटों का मन, काँटों का तन, कैसे
क्या-क्या होकर गुजरा, जैसे-तैसे ;
साँसों की फाँसों फाँसी चढ़-चढ़कर
मर-मरकर कौन जिया होगा ऐसे !
कवि होने से ही क्या यह दंड मिला ?
भीतर सीझूँ, बाहर से कटूँ, छिलूँ ?

मुझको संस्कृत कर दुख की दीक्षा से,
क्रमशः कुन्दन कर अग्निपरीक्षा से !--
लाए हो इस आश्रम तक, तो स्वामी !
अच्युत कर दो, चिद्भाव-समीक्षा से ;
रख लेना मुझको भी पद-आश्रय में ;
परिव्रज्या पूरी कर जब पुनः मिलूँ।
1988

35

प्रणव-धनु पर प्राण-शर धर
शब्दवेधी साधना कर।

कल्पना के कल्प बीते,
आयु-घट अनगिनत रीते ;
पथ वही, घाटी वही है,
घूमकर तू भी वहीं पर।

कामना थी स्वर्ण-मृग की,
देख ली करतूत दृग की ;
ताकता ही रह गया तू,
वेध का आया न अवसर !

अब भरमना छोड़, पगले !
बाँध मन का मंच पहले ;
श्रवण-तत्पर, अलख पद की
सूक्ष्म ध्वनि धर, रे धनुर्धर !

1961

36

चरण में मन को शरण दो।

नाम-भर मैंने सुना है ;
रूप, क्या मालूम, क्या है ;
किस तरह मैं देखता हूँ--
देखना हो तो नयन दो !

एक पग से भूमि नापी,
दूसरा आकाशव्यापी ;
नाप लो मेरा अहम् भी--
शीश पर पावन चरण दो !

सिद्धि-छल-छवि के चितेरे !
एक तुम ही साध्य मेरे ;
माँगता तुमसे तुम्हीं को--
भक्ति ही का आभरण दो !

1961

37

आशिष उनकी नहीं फली,
पर लाज मुझे लगती है !

कैसी बात किसी ने पूछी ! --
तू अब तक छूछी की छूछी,
उनकी होकर, जिनकी श्री से
श्रील बनी जगती है !

क्या उत्तर दे मेरी ममता--
औरों से मेरी क्या समता !
उनकी मर्जी जिसे सिंगारें ;
मेरी साध सती है !

पानी पर ही प्राण अघाए,
आँचल पर जाड़ा कट जाए ;
माया अपनी सिद्धि दिखाकर
मुझको क्या ठगती है !

1961

38

मुझे हारने का दुख कम है !

अधिक सोच है, वचन तुम्हारा
जाता है दुनिया से हारा ;
श्रद्धा की हो रही हँसाई ;
हेला हँसती, भक्ति भरम है !

कहते हैं, दरबार तुम्हारे
देर भले हो, न्याय न हारे ;
इस अँधेर का क्या जवाब दूँ ?
साँसत में मेरा संयम है !

जोर तुम्हारे गरब-गहेला
लड़ा किया मैं निडर अकेला ;
खल-वन्दना नहीं क्यों कर ली--
मुझको बस इसका ही ग़म है !

1961

39

साध सुध की बीन !

बाँध अब स्वर के अभंगी तार ;
धुन उठे, घहरे, झरे झंकार--
परस की पोरों पुलक की आँख
खोल, रे दृगहीन !

मीड़-पीड़ित मूर्च्छनाहत प्राण
लक्ष्यगत हों, ज्यों बरुण के बाण ;
स्वरस-संध्वनि में विवादी माख
हो सहज लयलीन।

मोह की मिहिका पिये, निस्पंद,
रात-भर बेसुध रहे जो बंद,
सरस परस लहे खुलें वे पाँख--
रश्मिधर, स्वाधीन !

1963

40

सुध रहे तब तो पुकारूँ !

चाहिए यदि कूज हंसी,
फूक तू ही प्राण-बंसी ;
अधर-रस करतल-परस से
मैं बिसुधि अपनी बिसारूँ !

मन बने घन की बलाका,
तन-पुलक तरुदल-पताका ;
खोल सौ-सौ आँख, पाँखों
छवि धरूँ, पलकों सँवारूँ !

सघन चकमक के जगाए
दाह को उर से लगाए,
नृत्यरत, सतरंग थालों
आरती तेरी उतारूँ !

1963

41

जाग दीप मेरे !

तमसावृत व्योमवृत्त,
भयमय भू भोगचित्त ;
दाहविकल सिन्धु सकल,
अनल-अनिल प्रेरे !

भव के विज्ञानचरण
न्योत रहे हिंस्रमरण,
कौन इस विनाशमुखी
हय का मुँह फेरे ?

तेरा तपलीन ध्यान
लाए मंगल विहान ;
ज्ञान-भान का वितान
तम-तुहिन न घेरे।

1962

42

मुझसे मेरी छाँव छुड़ा दो !

मति ही अति बाधा है मेरी !
भीतर फेरा, बाहर फेरी ;
दे दो थोड़ी राख मुझे भी,
इस ठगिनी का ठाँव छुड़ा दो !

मंजिल मेरी और कहीं है ;
हूँ जिस पर, वह राह नहीं है ;
एक बार, बस, एक बार हे !
इस दलदल से पाँव छुड़ा दो !

भर पाया मैं ऐसे घर से ;
अपने भी लगते हैं पर-से ;
साथ मुझे भी कर लो, योगी !
कल-छल का यह गाँव छुड़ा दो !
1964

43

केवल मेरे पास बसो तुम !

एक मुकुर में सौ-सौ मूरत,
सकुतूहल मैं देखूँ सूरत ;
मीड़ित साँसें गमक बनें जब,
रोयें-रोयें रमक, हँसो तुम !

अचपल मेरे रसिक शिलीमुख
रूपविचुंबित ; लीन सुधा-सुख,
चपल किरन के संग न बहकें--
और कसो, कुछ और कसो तुम !

काफी है आधी ही चितवन,
सो जाएगा विभ्रम का मन ;
कोजागरा रहे मेरी भी,
सुध के मिस यदि सहज डँसो तुम !
1964

44

मेरी ऐसी गति पर अब तो लोग तुम्हें हँसते हैं,
देखो, लोग तुम्हें हँसते हैं !

सर्द दर्दवालों की बोली
लगती है छाती में गोली ;
उनका कौन उपाय कि जो मधु के पाँखों डँसते हैं ?

अलि हँसते सोनामाखी को,
तितली दीप-सती पाँखी को ;
परता जहाँ बनी तत्परता, सब यों ही नसते हैं !

मुँह कैसे क्या बात बनाए,
घर का भेद न खुलने पाए ?
करुणा के बादल जब स्वर की घाटी में फँसते हैं !!

1966

45

माटी के तन में कंचन की यह लौ !

तप की जो आँच सही,
जगती ने ज्योति लही ;
रात अभी उतरी ही थी कि फटी पौ !

श्याम बन सजन आया,
राधिका बनी माया ;
करके शृंगार चली--सात और नौ !

स्वर्ग चकित है निहार
भू का यह दीप-हार ;
यक-यक लौ पर न्योछावर पर, सौ-सौ !!
1966

46

भ्रम ही है यह आस-रतन भी !

सिद्धि भले साधें हठयोगी ;
निधि पर टक बाँधें मठभोगी ;
गति के फेर पड़ूँ मैं क्योंकर ?
बन्धन ही है मुक्ति-यतन भी !

मै न वियोगी योगी त्र्यम्बक,
शून्य न मेरी टेक न त्राटक ;
फिर मुझको क्यों ताक रहा है,
कैसी गति के लोभ, अतन भी ?
1966

47

तुम बिन कौन गुने यह पीर !

चहुँ दिसि घोर चकोर-अमावस,
झंझावात, शिशिर में पावस ;
अंजन-अन्ध नयन-मन कातर,
अनवधि आस अधीर !

तट की टेर दशन-विष-लहरी,
तर्जनियाँ, दुनिया की, प्रहरी,
समय-सँकेत ; कदम्ब-तले मन,
तन छ्दहीन करीर !

मन के चोर ! तुम्हीं चोरी से,
या, चाहे तो, बरजोरी से,
मेरे इस घेरे में आओ,
मुक्ति बने जंजीर !

1973

48

कैसे चैन लहे मन-मीन ?

पनघट पर काजल की तूली
रेख रही व्रज की गोधूली ;
विद्रुम-तट पर पसर ढरककर
जमुना अन्तर्लीन !

बंसी में अँटकी अभिलाषा ;
बूझे कौन विकल जलभाषा ?
कसती जाती शिथिल सगुणता ;
तृष्णाकुल पाठीन !

दृग का लोभ गले का काँटा ;
जीवन दाह ; श्वसन सन्नाटा ;
तट पर खीच धरो घट में, या
कंठ करो स्वाधीन !
1974

49

अब तुमसे क्या और कहूँ मैं !

इधर विषल-जल-ज्वाल जगी है,
उधर विकट वन-आग लगी है ;
तिस पर काँटा अलग लगा है ;
ऐसे में कैसे निबहूँ मैं ?

दृग अनिमेष कि कब उगते हो,
तरल अँगार ललक चुगते हो ;
उदित हुए तो किस छाया सँग !
यह कसकन किस भाँति सहूँ मैं ?

सस्मित वन-वन अनतु धरे तनु
पाँच विशिख धर तान रहा धनु ;
खोलो तीजी आँख, तभी तो
शरत्-शिखी-सा मौन रहूँ मैं !
1974

50

मन है, यों मन-प्राण जुड़ाऊँ !

छदन-छदन अनुराग उघारे,
कुसुम-कुसुम रुचि रूप सँवारे,
सुख-सहकार-सुरभि-शर साधो ;
मैं दुख को कुहुकार बनाऊँ !

प्राणों को ही पाँख बना दो,
पाँख-पाँख को आँख बनो दो ;
मन के मधुबन के सूने में
तुम छाओ, मैं पर फैलाऊँ !

धुल जाए सारी अंजनता ;
चकित चकोर, मुदित खंजनता ;
फिर, कोई रट क्या, छटपट क्या ?
मैं न रहूँ, मिल तुम हो जाऊँ !
1974

51

चित्र तुम, पट मैं ; अलग भी कब अलग ?

तरलता मुझमें नहीं, तो क्या हुआ ?
तरल कूची से मुझे तुमने छुआ !
धार तुम, तट मैं ; अलग भी कब अलग ?

मधुपता मुझमें नहीं, तो क्या हुआ ?
दर्द का स्वर है, यही क्या कम दुआ !
गन्ध तुम, रट मैं ; अलग भी कब अलग ?

पूर्णता मुझमें नहीं, तो क्या हुआ ?
तुम स्वयं ढलते रहे ; मैं कब चुआ !
नीर तुम, घट मैं ; अलग भी कब अलग ?

1974

52

अलग भी हैं, लगे भी हैं !

उगा जो चाँद पूनम का,
समुन्दर का चलन चमका ;
चकोरों की न कुछ पूछो !
सजग भी हैं, ठगे भी हैं !

खुली पाँखें, लगीं आँखें ;
बँधें, पर किसलिए माँखें ?
कमल के कोष में भौंरे
बिसुध भी हैं, जगे भी हैं !

कहें क्या, कौन होते हैं--
कि जिन बिन प्राण रोते हैं !
रुलाते हैं, हँसाते हैं !
पराये भी, सगे भी हैं !

1974

53

कौन कहे, मन अन्ध नहीं है !

टहटह लाल अँगार धवल है,
दाह कराल तुहिन-शीतल है ;
पर चकोर गर्वित कि मोर-सा
मेरा मन घन-अन्ध नहीं है !

किसकी सुध यों हूक रही है,
कोयल बेकल कूक रही है ?
मलयज से कहती कि गन्ध तो
है, पर उसकी गन्ध नहीं है !

फूल-फूल पर मँडराता है,
भ्रमर कहाँ कब बँध पाता है ?
सान्ध्य कमल की बात और है,
वह गुलाब का बन्ध नहीं है !

1974

54

मिला करें चरणों के फूल रोज-रोज !

घन-घट फूटें, तभी न ढरकेगा नीर ;
छेद सके मर्म, चाहिए ऐसा तीर ;
हुआ करे पनघट पर भूल रोज-रोज !

कौन दे समीर के सवाल का जवाब ?
सुबह-सुबह सुर्ख़ जिसे चाहिए गुलाब ?
चुभा करे बुलबुल को शूल रोज-रोज !

स्वर्ग की छुअन से भूच्छ्वास घनीभूत,
पपीहरी पाँखों को बनें बिंदुदूतः
धुला करे आँखों की धूल रोज-रोज !

1974

55

ो बहती है नीचे को
ात बहती ही जाती है !

कभी चढ़ती भी है ऊपर,
उतरती है झरना बनकर,
हुई किस्मत तो सागर तक
पहुँच आखिर यह पाती है !

समुन्दर का तपता है जल,
तपस्या का मिलता है फल,
स्वर्ग चढ़ धरती की करुणा
घटा बन वर्षा लाती है !

रीझकर हिमशेखर मानी
सहज बन जाता है दानी
द्रवित हरि-पद-नख-मणि-धारा
उतर धरती पर आती है !

1978

56

आरती बने मेरे प्राण !

पाँच-पाँच लौ से यह
        पंचमुखी दीप
दमक रहा ; चमक रहे
        मोती के सीप ;
        तृण-तृण तन का है घृत-घ्राण।

अचरज क्या, घर्षण से
        जो लगे दवाग ?
यहाँ तो नमी से ही
        सुलग उठी आग !
        तर ही थे उनके भी बाण।

बूँदें बटुरीं, उतरी
        गिरि से जलभक्ति ;
पतिता में भी प्रकटित
        हुई महाशक्ति ;
        पानी से पिघले पाषाण।

1979

57

गीत नहीं, करुणा के कण हैं !

संचित फल, अब तक के तप के,
मेरे सघन गगन से टपके ;
माटी जब भींगी तब जाना--
मेरे प्रिय के द्रवित चरण हैं !

यह कभी कैसे कर्कश थे !
अहं-द्वेष घोड़े सरकश थे ;
कोड़े टूटे, लक्षण छूटे ;
सहज सधे पद, सिंधु-प्रवण हैं !

कंठ भिंगा-भर दें ये सीकर,
रहे जागता पी-पी का स्वर ;
यह भी तो है है दान उन्हीं का !
मेरे दृग ही स्वाति-स्रवण हैं !

1979

58

भर देते हो अरुण करों से
माँग अमंडित, स्मित आशा की !

तम का आँगन धुल जाता है
कलि-कुल बकुल मुकुल जाता है ;
माटी का मंडन बनने को
तारा-मंडप तुल जाता है ;
हर लेते हो अनुदय-संशय,
स्वस्ति-ऋचा से खग-भाषा की !

1958

59

नयन आकाश होना चाहिए तुमको बसाने को ;
बरसना चाहिए घन-सा, तुम्हें बरबस हँसाने को ;
तुम्हारी आँख में मैं जँच गया यों ही नहीं, साक़ी !
कलेजा काढ़ रक्खा था हथेली पर, डँसाने को ! !
1961

60

आप कब आए, कब गए चुपके,
किससे, कैसे मिला किए, छुपके !
चुप रहूँ तो, मगर रहूँ कैसे ?
याद जब दिन के पास यों टुपके !
1964

61

प्यारी तुमको कला तुम्हारी है ;
हमको अपनी ही रीत प्यारी है !
फोलों का भेद मुस्कियों दाबे--
राह हमने भी क्या गुजारी है ! !
1964

62

करुणा, जो पत्थर को पानी कर दे,
आवारा आँखों में भी पलती है !
वन को उनसे मिलता है नवजीवन,
जिनकी चितवन में बिजली चलतो है !

1960

63

ओ नीली छतरीवाली जादूगरनी !
तेरे आगे दुनिया का जादू मात !
जब दिन निकले, तब कहीं कुछ नहीं, लेकिन
रजनी निकले तो तारों की बारात ! !

1960

64

मेरे भीतर आभास तुम्हारा
ऐसी छवि पाता है--
काले बादल की ओट, चाँद
पूनम का मुस्काता है !

1960

65

सुनते ही शिशु का रुदन, प्रसू की छाती में
लगता है दूध उमड़ने, ममता के मारे ;
मेरे ये आत्मनिवेदन के निश्छन्द छन्द
सुनते ही तेरा प्यार उमड़ आए प्यारे !

1960

66

विश्वास जहाँ निःश्वास-अर्घ्य बनता है,
ज्योतिष्क-दान तिमिरांचल से छनता है !

1960

67

दिन जाते देर नहीं लगती, यह तो सच है ;
फिर मुझे रात ही क्यों पहाड़-सी लगती है ?
बस एक कुतूहल है कि शिखर चढ़कर देखूँ--
क्या है वह पार-पुकार, मुझे जो ठगती है !

1960

68

हे सौम्य सूर्य ! तू ऐसा अगर न होता
तो ऐसे दृग कैसे तुझ पर टिक पाते !
तम का पर्दा ही अगर सुलग उठता तो,
द्युति-कर तेरे, किस पर तस्वीर बनाते ?

1960

69

प्रतिदिन, अपने पदगत होते ही, अपने
जन के सिर पर तुम हाथ फेर देते हो !
जल जाय पाप, जो यहाँ पैठना चाहे,
मन्त्रित रेखा से हृदय घेर देते हो ! !

1960

70

तेरे चरणों की शपथ ! काँप उठते हैं मेरे हाथ,
कर में होती है कलम, और जब तू रहता है साथ ;
जैसे रिकार्ड की सुई, चाव तेरा भाँवर भरता है,
आविष्ट भाव का पटल अक्ष पर ध्रुव परिभ्रम करता है।

1960

71

बस तेरी कृपा भरोसे तेरे द्वारे पड़ा रहूँ,
लग जाय पार इतना ही तो हो जाए बेड़ा पार !
पर यह भी कहाँ देख सह पाती है तेरी महरी,
घर पर आते ही मुझे भगा देती है फिर बाजार !!

1960

72

क्या करूँ, रोज ही तो इतना धोता हूँ !
पर दगियल ही रह जाता है यह बासन।
मालिक को कौन गरज ? जन पर जो बीते !--
बिगड़ैल मालकिन का घर में है शासन !

1960

73

हर स्वरूप में जब तक तेरा रूप नहीं दिखता है,
कैसे कहूँ कि मेरे मन पर तू कविता लिखता है !

1960

74

अपने चरणों का रंग चढ़ा दे मन पर--
ऐसा कि आँख का अंजन तक रँग जाए !
सुरमई सीपियों से फूटें जो मोती,
तो आँखों से मानिकमाला टँग जाए ! !

1960

75

हर सुबह लाल चादर जो बिछ जाती है,
पथ के दूषण पर पर्दा पड़ जाता है !
मन की अवनी को ही चित्राम्बर कर दे,
जिस पर तू किरण-चरण धरता आता है ! !

1960

76

कब तक आँखों पर पर्दा पड़ा रहेगा ?
कब तक तुम उघरोगे मेरे दर्शन में ?
ओ सूत्रधार ! कब ऐसी कृपा करोगे ?
तुम स्वयं स्वरित होगे मेर व्यंजन में !

1960

77

निर्वात--कि दल तक जहाँ नहीं हिलते हैं--
पूजा के फूल वहीं चुपके खिलते हैं !
पाऊँ प्रवेश मैं कैसे, उस कानन में--
किरनों के कोमल पाँव जहाँ छिलते हैं !!

1960

78

व्याकुल तो हूँ, कैसे उनको पाऊँ,
पर, अगर अचानक दर्शन हो जाएँ,
वे चीन्ह सकेंगे क्या ? मैं ही कैसे
सम्मुख कह पाऊँगा ?--स्वागत ! आएँ !

1960

79

एकान्त प्रान्त में बन्दनवार टँगे हैं,
इस ठौर कौन पाहुन आनेवाले हैं ?
'स्वागतम्' लिखा है चित्रलिखित अम्बर पर ;
वन्या कन्या ने ज्योतिरिंग बाले हैं !

1960

80

यह शिला बड़ी चिकनी है, हिम-पिच्छिल है
कैसे इस पर अपनेपन को ठहराऊँ ?
टक लग जाती है, ध्यान डूब जाता है ;
क्या करूँ कि रुचि के पद अभंग मैं गाऊँ ?

1960

81

जब कभी प्रियपदनखच्छवि कौंध जाती है हृदय में,
चाँदनी झट खींच घन-घूँघट लजाती है हृदय में !

1960

82

और कुछ न सही, यही कुछ कम नहीं ;
अब अकेले भी अकेले हम नहीं !

आग ही हमने बना ली चाँदनी ;
चाँद अब आए न आए, ग़म नहीं !

रेत पर तिरती हिरन की प्यास है ;
बह रही है आग, आँखें नम नहीं !

जब तपी धरती कि पिघला आसमाँ ;
आँख-सा दिल का कोई हमदम नहीं !

नासमझ आँखें तो बात समझ गईं ;
दिल को क्या कहिए, समझता भ्रम नहीं !

जब हिले लब, नाम उनका आ गया ;
होश है यह, ख्वाब का आलम नहीं !

क्यों लगे इनसे किसी को गुदगुदी ?
मीड़ के सुर हैं, कोई सरगम नहीं !

परन पर ही लय निभाते जा रहे ;
'रुद्र' जब आता पकड़ में सम नहीं !

1951

83

खिलौना बनाकर रहे खेलते वे,
उचट जी गया, चट मुझे तोड़ डाला !

खुद उनकी निगाहों भरा था जो प्याला,
कोई उनसे पूछे कि क्यों फोड़ डाला !

किनारे की रेती से लहरों पे लाकर
ये कैसे भँवर में मुझे छोड़ डाला !

मजा आ गया था यहाँ, यह न भूले--
किताबी सफे-सा मुझे मोड़ डाला !

1952

84

चमन का दिल बहुत घबरा रहा है
कि फूलों का समय फिर आ रहा है !

पँखुरियों में छिपा है भेद कोई--
उघरने में मुकुल शरमा रहा है !

कि गलने औ' गलाने से हुआ क्या ?
शिशिर आँसू बहाता जा रहा है !

भला तितली भरम क्यों खो रही है ?
भ्रमर का रूप गर भरमा रहा है !

1958

85

उनको जब मेरी याद आएगी,
एक बिजली-सी कौंध जाएगी !

आँखें तब दिल का साथ देंगी क्या ?--
चोट जब होंठों मुस्कराएगी !

मेरी धुन ! मानती नहीं क्यों री ?
अब मुझे और क्या बनाएगी ?

रोते-रोते मैं जान दे दूँगा--
याद उनको जो यों सताएगी !

मुझसे मत पूछ, शाइरी क्या है,
उनकी तस्वीर ही बताएगी !

'रुद्र' रोता रहा है तू जिसको
देखना, आके खुद हँसाएगी !
1976

86

नाम जो पाया प्यार तेरा था ;
मैंने समझा कि काम मेरा था !

तू उतर आया अपनी मर्ज़ी से ;
मैंने समझा कि मैंन टेरा था !

बिजली ही थी कि पार लग पाया ;
किस क़यामत का वह अँधेरा था !

रोशनी खींच ले गई बन में ;
देखा तो डाकुओं का डेरा था !

चाँदनी ही तड़प उठी होगी ! --
चाँद को बादलों ने घेरा था।

तेरा सपना भी छल गया मुझको ;
होता क्या, हो चुका सवेरा था !

बिगड़ी रंगत न चित्र की तेरे,
क़ल्ब पर तूने जो उकेरा था।

चित्रशिल्पी भी कहेंगे आगे
'रुद्र' शाइर नहीं, चितेरा था !

1978

87

मौसमे गुल उधर सुहावन है ;
बस, इधर ही झड़ी है, सावन है !

क्या थी उम्मीद और क्या पाया--
बलि हुए हम, बना वो बावन है !

रात का रंज कम न था हमको ;
दिन तो अब और भी भयावन है !

खैर क्या पूछते हो गुलशन की ?--
बाग़बाँ खुद ही अगलगावन है !

फूँक दे !--तापने को ही तो है !
घोंसला-घोंसला जलावन है !

कहता है--पीना है तो यूँ पीओ ;
खूब नासेह की सिखावन है !

क्रान्ति अब इससे बढ़के क्या होगी ?--
राम राजा, वजीर रावन है !

सड़ गई लाश किस दधीची की ?
गीध हैं मस्त--क्या जिमावन है !

कुत्ते जूझेंगे ऐसा, क्या खाकर ?--
जैसी इन पंचों की जुझावन है !

1978

88

इधर तोपते हैं, उधर झाँपते हैं--
सड़ा ठाट ही है ! -- वृथा ढाँपते हैं !

इधर कुछ घटाकर, उधर कुछ बढ़ाकर
गुणा क्या करेंगे ?--वो क्या नापते हैं ?

ज़मीं ही ग़लत है--महल क्या टिकेगा !
क़िला है तो यह ! जीभ क्या जाँपते हैं ?

करेंगे दवा मेरी जूड़ी की वो क्या ?
मेरे पास आते जो खुद काँपते हैं !

सराव है ; न चेते अगर 'रुद्र' तो फिर
मरेंगे, जिधर जा रहे हाँपते हैं !

1978

द्रोण

प्रथम सर्ग

"तो भी कैसा यह दाह ? आह ! दुर्दान्त दाव !
तू शान्त नहीं रह सकता क्या, मन के स्वभाव ?
छा गई विभव की राख, किन्तु अंगार शेष ;
यह कैसा दुस्सह ज्वाल ? जल रहा मर्म-देश !
छटपट-छटपट करता है मन, जैसे कि मीन
पानी में भी प्यासा हो, बंसी-बिंधा, दीन !
प्राणों के भीतर घाव बना कोई अभाव
टभ्-टभ् करता रहता है ; काँटा बना चाव !
उफ् ! कहाँ शान्ति पाऊँ--हिम की मानसी धार
डूबूँ, इस मन की ज्वाला से पाऊँ उबार ?"
आश्रम के निर्जन में बैठे आचार्य द्रोण
थे घुला रहे अपने उर का अंगार शोण ;
मन का पंछी हैरान ; शून्य में गड़ी दृष्टि ;
भीतर भारी तूफान ; शान्त बाहरी सृष्टि।
"मैं कुरु-कुल का गुरु ; मुझे भला कैसा अभाव ?
कुँवरों के कर जिसकी सेवा के बने चाव !
ये कुँवर--शान्त, सच्छील, दान्त, जिज्ञासु, भक्त,
अध्यवसायी, विद्या-विनीत, निज तपःशक्त ;
जिनमें अपने पुरुषार्थ-धर्म की फुल्ल कान्ति
दमका करती है, निष्ठार्जित शुचि, शक्ति, क्षान्ति--
ये कौरव, ये प्रिय पाण्डव, ये सैकड़ों और
भूपति भविष्णु, ये देश-देश के मुकुट-मौर ;
सौभाग्यवान मुझ-सा सम्प्रति है और कौन ?
जनपति-पूजित द्विज-कुल में है सिरमौर कौन ?···

"फिर भी, जैसे सब कुछ पाकर भी मैं दरिद्र !···
भीषण अभाव ; जगती रहती पीड़ा अनिद्र !"···
झटक-सा लगा, तड़ित्-सी टूटी एक याद--
"विद्या का यह अपमान ! शक्ति का यह प्रमाद !
द्विज की ऐसी दुर्दशा ! आह ! युग के प्रभाव !"···
निर्बाध बढ़ा जाता था स्मृतियों का बहाव।

इतनें में उनके परम हृद्य, शुचि स्नेहपात्र,
गुरुकुलवासी अध्येताओं में श्रेष्ठ छात्र,
गुरुभक्त पार्थ पहुँचे, मन में करते विचार--
"जाने गुरुदेव कहाँ हैं ! मैं हारा पुकार !"
देखा, आश्रम के लताभवन में एक ओर
एकान्त-प्रान्त में जड़-प्रशान्त, चिन्ता-विभोर
आचार्य ध्यान साकार बने हैं समासीन,
गहरे विषाद की है मुँह पर छाया मलीन।
धीरे-धीरे, चल दबे-पाँव, गुरु के समीप
पहुँचे, प्रणाम कर बैठ गए पाण्डव-प्रदीप।
सहसा साहस ही नहीं हुआ, कुछ करें बात।
"ऐसा न हो कि हो जाय ध्यान में दुराघात।
गुरु की चिन्ता का ज्यों-का-त्यों है बँधा तार !"
कौन्तेय लगे करने अपने मन में विचार।
"पर क्या हो सकती है यह चिन्ता दुर्निवार ?"
दुश्चिन्ता में पड़ गए स्वयं कुन्तीकुमार।
ममता ने मारा जोर, कुतूहल उठा बोल,
"आचार्य ! क्षमा कीजिए, छात्र के धृष्ट बोल ;
मैं आज नहीं मानूँगा, जाने बिना भेद,
वह कौन गूढ़-सी बात ? कौन-सा व्रण अभेद ?
दुखती रहनेवाली कैसी वह दिली चोट ?
वह कौन पुरानी पीर ? पीरवाली कचोट ?
मैं कई बार इस भाँति आपको उदासीन
हूँ देख चुका, कुछ गहरी चिन्ता के अधीन।
पर कैसी है वह बात, कौन-सा दुख अवश्य,
भवदीय वशीकृत बना, कौन-सा वह रहस्य,

कोई भी इसको नहीं अज तक सका जान,
पर आज दास दम लेगा, सुनकर ही निदान।
कहिए तो देव ! कौन वह चिन्ता-सर्प क्रूर ?
हो सकता है, अर्जुन ही कर दे उसे दूर !"

जैसे कोई सपने में दे झकझोर गात,
खुल जाय आँख, पर दृष्टिहीन हो दृष्टिपात ;
कुछ ऐसा दुस्तर स्वप्न, मोह का निबिड़ जाल,
चेतना-भूमि पर तना घना ज्यों तम-तमाल ;
गुरुवर का टूटा भी अटूट था बना ध्यान ;
चिन्ता की धारा यथापूर्व थी धावमान।
सब सुनकर भी ज्यों सुनी एक भी नहीं बात ;
लगता था, बस, है लगा कहीं पर कशाघात।
सपने में गिरि से गिरता कोई निस्सहाय
गिर जाय खाट से लुढ़क और ज्यों चोट खाय ;
हो चेत चोट का, किन्तु चेत की नहीं चोट ;
भीतर-भीतर बस टीस-भरी कोई कचोट ;
अन्तर में काट रही थी, कोई कठिन याद ;
पीड़ा की छाया थी, गुरु के मुख पर विषाद।

बन गया कम्प सहसा समस्त अनुभाव-भाव ;
छू दिया किसी ने हो जैसे अधपका घाव ;
दुखती नस जैसे पकड़ गई हो अनायास ;
दुख लगा हाँफने ; दर्द बन गया दीर्घ श्वास !
पर मौन नहीं टूटा, न स्वप्न का तड़ित्तार ;
कुछ और तीव्र हो गई भाव-झंकार-धार !
अन्तर के ग्रीष्म-बवंडर में झड़ अविज्ञात ;
उड़ गए कहाँ से कहाँ, पार्थ के शब्द-पात !!

उद्‌ग्रीव इष्ट की ओर, खोल मन के कपाट
उत्कर्ण लालसा जोह रही थी बचन-बाट।
पल-पल विलम्ब था पहर और दिन के समान,
सोत्कण्ठ प्रतीक्षा चाह रही थी समाधान।
कम्पित सबाष्प कौन्तेय-कण्ठ फिर पड़ा फूट--

धृति की धन्वा पर चढ़ा शब्द-शर पड़ा छूट--
"गुरुदेव ! आज क्या स्वयं पार्थ भी यों अपार्थ,
जिज्ञासा उसकी हो न सकेगी सफल-सार्थ ?
पुत्रवत् प्रेष्ठ भी हुआ हाय ! पर के समान ?
अधिकार नहीं, मन की पीड़ा वह सके जान ?"

शर लगा निशाने पर, व्याकुल हो उठे आर्य ;
हो गया प्रेम का प्रश्नाग्रह अब दुर्निवार्य।
लम्बी उसाँस ली एक ; पार्थ की ओर मुड़े ;
शावक-दृग से वात्सल्यपूर्ण मृग-नयन जुड़े--
"प्राणोपम ! तुमने भरा घाव डाला कुरेद,
उर के उर में जो रहा आज तक खेद-भेद ;
जिसकी पीड़ा का जवार ज्वर बना अनभिव्यक्त,
निर्जन में टपका किया, अश्रुजल नहीं, रक्त ;
वह दाग कि जिसकी दबी आग दावानल है ;
बड़वानल है, बाहर शीतल नीला जल है ;
गर्भानल-सा जो रहा धरातल पर अदृश्य ;
जिसका प्रकाश बनता है ज्वालामुखी-दृश्य !
लगता है, उभड़ा चाह रही है वही आग,
मुँह खोल बोलना चाह रहा है मूक दाग !
संयम-तप के बन्धन खुलने-खुलने को हैं !
अब तड़िद्गर्भ स्मृतिघन घुलने-घुलने को हैं !
मन में तो था, मन की मन ही में रहे पीर,
दुनिया न देख पाए, दिल में जो चुभा तीर। ...
क्या लाभ, दबे दुख का कर भी दूँ यदि प्रकाश ?
निष्फल निदान, निर्विण्ण जहाँ जीवाभिलाष !
उपचार व्यर्थ, कब का असाध्य हो चुका रोग ;
स्मृतिमात्र शेष अपमान, व्यंग्य, वंचन, कुयोग !
पर तुम, तुम तो मेरे लोचन-तारक समान !
कैसे न रखूँगा, भला तुम्हारा मान, प्राण !
वश होता तो मैं अभी चीरकर वज्र-वक्ष
धर देता अपना हृदय दग्ध, घायल, समक्ष ;
तुम आप देख लेते, पढ़ लेते मर्म-कथा
कह देती अपनी कथा आप, निर्वाक् व्यथा।

पर, कैसे दिखलाऊँ, अदृष्ट यह मर्म-बाण ?
क्यों खुले गाँठ, जब तक चादर में बँधे प्राण ?···
फिर भी, कुछ पूर्वकथा मैं आज सुनाता हूँ ;
विश्वस्त ! आप-बीती कुछ आज बताता हूँ --

"जाह्नवी-कूल के विप्रग्राम में तपोवृद्ध,
सुरगुरुसमान धरतीतल पर विद्यासमृद्ध,
ब्रह्मर्षिराज, तप के समाज में तपनरूप,
श्रीभरद्वाज थे मेरे पिता तपस्विभूप ;
जिनके वैदिक आश्रम की जग में रही धूम,
नृप धन्य मानते थे निज को, ऋषि-चरण चूम।
न्योछावर होते थे मणियों के अलंकार,
समलंकृत तारों से जैसे हो सुधाधार।
था चतुर्वेद की शिक्षा-दीक्षा का प्रबन्ध ;
गुरुकुल था दिव्य तपोवन, पूरित-ज्ञान-गन्ध।
अन्तेवासी थे देश-देश के नृपकुमार ;
होता रहता था सदा सहज विद्या-विचार।
तप और सत्य का यज्ञ, मन्त्र-उद्‌बुद्ध ज्वाल ;
आचार्य पिता, यजमान भविष्यत् लोकपाल।
दिक्-दिक् प्रसन्नमुख, मुक्तहास, क्रीड़ा-किलोल,
निश्चिन्त सरलपन के निश्छल सुकुमार बोल ;
सब ओर हर्ष-उल्लास, लासमय दल-पलाश,
श्रमशील पुण्य-सा हँसमुख दूर्वादल-विकास ;
शबनम नहलाती थी मुकुलों के मृदुल गात ;
गुप-चुप कलिकाओं से करता था पवन बात ;
खुल-खुल पड़ता था मधुकर का मन, मधुपराग ;
आनन्द-साधनाशील सभी थे सानुराग ;
ऐसा प्रसन्न परिवेश, प्रकृति का प्रियाराम,
बल-बुद्धि-बोध-बुध-बास, धन्य था विप्रगाम !

"उस विप्रग्राम की गोदी में पलते समोद
सपने-सा बीत गया मेरा शैशव-विनोद।
कुछ याद नहीं, बरसा कितना मुझ पर दुलार ;
गुरुकुल-कुलपति का मैं इकलौता था कुमार !

बालकपन आया और हुआ गुरुकुल-प्रवेश ;
गुरु पूज्यपादश्री पिता और मुनि अग्निवेश,
दोनों के पास नियत मेरा अध्ययन हुआ ;
आरम्भ वेद का सफल फूल-संचयन हुआ।
भरपूर भरे भण्डार, नहीं बस था अभाव ;
पैतृक प्रताप से सहज सुलभ थे दानभाव।
पर वह तो गुरुकुल था, तप का आदर्श तन्त्र ;
संयम,अपरिग्रह, त्याग--जहाँ थे मूलमन्त्र।
मैं भी कठोर यम-निमय-बद्ध, अध्यवसायी,
गुरु की सेवा में लगा हुआ था, अध्यायी।
पर ब्राह्मण-छात्रों से मेरी थी भिन्न वृत्ति ;
त्यागी जीवन में थी न सहज मेरी प्रवृत्ति।
भिक्षा-जीविका मुझे लगती थी घृणित कर्म,
बनवास पलायन जीवन से, कापुरुष-धर्म।
मेरा मन था, मैं राजभोग का सुख पाऊँ,
पुरुपार्थ करूँ, दर-दर न हाथ मैं फैलाऊँ।
मेरे आगे श्रीपरशुराम थे द्विजादर्श,
विख्यात विश्व में था जिनका पौरुपोत्कर्प ;
आजीवन जिनका रहा गर्व से उठा माथ ;
सब ठौर और सब दिन ऊपर ही रहा हाथ।
मेरे सतीर्थ्य भी थे कितने ही नृपकुमार,
जिनके घर पर थे सुलभ सभी वैभव-विहार ;
वे मुझे सुनाया करते जब ऐश्वर्य-कथा,
अपने भविप्य पर होती थी तब मुझे व्यथा।
मैं सोचा करता, मेधावी मैं हुआ भले,
पर भाग्य यही है, घर होगा वटवृक्ष-तले !
ये कूढ़-मूढ़, जिनको मैं आज सिखाता हूँ,
वैदिक मन्त्रों का गूढ़ अर्थ बतलाता हूँ,
कल यही लोग अभिपिक्त हुए राजे होंगे ;
सैनिक-सवार, अनुचर, गाजे-वाजे होंगे।
मैं मुनिकुमार, छूँछी झोली में भरे ज्ञान,
हर ठौर दिखाता दाँत चलूँगा, मिले दान !···
अपना भविप्य यों अन्धकार-पूरित विलोक
जब-तब मेरे मन को होता था बड़ा शोक।···

"पांचालराज के द्रुपद-नाम जेठे कुमार
मेरे घनिष्ठ थे, जी से करते मुझे प्यार।
जब भी उदास देखते, द्रुपद मुझसे कहते,
क्यों व्यर्थ, बन्धु, चिन्ता करके पीड़ा सहते ?
है अभी दाँत-काटी रोटी जैसी हममें,
अक्षुण्ण रहेगी यह, जब तक दम है दम में।
बस, मुझे जरा राजा तो होने दो प्यारे !
पल-भर भी रह न सकोगे आँखों से न्यारे ;
दे अर्धराज्य तुमको मैं साथ बिठाऊँगा,
सहपाठी का आदर्श अपूर्व दिखाऊँगा।
देखेंगे लोग कि मैत्री किसको कहते हैं,
किस भाँति खड्ग दो एक म्यान में रहते हैं !...
मैं गद्गद हो जाता, इन बातों को सुनकर ;
जादू से जैसे, जाता रहता जी का ज्वर ;
स्वर्णिम भविष्य का सपना आँखों में जगता,
सौभाग्य-सूर्य मेरा उगता मुझको लगता।

"दिन बीत गए, वह धूप-छाँव का खेल गया ;
जो भीड़ पड़ी, मैं हँसते-हँसते झेल गया।
होकर उत्तीर्ण हुआ परिणीत, कृपी आईं ;
दो घड़ी, कुदिन में सतरंगी छवियाँ छाईं।...
फिर घटाटोप दुर्घटना घहराई, हठात् ;
देहावसान हो गया पिता का अकस्मात्।
मेरे दुर्बल कन्धों पर गुरु गार्हस्थ्य-भार
आ पड़ा अचानक, और सामने था अपार।
सबसे भारी दुश्चिन्ता थी, गुरुकुल-प्रबन्ध--
गुरुकुल, जो पूज्य पिता का था सत्कीर्तिबन्ध ;
तन, मन, जीवन, सर्वस्व लगाकर जिसे पुष्ट
था किया उन्होंने द्विज-समाज को हृष्ट, तुष्ट।
थे भरे भूरि भाण्डार ; बरसता था हिरण्य ;
घृत-अगरु-धूम-आमोद-मुग्ध रहता अरण्य।
मग पर पग धरते पिता कि झुकते उठे माथ ;
जब जहाँ हाथ फैलाते, उठते भरे हाथ।...

पर मैं कैसे क्या करता ? मैं मानी-स्वभाव
कैसे धन के आगे दिखलाता दीन-भाव ?
आचार्य-वेद-वेदांग-शास्त्र में पारंगत--
मैं कैसे होता श्रीमानों के आगे नत ?...
फल हुआ कि धीरे-धीरे वह गुरुकुल प्रसिद्ध--
हीनार्थ-नीर नीरज कि तीर पर मीन विद्ध
हो गया कालशोपित ; आश्रम का अन्त हुआ ;
श्रुति-शास्त्र-पठन-पाठन के क्रम का अन्त हुआ।
जब पूज्य पिता का कीर्ति-स्तम्भ वह टूट गया,
दिल बैठ गया मेरा भी, साहस छूट गया।
मुश्किल था अब उस जगह और करना निवास ;
सूना-सूना आश्रम लगता था प्रेत-वास।
जीवनोपाय दूभर था बिन जीविकोपाय ;
हर घड़ी लगी रहती थी घर में हाय-हाय।
घरनी भी सब दुख सहती रहती थीं उदास ;
स्वाभाविक था ! वे देख चुकी थीं राज-वास।
औ' तब तक था कुछ और बढ़ गया गार्हय भार ;
घर में छोटा-सा बालक था करता विहार।
इसलिए, छोड़ वह जगह, चल पड़ा, सपरिवार,
मैं और कहीं ढूँढ़ने नया जीविकाधार।

"चलते-चलते जब साँझ हुई, थक गए पाँव,
देखा समीप, आश्रम-मन्दिर-युत एक गाँव।
टिक गए वहीं तीनों जन। जागे जब सकाल,
देखा, मिलकर थे खेल रहे कुछ ग्राम-बाल।
बस, अश्वत्थामा भी जा उनके साथ मिला,
अपने जोड़ों को पाकर उसका चित्त खिला।

"गोदोहन की वेला थी ; गाएँ द्वार-द्वार
थीं दुही जा रहीं--घर्र-घर्र स्वर, उष्णधार।
भर-भर मटके सब लोग चले निज-निज निवास,
कुछ वहीं गटकने लगे, छान भर-भर गिलास।
अपने-अपने बच्चों को पास बुला, दुलार,
कुछ लगे पिलाने वहीं, फेन से भरी धार।

सबके सुत तो थे तुष्ट, तृप्त, कर दुग्धपान ;
बस, एक अभागा था मेरा ही नयन-प्राण।
लुलुआया-लुलुआया-सा मेरा ललित लाल
ठिसुआया-सा घर लौटा, मुँह में भरे राल।--
'माँ, मैं भी दूध पिऊँगा माँ ! दे मुझे दूध !
पी रहा दूध हर कोई, माँ ! दे मुझे दूध !!··· '
माँ का आँचल धर लगा मचलने, रिरियाने ;
भोला बालक 'क्या चीज गरीबी' क्या जाने !
आँखें लीं मैंने मीच ; कलेजा भर आया:
हा दैव ! धन्य है, धन्य, तुम्हारी भी माया !···
बालक का हठ क्यों माने ? माता मना थकी,
कुछ देर बकी ; कर यत्न थकी, समझा न सकी।
आखिर बोली--'अच्छा ! चुप रह, मैं आती हूँ ;
बस अभी, दूध लाकर मैं तुझे पिलाती हूँ।'···
भीतर जाकर उसने चुपके चावल पीसे ;
लोचन छलछल, थे दीर्घश्वास कढ़ते ही से।
चूरे को जल में घोला ; पानी दूध बना ;
लाई ; बोली--'ले पी ले, जी चाहे जितना !'
बालक अबोध क्या जाने माता की करनी !
माँ भी क्या करे ? उसे थी जिद पूरी करनी।
पी गया दूध कर के धोवन का धवल नीर !
बच्चे को क्या ? पर उसकी मा को लगा तीर।
जब चला गया अश्वत्थामा हँसता बाहर,
मुँह ढाँप लगीं सिसकी भरने घरनी, भीतर।
मैं स्वयं आर्द्र-आकुल था, यह दुर्दशा देख ;
अपने को तो समझाया, सोच ललाट-लेख ;
पर उस ममता-मन को कैसे देता प्रबोध ?
वात्सल्य और करुणा की वह मूरत अबोध !
माँ का ही तो दिल था ! फिर कैसे तरल न हो ?
बालक बिललाए--'दूध ! दूध !'--माँ विकल न हो ?
मुश्किल से मन को धीर बँधा मैं पास गया ;
पत्नी की करुणा देख बुद्धि बन गई दया।
बोलीं वह सिसक-सिसक--'देखो तो, प्राणनाथ !
इकलौता अपना आज हो रहा ज्यों अनाथ !!

दो घूँट दूध के लिए, हाय ! बिललाता है !
पय के बदले चावल का धोवन पाता है !!
अब सहा नहीं जाता, दारुण यह दुःख, क्लेश ;
बेटे का कैसे देखूँ यह कगाल-वेश ?
तुम आर्यपुत्र ! आचार्य, गुणागर, नागर हो,
द्विजकुल के सुधी सुधाकर, विद्यासागर हो ;
आश्रम में जिसके आगे भूपों के कुमार
थे धन्य-धन्य मानते, धूलि ले, पग पखार ;
उस शील-श्रील का आत्मभाव, भवभूतिमूल,
कंगालों-सा बिललाय, फाँकता चले धूल !
कैसी विडम्बना है यह, नाथ ! विधाता की ?
कैसे ढोए यह पत्थर, छाती माता की ?···
भिक्षा से तुमको घृणा, घृणा है सेवा से ;
परवाह नहीं, वंचित रह गए कलेवा से ;
परवाह नहीं मुझको भी कुछ अपनी ; लेकिन
इस बच्चे का कैसे देखूँ संकट, दुर्दिन ?···
कुछ नहीं और, इस बच्चे का मुख तो देखो !
हड्डी-हड्डी इस बच्चे का दुख तो देखो !
कम से कम, इसके लिए करो कुछ तो उपाय ;
मेरा बच्चा भी खेले , कूदे, हँसे, खाय।
औरों के बच्चे दूध-मिठाई खाते हैं,
मेरे लालन को दिखा-दिखा ललचाते हैं ;
बच्चा ही तो ठहरा ! ललचा घर आता है,
'माँ, दूध-मिठाई दे !' कह शोर मचाता है।
तुम स्वयं सोच सकते हो, मेरी छाती पर
उस समय लोटने लगता है कैसा विषधर !···
जिस घर में भोजन का भी नहीं ठिकाना हो,
जो सुब्ह जुटे तो शाम के लिए लाना हो,
उस घर में दूध-मिठाई कैसे जुट पाए ?
पर बच्चे को कोई यह क्योंकर समझाए··
जाने कब के दुष्पाप प्रबल हो आए हैं !
जब से नैहर छूटा, दुख ही दुख छाए हैं !!···'
आचार्य द्रोण की वाणी में गीलापन था ;
बढ़ गया पार्थ के भी अन्तर का स्पन्दन था।

करुणा की धार विलीन लगी उर में बहने।
गुरु ने उसाँस ली और लगे फिर यों कहने--

''पत्नी की सुनकर बात हिये में हूक उठी ;
अन्तर्वन में पीड़ा की कोयल कूक उठी।
मैं लगा सोचने--सच ही तो यह कहती हैं !
चुपके-चुपके, जाने कितना दुख सहती हैं !
अब तक इनके सुख-हेतु किया ही क्या मैंने ?
भर्ता होकर भी हाय ? दिया ही क्या मैंने ?
बस, चार चूड़ियाँ हाथों में, सिर पर सुहाग,
इतने को ही यह सदा मानती रहीं भाग।
भीषण अभाव में भी मुस्काती रहीं सदा,
जाने कैसे गृह-काज चलाती रहीं सदा !
पर आज व्यग्र वात्सल्य-वेग की प्रबल धार
ऐसी उमड़ी, धीरज का तोड़ गई कगार !···
धिक्कर मुझे ! इस निरपत्रप जीवन को धिक् !
आश्रित के प्रति अक्षम, पौरुष निर्धन को धिक् !
धिक्कार व्यर्थ इस विद्या को ! इस धी को धिक् !
मिथ्याभिमान कुल का ! धनहीन सुधी को धिक् !!···
यह जीना भी क्या जीना है ? मरना अच्छा !
इस गुरुआई से तो चारण करना अच्छा !!···

"पत्नी ने मुद्रा पढ़ी, लगीं कहने--'स्वामी,
तुमसे क्या कहूँ, स्वयं तुम तो अन्तर्यामी !
मैं सच कहती हूँ, अपने लिए नहीं कहती ;
पर तुम दोनों की दशा देख छाती दहती !
अब छोड़ो अपनी आन, कहीं कुछ काम धरो ;
या किसी मित्र दानी के यहाँ चलो, ठहरो।
मिहनत-महदूरी करके जीना लाज नहीं ;
जीने के लिए करेंगे क्यों हम काज नहीं ?
क्या हानि, अगर धर लो कोई दरबार कहीं ?
भूखों तो नहीं मरेगा यह परिवार कहीं !'···
'तुम सच कहती हो, कृपी !'--कहा मैंने कातर--
'यह दुख अब सहने की सीमा से है बाहर।

क्या कहूँ, नौकरी कर तो लूँ, पर यही लाज--
हँसकर निहाल हो जाएगा पण्डित-समाज !
बुध लोग कहेंगे--यह देखो ! आचार्य द्रोण,
धन को, धनिको का देख रहे हैं दृष्टि-कोण ! !
फिर, अगर कहीं जाऊँ आश्रय के लिए, अभी,
तो दशा देख अनखाएँगे ही मित्र सभी।
क्या करूँ, क्या नहीं ? बुद्धि नहीं दे रही काम।'
"पत्नी बोलीं--'उनका क्या तो है, भले, नाम--

वे, जिनके साथ तुम्हारी घनी मिताई थी ;
नृप-सुत होकर भी सच्ची प्रीति निभाई थी ;
प्रायः जिनका गुणगान किया करते हो तुम ;
जिनकी निश्छल मैत्री का दम भरते हो तुम ;
क्यों नहीं पास उनके जाते हो, इस दुख में ?
यों तो बहुतेरे साथी होते हैं सुख में ;
पर जाँच प्रीति की संकट में ही होती है ;
दुर्लभ जग में सन्मित्र, 'तरल' ज्यों मोती है।'

"पत्नी की सुनकर बात द्रुपद की याद जगी ;
कैसी हम दोनों के उर में थी प्रीति पगी !
बोला मैं--'ठीक दिलाई तुमने याद, प्रिये !
वे तो पांचाल-प्रजा के हैं आह्लाद, प्रिये !
युवराज द्रुपद अब राजा हैं, गद्दी पर हैं !
सौभाग्य-सितारे उनके अब चढ़ती पर हैं !
सचमुच, उनकी मैत्री का है अभिमान मुझे ;
है दिया दैव ने यही एक वरदान मुझे !
बस, आज, अभी ही उनके पास चलें हम सब :
वे अभी न आए काम अगर, तो फिर अब कब ?
अब तक तो मैंने अपने को रोके रक्खा,
सब दिन अभाव का ही मैंने कटुफल चक्खा ;
अब कब तक अपनी आन रखूँ, यह निष्फल व्रत ?
कब तक देखूँ सुत और तुम्हारी यह दुर्गत ?
कहने भर की है देर ; द्रुपद से लाज कौन ?
मिलते हैं मित्र, मगर ऐसा निर्व्याज कौन ?

वे राजकुँवर होकर भी ऐसे निरभिमान
थे सरल, तरल, कोमल, सहपाठी हृदयवान ;
सुख-दुख के भागी होते थे दोनों, समान ;
निश्छल, अभिन्न, हम दो शरीर थे एक प्राण !
अब यही समय आया है, भाव निभाने का,
सहपाठी का सच्चा आदर्श दिखाने का।
वे वचनबद्ध हैं--राजसिंहासन पाते ही
दे देंगे आधा राज्य मुझे, बस, जाते ही !
अब घबराने की बात नहीं कुछ भी, रानी !
सच्चे साथी हैं द्रुपद, बात के अभिमानी।
देखोगी तुम, कैसे, देखते मुझे, सादर
बढ़ते हैं वे स्वागत को, आसन से उठकर।
सिंहासन पर वे अपने साथ बिठाएँगे ;
दे अर्धराज्य अपने से तिलक लगाएँगे।
मैं महाराज द्विजराज द्रोण कहलाऊँगा !
दिखलाऊँगा, द्वापर को न्याय सिखाऊँगा !···
पर एक बात का सोच हो रहा है रानी !
आक्रमण कहीं कर दे यदि कोई अभिमानी,
तब क्या होगा ? कैसे मैं रक्षा पाऊँगा ?
किस भाँति आततायी से राज्य बचाऊँगा'?"

अर्जुन बोले,--"गुरुदेव ! आपने बहुत ठीक
उस समय बिचारा ; भला शत्रु का कौन ठीक !
ईर्ष्या या लिप्सा से दुर्दम रिपु चढ़ आते,
तो नए-नए मुनि-भूप आप क्या कर पाते ?"
आचार्य द्रोण बोले, --"पत्नी ने कहा--'भला !
यह--गाछे कटहल, ओंठे तेल--हुआ मसला !
पहले जाकर वह राजदान तो पाओ तुम ;
सब आ जाएगा, राजा तो हो जो तुम !!'
मैं बोला--'नहीं कृपी, तुम नहीं समझती हो ;
यों ही मन की शंका में व्यर्थ उलझती हो ;
वह राज ? राज तो, समझो अपने कर में है ;
जो दान द्रुपद-कर में है, अपने घर में है ;
मैं तो जो सोच रहा हूँ, वह है राजनीति ;

नृप आगे ही लखते हैं आगे की कुभीति।
इसलिए, अभी तो यही ठीक है कार्य, प्रिये !
पहले हो लूँ मैं धनुर्वेद-आचार्य, प्रिये !
बस, चलो, चलें अब परशुरामजी के आश्रम ;
भार्गव-रवि-कृपा बिना न कटेगा दुस्तर तम।
कट जायँ कष्ट मन के, पाकर गुरु की करुणा ;
गंगा से मिलकर पूर्ण पुनीत बने वरुणा !
मैं समर-शास्त्र-पारंगत हो, पा नवालोक,
निर्भय निस्संशय, राज कर सकूँ, विगतशोक।…'
पत्नी चुप रहीं, सही ही होगी बात, जान।
बस, तैयारी हो गई, हुआ नूतन प्रयाण।"

अर्जुन बोले--"तो आप अकेले गए वहाँ
या सपरिवार ?" बोले गुरु, "रखता उन्हें कहाँ ?
लाचारी थी ; अतएव पुत्र-दारा समेत
मैं चला विप्रवर के आश्रम को, अभिप्रेत।
द्विजवर के दर्शन से ही जी की कली खिली ;
पद-रज लेते ही मानो सारी सिद्धि मिली।
कर जोड़ कहा--'गुरुदेव ! शरण में हूँ आया,
मैं भरद्वाज-सुत द्रोण ; पुत्र यह, यह जाया।
दुर्दिन का मारा हूँ, विपन्न हूँ, शोचनीय ;
द्विज-सदय ! आपकी दयामात्र सम्बल मदीय।
है बड़ी लालसा, कुछ प्रसाद मैं भी पाऊँ ;
जग में सगर्व मैं शिष्य आपका कहलाऊँ ;
सम्पन्न मान के साथ जी सकूँ, गुरु बनकर ;
दर-दर न दिखाना दाँत पड़े फैलाना कर।'

"मेरी बातों से मुनि का हृदय उमड़ आया,
अविलम्ब स्नेहयुत पद-आश्रय मैंने पाया।
भार्या-सुत-सहित वहीं रहने का भी प्रबंध
हो गया ; कट गए अनायास दुख-दैन्य-बंध।
गुरु के प्रसाद से अल्पकाल में ही समस्त
शस्त्रास्त्रों में हो गया कुशल मैं सदभ्यस्त।
निर्माण व्यूह का और सैन्य का संचालन,

जय के उपाय, आरुढ-व्यूढ रिपुदल-भंजन ;
विधि भाँति-भाँति के आयुध विकट बनाने की,
अभिमंत्रित करके बाण अमोघ चलाने की,
अरि के चालित शस्त्रों को काट गिराने की,
गज-हय-रथ-सैन्य-पदाति सनीति बढ़ाने की:
द्विजराम-कृपा से सकल सामरिक शास्त्र-ज्ञान-
व्यवहार हो गया करामलक, कौतुक समान।
जब पूर्ण हो चुकी शिक्षा, हुई परीक्षा भी ;
जो कुछ दिखलाया, उसकी कठिन समीक्षा भी।
एकाग्रचित्तता, मनस्विता, कर का लाघव,
इनसे पाया मैंने गुरु के मुख से गौरव।
वरदान, पारितोषिक-स्वरूप आयुध अनेक
पाए मैंने--सब ही अमोघ, एक-से-एक।
आशिष पाई-'तू वेदाचार्य यथा विश्रुत,
आचार्य धनुर्विद्या का भी होगा अद्‌भुत ;
द्वापर पर अपने यशश्चरित की अमिट छाप
तू छोड़ जायगा वीर-कृत्य-कीर्तन-कलाप।'···
पुलकित पलकों से मैंने मुनि के पद पखार
ली विदा और चल पड़ा वहाँ से सपरिवार।
मन में उमंग, स्वप्निल तरंग, सब अंग-अंग
थे फड़क रहे ; उर में आशाओं के विहंग
थे चहक रहे ; अब नहीं भीति है भिक्षा की ;
बस, बनी रहे यह जड़ी सामरिक शिक्षा की !"

"गुरुदेव !" पार्थ बोले, "अब तो हम सबका भी
वह शुभ अवसर आने वाला है, जल्दी ही,
जब सफल परीक्षा में होकर हम गद्‌गद-मन
धोएँगे दृग से देव ! आपके पूज्य चरण !!
हम धनुर्वेदविद् स्नातक वीर कहाएँगे ;
आज्ञापित गुरुदक्षिणा प्रेम से लाएँगे !"

"दक्षिणा ?-- खैर ! पहले वह सुनो कहानी तो ;
देखो अपने गुरु की होनी, हैरानी तो !"--
आचार्य द्रोण के स्वर में कुछ गहराई थी ;

दिल में काँटे-सी कोई बात समाई थी।
वे कहने लगे, "उठा मन में तब यह विचार,
क्यों नहीं चलूँ पांचाल देश अब सपरिवार !
दरबार द्रुपद का देखूँ, होऊँ स्वयं धन्य !
कितने प्रसन्न होंगे वे भी, मेरे अनन्य !!
चलकर अब अपना आधा राज्य सँभालूँ मैं !
'ब्राह्मण दरिद्र' द्विज का यह दोष मिटा लूँ मैं !!
बस, चले शीघ्र हम तीनों, उर में भरे मोद ;
मन आसमान पर, बातों में करते विनोद।
पत्नी ने कहा, 'अजी, श्रीमन् राजाधिराज !
धीरे-धीरे पद-रथ बढ़ाइए महाराज !
अनुचर हम दोनों का भी तो कुछ रखें ध्यान ;
मैं तो अबला ही हूँ, यह भी शिशु ही, अयान !!'

"जी, साथ-साथ वे भी तो थे ! फिर दूरगमन !"
अर्जुन बोले, "आगे क्या हुआ, कहें, भगवन् !"
गुरु बोले, "डग भरते प्रसन्न इस विधि मग पर,
आ गया देश पांचाल ; दिख पड़ा राजनगर।
मैं बोल उठा--'रानी ! वह देखो, राजमहल
अभिनन्दन को है खड़ा, लिये गुम्बद के फल।
अम्बर से ऊपर उठा स्वर्ण-मणि-मुकुट-माथ,
स्वागत में, हिला रहा है ध्वजके हृष्ट हाथ !
गढ़ द्रुपदराज का गिरि पर चढ़कर बोल रहा !
मधु-मिलन-पर्व में भाव-विभव-निधि खोल रहा !
घण्टारव ? स्वागत-गान गा रहे हैं चारण !
अथवा, चिंघाड़ रहे तोरण पर के वारण !!
हो न हो, द्रुपद ने गुप्तचरों से जान लिया
आना मेरा ; स्वागत का है सामान किया !
अब कितना दूध पियेगा रे अश्वत्थामा !
बोलो, अब क्या लोगी अश्वत्थामा की मा !!'
सुनकर बेटा बिहँसा ; पत्नी का हृदानन्द
आँखों में गूँज उठा हौले, बन अश्रु-छन्द।
निश्छल छलके दोनों में हर्षित भरे आस,
मन में हुलास, पुलकों में मन का उपन्यास,

हम दम्पति सत्वर चले, किये सुत को आगे,
उमगे-उमगे--'सौभाग्य हमारे अब जागे !'···

"दरबार-द्वार पर प्रहरी-सैनिक झुका सीस
श्रद्धायुत बोले, 'वन्दे !', मैंने दी असीस।
वर विप्र जानकर सादर लिवा गए भीतर ;
मैंने समझा पूर्वादेशित है यह आदर !
दरबार लगा था ; सिंहासन पर द्रुपद दृप्त
प्यारे साथी को निरख, हो गए नयन तृप्त।
नृप ने भी देखा, पर हठात् मुँह फेर लिया ;
कुछ राजकाज ने उनको उस क्षण घेर लिया।
मैं पत्नी-पुत्र-समेत सभा में खड़ा रहा,
पर उनका ध्यान पड़े कागज पर गड़ा रहा !
यह अनवधानता गड़ने लगी हृदय में जब,
ध्यानाकर्षण के लिए कहा मैंने यों, तब--
'जय द्रुपदराज !'--आवाज सुनी, तो वे चौंके।
लेकिन वे तो थे यार बने अपनी गौं के।
इसलिए, देखकर भी, बिलकुल अनजान बने,
वे रहे देखते मुझे, नई पहचान बने।
धक्का-सा लगा, लगा व्याकुल होने अन्तर,
ये सब कुछ भूल गये ! बोला मैं साहस कर--
'पहचाना नहीं ?'--'नहीं तो !···याद नहीं आती।'--
सुनते ही, बस, जल उठी, तात, मेरी छाती।
फिर बोले--'को हैं आप ? कहाँ से आए हैं ?
क्या कहना है ? क्या पत्र किसी का लाए हैं ?'
मैं लगा सोचने,--अब क्या दूँ परिचय अपना !
हूँ जाग रहा या देख रहा भीषण सपना ?
यह द्रुपद चीन्ह भी नहीं रहे हैं मुझे आज,
लेकिन ये ही क्या थे, जब था गुरुकुल-समाज !
'भैया ! भैया !' करते रहते थे, सटे साथ ;
अब इतना बदल गए, होकर पांचालनाथ !
लख मुझे, जानकर, ये अजान बन रहे आज,
देना न कहीं पड़ जाय वचन का अर्धराज !!···
तो झूठे को घर तक पहुँचाकर मैं छोड़ूँ !

छोड़ूँ यह तट, पर पहले छल का घट फोड़ूं !
लूँ काम धैर्य से ; सम्भव है, बन जाय काज ;
या फिर, इनके ही घर में इनकी लुटे लाज !
अतएव, कहा मैंने--'मैं भारद्वाज, मित्र !
द्विज द्रोण, आपका सहपाठी ! -- कैसा विचित्र !
सब भूल गए ? हम तो बरसों तक साथ-साथ
हैं पढ़े !···भाग्य से आज आप हैं प्रजानाथ !···
सुस्मृत कीजिए, प्रतिश्रव जो था किया कभी ;
सौगन्ध-सहित जो वचन मुझे था दिया कभी।
अब गद्दी पर हैं आप, इसी से आया हूँ ;
सुत और आपकी भाभी को भी लाया हूँ !
क्या कहूँ, दिनों का ही कुछ ऐसा फेर रहा,
हरदम फेरे में रहा, घिरा अवडेर रहा।
युग का प्रभाव है: प्राज्ञ डोलते हैं छूँछे ! --
विद्वान, वेदविद्,-- पर छूँछे को को पूछें ?"
अर्जुन बोले--"सच कहा देव ! यह युग-प्रभाव
है क्षय करता जा रहा हमारा आर्य-भाव ;
ब्राह्मी विद्या का ह्रास, पाप-धी का विकास ;
मनु-कुल को खींच रहा मशान में, महानाश।
नय, नीति, शील, संस्कृति, सब कुछ का घोर पतन ;
कूएँ में ही पड़ गयी भाँग ; हो कौन जतन ?...
अच्छा, आगे क्या हुआ, देव, उस संसद् में ?"
गुरु बोले--"आपद् ही आती है आपद् में !···
मेरे भोले मन में तो था वह बाल्यकाल,
वह बचपन का साथी, जो अब था महीपाल।
मैं क्या जानूँ, पद का मद ऐसा होता है !
गद्दी पाते ही सारा शील डुबोता है !!
मेरा वह प्रीति-कथन भी लगा ढिठाई-सा !
निर्धन से राजा कैसे मिलता, भाई-सा !!
चेहरा चढ़ गया ; द्रुपद ने कहा रुखाई से,
'बाबाजी ! बाहर मिलिएगा गुरुभाई से !!
यह राजसभा है ; मर्यादा का ध्यान रहे !
अफसोस ! आप पढ़-लिखकर भी नादान रहे !!
कब, कहाँ, किस तरह, क्या कहना चाहिए, किन्हें,

यह दैनन्दिन व्यवहार-ज्ञान भी नहीं जिन्हें,
ऐसे शास्त्री-आचार्यों को क्या कहा जाय !
विद्या-रथ के चक्करवाले ये चक्रप्राय ! !···
अच्छा ! अब अपना अभिप्राय तो स्पष्ट करें ;
संक्षेप कहें ; मत समय हमारा नष्ट करें।
गुरुकुल के सहपाठी हैं, तो अब मतलब क्या ?
उस गुरुकुल से लेना-देना मुझको अब क्या ?
मेरा कोई भी मीत न थ न अमीत वहाँ ;
अब कैसे कहूँ, किसे, कब, क्या था कहा, कहाँ ?···
क्या कहा ? अरे ! फिर तो कहिए ! चाहिए राज ?
समझा क्या है, महराज !--सदावर्ती अनाज ?···
यह और बात है, अगर दान के लिए आप
आए हैं यहाँ दिखाने कवि-कौशल-कलाप,
तो मैं ऐसा अनुदार नहीं कि नहीं कुछ दूँ ;
कहिए तो थोड़ा चावल् लाने को बोलूँ।'

"यह द्रुपद अभी बोले ?--मैं तो बस था अवाक् ;
चेतना सन्न ; हाय रे ! दैव के दुर्विपाक।
यह राजमित्र के यहाँ मित्र का स्वागत है ?
हो सकता है--दुर्गत, नृप के शरणागत है !···
आ गया कलेजा मुँह को, कण्ठ बना कम्पन ;
गीली बानी बन गई दुखे मन का दरपन।
मैं फूट पड़ा, 'अच्छा यह दान दिया राजन् !
सहपाठी का अच्छा सम्मान किया राजन् !
अच्छी यह प्रीति निभाई, गुरुभाई राजन् !
पावस में कुटी जलाई वरदायी राजन् !
दारुण दरिद्रता-ग्रस्त, त्रस्त-पद मैं आया ;
क्या आशा थी राजन् ! क्या उपढौकन पाया !···
शुकलोचन होना भी है भूपति का लच्छन,
टल सकता है क्षत्रिय नर का भी दिया वचन,
मालूम न था ; यह नीति रह गई पढ़ने से !
अनजान रह गया मैं--आश्रम में बढ़ने से ! !
अपराध क्षमा हो देव ! बड़ी धृष्टता हुई !
अब ठीक मिल गई सीख ; बड़ी हृष्टता हुई ! !

अब आज्ञा मिले, चलूँ ; करना है अभी मनन
यह नया मन्त्र, जो मिला आपसे है, राजन् ! !···

"जलता था हृदय ; सभा-नभ से उल्का-समान
मैं चला बावला, जला ; जल रहा था जहान।
कर देता ज्वाला शान्त, कहीं वह नीर न था ;
जलता जहाज जा लगता, जग में तीर न था।
तम का अनन्त सब ओर ; कहाँ वह शांति-सेतु ?
परिवार-भार था पुच्छ औरं मैं धूमकेतु ! !

"भूखों जब मरने लगा बुभुक्षित स्वाभिमान,
पत्नी के कहे, किया मैंने कृप-गृह पयान।
फिर वह कन्दुक-कौतुक, तुम कुँवरों से परिचय,
यह राजाश्रय--सब ज्ञात तुम्हें प्रिय पृथा-तनय !
निश्चय ही, यहाँ मुझे पूरा सम्मान मिला ;
ऐसा सत्तम संस्थान और यह स्थान मिला ;
सुख मिला, दैन्य-दुख झिला, वत्स को दूध मिला ;
फिर भी, यह क्षय-अनुताप, हाय ! अनुशय न झिला ! !"

गुरु पुनः मौन हो रहे, भावना में विभोर।
चुप थे अर्जुन भी अपलकदृग, आर्य की ओर ;
आरक्तवदन ; कुंचितललाटभ्रू ; रक्तनेत्र ;
स्तम्भित दाढ़ों में दबा कोप का क्रान्ति-क्षेत्र ;
होंठों का कम्प चबाने का असफल प्रयास ;
भाथी समान धौंकते दाह के दीर्घ श्वास ;
लक्षण थे, भीतर था भारी तूफान उठा ;
ज्वालामुख झाँक रहा था, हिम-अपिधान उठा।
कुछ देर रहे अर्जुन बैठे चुप, वहीं, और
फिर छुए आर्य के चरण, चल दिये कहीं और।

द्वितीय सर्ग

बन्धन में पड़े खड़े थे सम्मुख द्रुपदराज,
गुरु आसन पर थे, अगल-बगल सेवक-समाज
पाण्डव पाँचों भाई, सुयोधनादिक कौरव,
वरवीर कर्ण, अन्यान्य कई नृप-कुल-संभव।
लज्जानत शीश ; पराजय-पूरित मनस्ताप ;
थे ग्लानिग्रस्त नृप द्रुपद, लगा ज्यों ब्रह्मशाप।
"बन्धन खोलो !"--आचार्य द्रोण ने हुक्म दिया।
खुल गए बन्ध राजा के, तब यों शुरू किया--
"आइए, बैठिए, महाराज ! वह आसन है ;
लकड़ी का है ; ब्राह्मण का यही सिंहासन है !
कुछ कष्ट-क्लेश तो नहीं हुआ मग में राजन् ?
सुख से लाए हैं तो मेरे प्रियताभाजन ?···
कहिए, चुप क्यों हैं ?···पहचाना क्या नहीं मुझे ?
देखा होगा, अबसे पहले भी कहीं, मुझे !···
कुछ याद नहीं आती ?···फिर याद दिलाऊँ क्या ?
गुरुकुल का भूला पाठ पुनः बतलाऊँ क्या ?
ऐसे तो आप कदापि नहीं थे आश्रम में !
क्या स्मृति ऐसी हो जाती है राज्यागम में ?
मैं वही द्रोण हूँ मित्र ! आपका बालसखा,
था जिसे आपने कभी आँख में बना रखा !
अब भले, फेर आँखें, सारा सौहार्द भूल,
मेरे फूलों के लिए आपने दिये शूल !
वे मधुर-मधुर स्मृतियाँ--जीवन का विमल हेम,
आश्रम का वह सहकार-कुंज, वह सुरभि-प्रेम !
निर्मोही ! अब वह सब कुछ आप भुला बैठे !
अभिषेक-बिन्दु में सब कुछ आप घुला बैठे !···
अचरज ही क्या !--आखिर क्षत्रिय की छाती है !
वह छाती, जो लोहू से प्यास बुझाती है !···

भिखमंगों के दुख पर क्षात्रेय क्यों आह भरे !
क्षत्रप कोई ब्राह्मण की क्यों परवाह करे !···
युग था कि याजकों की ही थी सब ओर धूम ;
हर ठौर मन्त्र का महोच्चार, मख-होम-धूम ;
भूसुर के पैर पकड़ने आते थे महीप ;
वर्चस्वी ब्राह्मण ही थे अवनी के प्रदीप।
अब, लोक, वेद, आचार, नीति, सब हो प्रतीप ;
याजक ही जाते हैं, यजमानों के समीप
याचक बनकर--'जय हो यजमान !' सुनाते हैं !
यजमान, बाद में, गर्वित शीश हिलाते हैं !!···
अचरज क्या, यदि ये स्वाभिमान से हीन, दीन
द्विज अर्धचन्द्र पाएँ--लोलुप, दक्षिणाधीन ?···
मेरा भी तो अपमान हुआ था, इसीलिए,
कि गया था मैं भिक्षुक बनकर, अरमान लिये !···
यदि निःस्व नहीं, होता मैं भी सम्पत्तिवान,
तो, निश्चय ही, मेरा भी होता पूर्ण मान।
तब, चिरपरिचित दो भृंग न जुड़कर उड़ जाते !
टकराते ही दो तीर न उलटे मुड़ जाते !!
तब, द्रुपदराज कागज पर नहीं गड़े रहते !
सिर के बल चल, सिंहासन छोड़, बढ़े रहते !!
तब, 'एक प्राण, दो देह' मित्र से मिले मित्र
परिचय पाने का स्वाँग नहीं रचते विचित्र,
तब, बरसों पर आए गुरुसुत-गुरुभाई को--
जो साथ लिए था बच्चे और लुगाई को--
राजा-भाई की राजसभा में खड़े-खड़े,
सहने पड़ते न विडम्बन के शर कड़े-कड़े !
तब, अर्धराज्य के दतवचन दानार्थी को--
द्विज, दैन्य-राहु से ग्रस्त, मित्र-शरणार्थी को--
भनसे से भात दिलाने की चलती न बात।
मर्मच्छेदी न किया जाता विश्वासघात।"

कहते-कहते गुरु द्रोण रुके सुस्ताने को,
आवेशजात अन्तर की थकन मिटाने को।
नृप द्रुपद मौन, अन्तर्मुख थे ; मस्तक नत था ;

अपनी गति पर पहले से ही मन आहत था ;
अब द्रोण-वचन सुन और हुआ घायल अन्तर ;
कर लगे माँजने। पुनः लगे कहने गुरुवर--
"पर इसमें किसका दोष ?--आप अपना अदृष्ट !
जब अपना ही विधि-लिपि-ललाट इतना निकृष्ट,
तब अघट दैन्य-दारिद्रय और तज्जन्य भोग--
कैसे कह दूँ--थे किसी व्यक्ति के दिये रोग ?···
पर यह कैसे सह सकता था मेरा अन्तर ?--
मेरा प्यारा साथी, मेरे जीवन का वर,
वह भी मुझसे छिन जाय ! हाय ! वह एकमात्र
मेरे पथ का सम्बल, अभिन्नमन भिन्नगात्र !!...
कटु कुटिल राजनय ने भय से करके कुचक्र
मद-लोभ आदि से बना दिया बुद्धि को वक्र।
मेरे सीधे-सादे साथी अब सरल न थे ;
निश्छल मन के, पहले-जैसे अब तरल न थे।
गुरुकुल के खुले अखाड़े में लड़नेवाले
अब दाँव सोचते थे, बाहर परदा डाले !
अब मन्त्र नहीं, मन्त्रणा भवन में चलती थी ;
यज्ञाग्नि नहीं, मन-वन में ईर्ष्या जलती थी !
स्वाध्याय वेद का कौन करे दर्भासन पर ?
षड्यन्त्र पढ़े जाते थे, बैठ सिंहासन पर !
अब सामगान की जगह साम का था अलाप !
दम से मतलब क्या, जहाँ दाम के थे कलाप ?
अब यती-दण्ड की जगह दण्ड का था प्रयोग !
सिद्धान्त-भेद की जगह भेद का महोद्योग !!
इतने-इतने सूत्रों का होकर सूत्रधार
कैसे न बदल जाए, कोई भी निर्विकार ?
गद्दी की गर्मी सह लेना आसान नहीं,
आदमी आदमी है, कोई भगवान नहीं !"

चेले चुप थे। गम्भीर शान्त वह सभा-भवन
था गुँजा रहा, बस, एकमात्र गुरु का प्रवचन।
दिन का था फेर ; गई बाजी ; लाचारी थी ;
इस बार द्रुपद की नहीं, द्रोण की बारी थी।

व्राह्मण का था दरबार ; द्रुपद अभियुक्त बने
थे आज हृदय पर झेल रहे आघात घने।
अत्यन्त तिरस्कृत व्यंग्य बन रहा था विष-शर ;
थी घनीभूत होती जाती पीड़ा भीतर।
सहसा उठ खड़े हुए आसन से द्रुपदराज ;
आनन पर अंकित लेख लगा पढ़ने समाज।
जलधर-सा उनका मन्द्र कण्ठ गृह-शून्य भेद
सुन पड़ा--"ओह ! दुस्सह है द्विज ! यह मर्म-भेद !
बन्दी करके मैं लाया गया, दोषयुत हूँ,
तो न्याय करें ; मैं दण्ड के लिए प्रस्तुत हूँ।
डर नहीं दण्ड से मुझे, किन्तु ये व्यंग्य-वचन !--
राजा के कान नहीं इनके आदी, ब्राह्मण !
दण्डित ही करना है, तो दें कुछ और दण्ड ;
यह वाणी तो सूली-दुख से भी है प्रचण्ड !
मैं शक्ति-उपासक हूँ, सह सकता शक्ति-बाण,
पर यह न सह्य ; अच्छा हो, हर लें अभी प्राण !
विपरीत नियति ने छोड़ा क्या, सब चाट चुकी !
कैंची जो चलती रही, कलेजा काट चुकी !
गढ़, दुर्ग, द्वार, पुर, देश--क्या नहीं हुआ नष्ट ?
अब शेष दाह यह व्यंग्य !--सह रहा, मार मष्ट।
मैं क्षत्रबन्धु हूँ, ठीक ; इसी से कुटिलबुद्धि--
पर, विप्रबन्धु ! क्या यही विप्रकृत आत्मशुद्धि ?
राजा होकर मैंने जो लघु-सत्कार किया ;
द्विजराज ! आपने सौगुन प्रत्युपहार दिया !···
अब ऐसा अनुभव जीवन में न मिलेगा, द्विज !
ऐसा सुख-उत्पल जीवन में न खिलेगा, द्विज !
यह वज्र-कील प्रिय का स्मारक न हिलेगा, द्विज !
आभार-भार यह झेले अब न झिलेगा, द्विज !
इतना कर चुके भला तो इतना और करें,
यह ऋण न रहे, यह सिर भी लें, इस ठौर धरें !"···
शोणित के आँसू भरे, भरे पांचालनाथ
घुटने दे बैठ गए, आगे को झुका माथ।
थरथरी-भरा प्रत्यंग, अंग लघु चलदल था ;
द्विज-चन्द्रहास के लिए गात्र मानो फल था !

धनु-मध्य पीठ, धनु-कोटि जानु औ' मस्तक थे
मौर्वी आँसू अविरल, दृग से घुटनों तक थे !
अब ऐसे धनु पर बाण चढ़ावे क्या कोई ?
पछतावे पर अब आँख दिखावे क्या कोई ?
कातरमन द्रोणाचार्य हुए, जी भर आया ;
अनुताप-ताप था उधर, इधर सिहरी काया !--
भूसुर जो थे !--भूपति का सिर लें तो कैसे ?
शंकर भी नहीं !--नृपति का सिर लें तो कैसे ?
वह तो उर का था ताप, कभी जो कम न हुआ !
जीवन का व्याकुल शाप, कभी जो शम न हुआ !
मन का उखड़ा विश्वास, कभी जो भ्रम न हुआ !
ममता का आहत दाप, कभी जो दम न हुआ !--
लेकिन द्विज ही तो थे, क्षमास्त्र धरनेवाले !
भूखों रहकर खुद भूखों पर मरनेवाले !
अतएव, बली बैरी जब आगे आनत था ;
मर्दित विक्रम निर्मद होकर शरणागत था ;
कैसे न द्रवित होती दयालु द्विज की छाती ?
कैसे न दाह की भू पर घन-करुणा छाती ?
आसन से उठ गुरु द्रोण चले, नृप तक आए--
रोमांच देह में, आँखों में जलकण छाए--
झट उन्हें उठा छाती से लगा लिया विह्वल ;
चल पड़ी धार दोनों की आँखों से अविरल।
बाष्पाकुल कण्ठ, भरा अन्तर ; कैसे बोलें ?
बरसों का भाव रुका, सहसा कैसे खोलें ?
बोले गुरु दोण--"क्षमा कर दो अपराध, सखे !
ब्राह्मण होकर हो गया आज मैं व्याध सखे !"···
फिर ले जाकर राजा को अपने आसन पर
बिठलाया अपने साथ ; लगे कहने गुरुवर--
"अपराधी हूँ मैं मित्र ! नहीं इसमें संशय
पर, हेतु नहीं इसमें था, मित्र, निरा अनुशय।
प्रतिशोध के लिए नहीं, प्रीति लौटाने को--
सच कहता हूँ--मैंने निज खोया पाने को
शिष्यों का यह आयेजन होने दिया सखे !
गुरु का कलंक शिष्यों को धोने दिया सखे !···

वाग्दत्त राज्य की नहीं, हानि मैत्री की थी,
जीवन के प्रति विश्वास और द्विज-श्री की थी।
खो गया जुगोया था मेरा जो सुहृद्-रत्न,
समुचित ही था, उसके अन्वेषण का प्रयत्न !
गद्दी पाते ही, मित्र, तुम्हारा मन बदला !
बोली बदली, बदला व्यवहार, बचन बदला !
दिनचर्या बदल गई, जीवन-दर्शन बदला !
चर्बी छा गई नयन में और नयन बदला !
सब बदले ; एक तुम्हारा द्रोण नहीं बदला !
मन यद्यपि हरदम कहता था--'बदला ! बदला !'
मेरे भूले, भोले, प्यारे राजा भाई !
आँधी के बाद मिलन की यह बेला आई !!
अब जो कुछ हुआ, हुआ ; भूलो ; सब माफ करो ;
भूलो भाई की भूल, मित्र, दिल साफ करो।
पांचालराज ! वह राज्य तुम्हारा है प्यारे !
द्विज की दक्षिणा ?--हृदय से अब न करो न्यारे !
मेरा बदला हो चुका मित्र !--तुम बदला दो ;
गुरुभाई की वह प्रीति, प्रेम वह पहला दो !"

उर में हिलोर, मन फेन-फेन, वाणी बुद्बुद,
उद्वेलित सागर द्रुपद ; द्रोण अम्बुद महिमुद्।

उद्गार द्रोण के सुन पांचाल-नृपति बोले--
"हो क्षमा, बन्धु ! क्षत्रिय कैसे द्विज का पद ले ?
लूँ दान, विप्र से, मैं !--कल लोक कहेगा क्या ?
मंगन बनकर क्षत्रप का श्लोक रहेगा क्या ?
ना, यह न शक्य मुझसे, गुरुभाई, धन्यवाद !
अपने ही पास रखो अपना ब्राह्मण-प्रसाद।
मेरा इन भुजदण्डों में है विश्वास मित्र !
बस, रहे पास तूणीर और इष्वास, मित्र !
मैं पुनः पराक्रम से राज्यासन पाऊँगा,
या, कहीं वीर क्षत्रिय की गति पा जाऊँगा !"

गुरु बोले-"बन्धु, दया का दान नहीं है यह !

राजस्व-दान है--द्विज की शान नहीं है यह !
भूपति का आदर है--अपमान नहीं है यह !
मन का धाना है--दानादान नहीं है यह !!
व्राह्मण के सिर पर डाल, भले, यह राज-बला,
क्यों नहीं छुड़ाना चाहो अपना फँसा गला !
द्विज-प्रतिपालक ! अच्छी यह चाल निकाली है !
पर मैंने भी इसकी कुंजी अब पा ली है !!
अब ऐसा भोला नहीं रहा व्राह्मण, राजन् !
व्राह्मण भी अब रखते हैं थोड़ा क्षत्रियपन !!
अब जाओ, देखो राज-काज अपना, नरेश !
पूरे हैं व्राह्मण के अपने ही तपःक्लेश !!"

कर पकड़ द्रोण का द्रुपद लगे तब यों कहने--
"क्या इच्छा है ?--लज्जा न लेश दोगे रहने ?
इतना तो करना ही होगा मेरा कहना--
यह भार तुम्हें भी साथ-साथ होगा सहना।
सब नहीं सही, आधा तो राज सँभालो, प्रिय !
संकल्प पुरे, मेरी भी बात निभा लो प्रिय !"

"अच्छा भाई, लो, एवमस्तु। अब तो खुश हो !
चिर जयी रहो ! जन के मन में प्रिय बने रहो !!"

तृतीय सर्ग

दस दिन तरुणतर युद्ध कर कुरुवृद्धवर
जब सेज बाणों की बिछाकर सो गए,
दिक्-दिक् सजलदृग शोक की छाई घटा ;
"दादा गिरे !"--कौरव हतप्रभ हो गये।

व्याकुल सुयोधन पास द्रोणाचार्य के
उपगत हुआ, कहने लगा--"आचार्यवर !
अब आप पर ही हैं सभी आँखें लगी,
सन्तोष दें, सेनानयन स्वीकार कर।"

"जय हो ! विजय हो ! वत्स !" गुरुवर ने कहा--
"तुमने यथोचित ही किया प्रस्ताव है ;
स्वीकार है पदभार यह मुझको, दयित !
बोलो, तुम्हारा और क्या अब चाव है ?"

तत्काल, सेनाध्यक्ष-पद-सूचक तिलक
अति भव्य एक किरीट उनके शीश पर
धरकर उतारी आरती कुल-विप्र ने ;
जय-ध्वनि हुई, गूँजा दिशों में शंख-स्वर।

बोला सुयोधन--"देव, यदि अनुकूल हैं,
तो यह अनुग्रह दास पर दरसाइए--
कल आपका नेतृत्व है--रणभूमि से
जीवित युधिष्ठिर को पकड़कर लाइए।"

आचार्य बोले--"मैं प्रतिज्ञावद्ध हूँ,
मेरी यही चेष्टा रहेगी कल, कुँअर !
जीवित पकड़कर धर्मसुत को बाँध लूँ ;
दिखती मुझे है एक गुरुवाधा, मगर--

"जब तक रहेगा साथ अर्जुन छाँव-सा,
सम्भव नहीं, कोई उन्हें छू भी सके ;
कोई पहुँच भी जाय उनके पास, तो
है कौन, जो बच पार्थ-शर से जी सके ?

"हाँ एक विधि है : कल सुभट कौन्तेय को
ले जाय कोई दूर यदि ललकारकर,
तो तनिक भी संशय नहीं इसमें कि मैं
कल बाँध लाऊँगा युधिष्ठिर को, कुँअर !

"अतएव, तुम जाकर अभी कल के लिए
लो ठीक कर सब जन-नियोजन-योजना ;
दुर्भेद्य शकटाकृति हमारा व्यूह हो ;
रिपु-व्यूह को कल रक्त में देखूँ सना।"

गुरु को नमन करके सुयोधन चल दिया ;
अब रह गए गुरु और शून्य निवेश वह ;
गुरु-शिविर शून्य वितान ऊपर से घिरा ;
नीचे, हृदय का भावनाकुल देश वह।

तपने लगा उर द्रोण का, आहें उठीं,
तूफान का सामान-सा होने लगा,
मन में लहर लेते लगे उठने भँवर,
तट बुद्धि का तम-भाव में खोने लगा--

"मैं आज सेनाध्यक्ष द्रोणाचार्य हूँ !
वीरत्व का सबसे बड़ा स्पृहणीय पद,
वन भव्य दृप्त किरीट मेरे भाल पर
मुसका रहा है, व्योम में ज्यों शशि-शरद !

"मैं आज सेनाध्यक्ष द्रोणाचार्य हूँ !
कल प्रात, मैं जब शंख फूँकूँगा प्रथम,
प्रारम्भ होगा एक नूतन पर्व का !
रण-मंच पर होगा नया दारुण अहम् !

"मैं आज सेनाध्यक्ष द्रोणाचार्य हूँ !
संहार-लीला के विकटतम दृश्य अब
अभिनीत होंगे युद्ध के कुरु-मंच पर--
मेरे रचे-बिरचे चलेंगे चक्र जब !···

"हाँ, चक्र ही तो ! चक्र ही तो है जगत् !
यह चक्र ही तो है कि जो चलता रहा !
दुर्भाग्य बन, चढ़ शीश पर कुरु-वंश के
वन-वंश में दावाग्नि-सा जलता रहा !

"यह चक्र ही तो है--नियति का चक्र है !--
दुर्विधि बना जो था कभी मुझ पर चढ़ा !
दुर्विधि बना जो आज भी आरूढ़ है !--
घूर्णितपरिधि में विवश भारत-भर पड़ा !

"यह चक्र ही तो है, कुटिल प्रारब्ध का,
जो कल मुझे अपने हृदय के हर्ष को
करना पड़ेगा भिन्न, शर या चाल से--
उस मूर्त मेरे ही सफल उत्कर्ष को !

"--प्रच्छन्न मन, कल युद्ध के मैदान में,
प्रत्यक्ष पौरुष का बचाकर सामना,
चेष्टा करेगा, धर्मसुत बन्दी बनें !-
कारण ?--सुयोधन की यही है कामना !

"हाँ, कामना यह है उसी युवराज की--
जिसके यहाँ का अन्न मेरा मन बना ;
जिसकी दया मुझको शरण का गेह है ;
जिसके यहाँ आश्रित, विकृत जीवन बना !

"आदर मिला जिसके गुणज्ञ स्वभाव से ;
जिसकी दया से सौख्यमय संश्रय मिला ;
धरती मिली ; वर वस्त्र भार्या को मिले ;
व्राह्मण अकिंचन के सुवन को पय मिला !

"पय ही नहीं पाया, मिटी पै भी सहज ;
पाकर जिसे ; मैं दीन क्या से क्या हुआ--
गुरु से प्रगुरु, प्राचार्य, सेनाध्यक्ष अब ;
मैं द्रोण भारत का समर-नेता हुआ !

"यह कामना मेरे लिए आदेश है !--
आदेश स्वामी का--नमक जिसका रमा
प्रति रोम में है, ऋण बना आभार का !--
है पालती आई मुझे जिसकी क्षमा !

"यह धर्म है कि अधर्म--तर्क-वितर्क यह
द्विज का भले हो धर्म, आश्रित का नहीं ;
क्या आज मैं होता यहाँ, इस वेश में ?--
होती यही यदि चिरचरित चिन्ता कहीं !

"कर्तव्य कहता है कि मैं जब तक जिऊँ,
अपने दयामय अन्नदाता का नमक
प्रति रोम से करता रहूँ चुकता सदा--
है आज मेरी देह पर जिसकी दमक !

"पर पार्थ ?-- क्या उससे सही उत्थान से,
जी-जान से, लड़ भी सकूँगा मैं कभी ?
औरस्य से बढ़कर जिसे जाना किया,
उसकी तरफ बढ़ भी सकूँगा मैं कभी ?

"वह कौन-सी बाधा भला मेरे लिए--
अपना सकल कल-बल लड़ा दूँ मैं अगर ?
कल धर्मसुत को बाँधने की बात है ;
अर्जुनन सकेगा क्या भला प्रतिरोध कर ?

"पर कुँअर को मैंने कहा--डर है मुझे
बस एक अर्जुन का ; असम्भव बात है,
रहते हुए उसके, पकड़ना धर्म को--
यह पक्ष का स्वर है कि पक्षाघात है ?

"मैं इस हृदय की अबलता को क्या करूँ ?
मैं मोह की इस सबलता को क्या करूँ ?
कर्तव्य पर विजयी हृदय का प्रेम है !
मैं पार्थ की इस प्रबलता को क्या करूँ ?

"लड़ना पड़ेगा ही, मगर इस प्रेम से,
लोहा बजाना ही पड़ेगा क्षेत्र में ;
आँखें जुड़ाने के लिए कुरु-वंश की,
असि भोंकनी होगी मुझे, निज नेत्र में !

"दस दिन गए ; श्री भीष्म के नेतृत्व में
लड़ता रहा, लेकिन बचाकर मोरचा ;
मैं चाहता, तो भीष्म क्या गिरते कभी ?--
लड़ता रहा, प्रिय से परन्तु बचा-बचा !

"प्रिय से--उसी प्रिय पार्थ--अपने प्राण से--
अब सामना करना पड़ेगा ही मुझे !
दायित्व जब स्वीकार मैंने कर लिया,
तब पार्थ से लड़ना पड़ेगा ही मुझे !!

"हाँ, पार्थ से--उस पार्थ से--जो प्रेष्ठ है,
जो है नयन मेरा, हृदय का स्पन्द है ;
जिसका चरित मेरे श्रवण का गीत है ;
जिसका मिलन मन-प्राण का आनन्द है !

"जिसको पढ़ाया प्रेम के प्लुत भाव से,
जिसकी विजय मेरे हृदय का चाव है ;
बेजोड़ जिसकी बुद्धि मेरा गर्व है !
बेजोड़ जिसमें भक्ति-श्रद्धाभाव है !

"बेजोड़ करने को जिसे संसार में
बेदर्द भी बनना पड़ा, मैं बन गया ;
उस निरपराध निषाद से गुरुदक्षिणा
लेते हुए आई नहीं मन में दया !

"लड़ना पड़ेगा अब उसी कौन्तेय से,
कौन्तेय, जो मेरा दुलारा शिष्य है,
जिसको सदा समझा किया, औरस्यवत्
यह शिष्य मेरा ही प्रसिद्ध भविष्य है !

"जिसने मुझे निज शौर्य से जग में रखा
यह मुँह दिखाने योग्य--मद को नाधकर,
विश्वासघाती के किये अपमान का
बदला चुका, राजा द्रुपद को बाँधकर !

"उसने सधाया वैर गुरु का, ऋण समझ ;
मुझसे उऋण वह तो उसी दिन हो गया !
मैंने मगर इसका दिया प्रतिदान क्या ?--
देखा किया अन्याय, निर्घृण हो गया !···

"वह वारणावत-काण्ड, लाक्षागृह-दहन,
पाण्डव-हनन का अधमतम अभिचार वह !
वह शकुनि-कारित अक्ष-क्रीड़ा-कुटिलता ;
स्वत्वाहरण का नीचतम अविचार वह !

"फिर, वह कलंक मनुष्यता का, भूमि का,
इतिहास और समाज की वह लांछना !
थप्पड़ हमारी सभ्यता के गाल पर !
अंगार, जो बढ़कर प्रलय-पावक बना !--

"उस एकवसना ऋतुमती के केश धर--
कौरव-सभा में खींचते लाना हरे !
दुर्मद दुशासन के करों से द्रौपदी
कुल की सती की लाज लुटवाना हरे !--

"यह सब हुआ ; मैं देखकर भी चुप रहा,
पत्थर नहीं क्यों हो गए मेरे नयन ?
स्यात् इसलिए कि भविष्य में था देखना--
कुरुभूमि में भू के कलुष-कुल का शयन !

"यह कलुष-कुल !--सरदार जिसमें अन्ध है !
दुर्योधनादि अनिष्ट के अवतार हैं,
जिनकी सभा में विदुर के उपदेश पर
हँसते पिशुनमति शकुनि के व्याहार हैं !

"यह कुल कलुष की ही उपज करता रहा ;
उगते रहे पौधे यहाँ अपचार के,
अविचार के, अतिचार के, व्यभिचार के ;
अब जो बने खलिहान हैं, संहार के !

"यह पाप की खेती ! कलुष की यह फसल !
पापान्न यह पचता भला किस पेट में ?
भू पर अजय, अवतार वसु के, भीष्म भी
बेधे गए, हरि-वृद्ध ज्यों आखेट में !

"बेधा मुझे भी जायगा, मालूम है ;
मालूम है अपना मुझे परिणाम भी !
पापान्न मेरे भी उदर में है पड़ा ;
मालूम है, आना पड़ेगा काम भी !

"परवाह, क्या ?--आवे, भले आवे सुगति ;
हो जाय प्रायश्चित्त--मरकर ही सही !
द्रोही सुहृद् मेरे द्रुपद का लेख भी
पुर जाय, मेरे रक्त से करके सही !'''

"पर, सोच होता है कि इस संग्राम में
मैं पापधर का पक्ष धर हूँ लड़ रहा ;
डर है कि मेरे सिर चढ़ा युग-पाप यह
हर ले कहीं द्विज-शील भी न रहा-सहा !

"प्रत्यक्ष धर्म-समान धर्मकुमार को
बन्दी बनाने पर जभी सहमत हुआ--
इससे बड़ा अब क्या अधर्म-विचार है ?--
द्विज-शील तो मेरा उसी क्षण क्षत हुआ !

"मैं भी परन्तु विचित्र वेदी वीर हूँ !--
लड़ने चला हूँ, और चिन्ता धर्म की ?
रण में जुटा, तब धर्म और अधर्म क्या ?
व्याख्या यही तो देखता हूँ, कर्म की !

"गीता कही जिसने, यही माना सही ;
अपनी प्रतिज्ञा आप रण में भंग की ;
सीखा उसी से पार्थ ने भी युद्ध-नय ;
कर हीजड़े को ढाल, कैसी जंग की !

"पर विप्र के संस्कार को मैं क्या करूँ !
इस युद्ध में भी हो रहे बलवान हैं !
इस युद्ध में भी धर्म का भय है मुझे ;
इस पाप में भी शीश पर भगवान हैं !

"गुरुदेव हूँ ! हूँगा ; यहाँ तो शत्रु हूँ !
यह सामना गुरु का नहीं है शिष्य से ;
अब कर नहीं, शर ही छुएँगे पैर, शिर ;
गुरु-शिष्य भेंटेंगे मगर अस्पृश्य-से !

"कैसा विडम्बन है, नियति का खेल यह !
ये दिन बुढ़ापे में बदे थे देखने !
गुरु-बाप बेटे पर चलावे विप-विशिख !
यह क्या दिखाया दुष्ट विधि के लेख ने !!

"रण से विरत होऊँ अगर, तो लोक में
कायर कलंकी द्रोण कहलाता रहूँ ;
मरकर नरक पाऊँ, लहकते कुण्ड में
जलता रहूँ, चिरयातना पाता रहूँ !

"कैसे बचूँ, कब तक सकूँगा बच, भला ?
कैसे बचाऊँ पार्थ को भी पाप से ?
रणधर्म वीरों का निभेगा किस तरह ?--
जब सामने बेटा लड़ेगा बाप से !"

भर-रात गुरु-उर की चिता जलती रही,
भर-रात आहों का धुआँ उठता रहा ;
जगता मशान बना रहा गुरु का शिविर,
मन ही शवासन पर जहाँ लुठता रहा !!

चतुर्थ सर्ग

अब ग्यारहवाँ दिन शुरू हुआ भारत का--
पौ फटी और आरक्तनेत्र प्राची ने
देखा सशंकमन कुरुक्षेत्र का आनन--
रेखाएँ तनीं, बनीं खूनी सेनाएँ !

आचार्य द्रोण कौरव-दल-सेनापति थे ;
वामस्थ वीर कृप, कृतवर्मा, दुःशासन ;
जयद्रथ, कलिंगनृप, धार्तराष्ट्र कुछ दहिने ;
मद्रेश, कर्ण, दुर्योधन अग्रेसर थे।

लख शकट-व्यूह गुरु का कृतान्त-सुत ने भी
रच क्रौंच-व्यूह आगे रक्खा अर्जुन को ;
हो गए यथास्थित भीम आदि पाण्डव-भट--
छिड़ गया युद्ध ; नर लगे लुढ़कने भू पर।

धनुघटाटोप चतुरंग चक्र-रचना थी,
आसार-धार था दान, बाण संपातन ;
घनगर्जित बृंहित, सिंहनाद वीरों का ;
विद्युत् सेनापति द्रोण उभय सेना में !

लोहू के प्यासे और मांस के भूखे
हुतभुक् ने भूँज भखा था खाण्डव-वन को ;
बढ़ लपक-लपक ललकार लड़ाकों के दल,
पाण्डव-अनीक गुरु लगे भूँजने, तैसे।

धरना था आज युधिष्ठिर को जीते-जी,
रिपु-चमू चीर आचार्य चले अप्रतिहत ;
अरि-कटक काट, कटनी करते विग्रह की,
खलिहान पाटते कुरुक्षेत्र में शव के।

द्रोणावरोध को द्रौपदेय पाँचों भट,
सात्यकि, विराट, अभिमन्यु, द्रुपद बढ़ आए,
मारुत-सुत भीम बली के आघातों ने
दल-मल कौरव-दल के बादल बिखराए।

यह देख भिड़े कौरव-पक्षी भी आकर--
कृप, दुर्योधन, कृतवर्मा, शल्य, जयद्रथ,
भगदत्त, कर्ण, भूरिश्रव--महारथी सब--
पाण्डव-दल के अपने-अपने प्रतिभट से।

प्रतिरोध-प्राप्त आचार्य कालभैरव-से
भीषण संहार लगे करने रिपु-दल में ;
सहदेव, शिखण्डी, नकुल और सात्यकि के
छलनी कर डाले अंग, तीक्ष्ण बाणों से !

बिंध गए मत्स्यपति, और युगन्धर नृप तो
एक ही चोट में लोट गए धरती पर !
जुट आए तब केकयपति पाँचों भाई,
राजा विराट, शिवि, द्रुपद, द्रोण के मग में।

छँट गए सभी, रवि-कर से कुहा फटे ज्यों,
तब व्याघ्रदत्त-युत शूरसेन आ धमके।
मारे सहस्र शर क्रुद्ध द्रोण ने, हनके ;
पंचत्व-प्राप्त हो गए महीपति दोनों।

अर्जुन उलझे थे दूर, यहाँ से हटकर,
संसप्तक और त्रिगर्तों की सेना से ;
गुरु दे देखा, अच्छा अवसर आया है ! --
पाण्डव-दल पर बाणों की झड़ी लगा दी।

छँट गए पक्ष कटकर तट पर जल-मल ज्यों ;
अब थे समक्ष बस धर्मराज तुमुलाकुल।
झट काट कठिन कोदण्ड-बाण-सारथि-रथ,
चल पड़े द्रोण, धरने ध्रुव धर्म-रथी को।

पर, सहसा, रथ पर पवन-वेग से बढ़ते,
घर्षण करते पथ के रिपु-रोध हठीले,
आ पहुँचे, ठीक समय पर वीर धनंजय--
दैवी सहाय ज्यों, भैया के संकट में।

आते ही मध्यम पाण्डव ने बाणों का
रच दिया जाल आचार्य द्रोण के ऊपर।
डग भर भी आगे बढ़ना अब मुश्किल था,
गुरु ने सोचा--"यह पाप-पक्ष का फल है...

"मैं कहाँ चला था धर्मराज को धरने,
अब--यहाँ पड़े प्राणों के भी लाले हैं !
निष्फल प्रयास ; अब चलूँ शिविर को अपने !"
--इतने में साँझ हुई ; रुक गई लड़ाई।

हो गई योजना निष्फल दुर्योधन की,
बैठा था वह शिविरस्थ खिन्न, गुम-सुम-सा।
बोले गुरु--"आखिर वही हुआ, जो डर था ;
आ गया पार्थ, हो गया व्यर्थ श्रम सारा।

"मैं तो कहता हूँ, मैं तो क्या, शंकर भी
यदि स्वयं सामने आ जाएँ संगर में,
तो सम्भव नहीं युधिष्ठिर को धर लेना--
अर्जुन जब तक उनके उपकण्ठ रहेगा।"

बोले त्रिगर्तपति दुर्योधन से--"राजन् !
मैं आज शपथपूर्वक घोषित करता हूँ ;
कल या तो अर्जुन खेत रहेगा, या फिर
मैं ही त्रिगर्त-कुल-सहित खेत आऊँगा।"

बारहवाँ दिन। प्रारम्भ युद्ध होते ही
राजा त्रिगर्त ने अर्जुन को ललकारा।
कर नियत सत्यजित् को भैया का रक्षक,
चल पड़े पार्थ, भूँजने त्रिगर्तों के दल।

छलिया त्रिगर्त-दल दूर-दूर दक्षिणदिग्
ले गया पार्थ को, युद्ध-भुलावा देकर ;
इस ओर द्रोण ने गारुड व्यूह बनाया--
ध्रुव आज बद्ध हों धर्मराज बन्धन में।

यह देख द्रुपद-सुत धृष्टद्युम्न सेनप ने
पाण्डव-दल की चन्द्रार्द्ध-व्यूह रचना की।
हँस उठी रक्त-हवि से नृमेध की ज्वाला,
आचार्य द्रोण उद्दीप्त, हृष्ट हुतभुक् थे !

गिरि-गर्व खर्व करता अकुण्ठ पवि जैसे--
करता प्रवेश पाताल, चीर प्रस्तर-स्तर,
निज लक्ष्य किये ध्रुव धर्मराज को, रक्षित,
गुरु द्रोण लगे धँसने पाण्डव-ध्वजिनी में।

वरवीर सत्यजित्--द्रुपदराज-सेनानी--
अड़ गए, अकट चट्टान बने गुरु-पथ में ;
दुर्भेद्य रसातल का यह शिलावरण था ;
पवि के भी दाँत लगे होने कुछ खट्टे !

जब सब प्रयत्न थक गए, नहीं बढ़ पाए,
तब अर्द्धचन्द्र-शर से प्रचण्ड ब्राह्मण ने,
सिर काट, सत्यजित् को लुण्ठित कर डाला।
अब शेष रह गए भीम उग्र गुरु-बाधा।

सुन भीम-गर्जना पुनः पलट जुट आए,
भट धृष्टद्युम्न आदिक सहाय पाण्डव के।
झट कर्ण-सुयोधन भी जुट गए वहीं पर,
हट गए युधिष्ठिर, विकट युद्ध-संकट से।

घमसान मचा था, तब तक श्री अर्जुन भी
संसप्तकगण को जीत लौट आए थे।
नव प्रलय देख अब टूट गया जी अरि का--
संध्या हो आई ; शान्त हो गया संयुग।

यह तेरहवाँ दिन था युयुत्सु भारत का।
गुरु के समीप तड़के ही गया सुयोधन ;
बोला--"गुरुवर ! यदि यही रहा रण-क्रम तो,
जय की आशा क्या करूँ, हार निश्चित है !

"ममता जो पाल रही पाँचों पाण्डव को,
है वही काल बन रही पक्ष का मेरे ;
प्रतिपाल ! परे इस पक्षपात से होकर,
कम-से-कम, निज प्रण की तो लाज निभा लें !"

"दुर्योधन ! बहकी-बहकी बातें करते"--
गुरु बोले--"लाज नहीं आती है तुमको ?
मैंने अपने भरसक क्या कोर-कसर की ?
क्या उठा रखा, कल के घनघोर समर में ?

"पर श्लथ हो जाते हैं मेरे बूढ़े कर,
जब तरुणतेज अर्जुन सम्मुख होता है।
क्या करूँ प्रबल इस दुर्बलता को अपनी ?
कैसे वश में कर लूँ यह सहज विवशता ?

"तुम भी तो साथ रहे ही थे, कल रण में ;
देखा ही होगा मेरा प्रलय मचाना।
पर विवश कर दिया मुझे पार्थ-विक्रम ने ;
कैसे अजेयता उसकी हार बना दूँ ?

"राधेय--तुम्हारा प्यारा वीर धनुर्धर--
वह भी तो वहीं डटा था, उसी मुहिम पर !
क्या हुआ ? कौन-सा शेर मार लाया वह ?
मैं अगर पक्षपाती, झूठा, कायर हूँ !

"मैं तो कहता हूँ--अगर आज भी अर्जुन
आ सके न मेरे आगे, दिन-डूबे तक ;
तो ऐसा व्यूह रचाऊँ आज कि निश्चय
मारा जाए पाण्डव का एक महारथ।"

बस, तदनुसार योजना हुई। संसप्तक
ललकार ले गए दूर, दूर, अर्जुन को ;
इस ओर, द्रोण ने चक्रव्यूह-रचना कर--
ललकारा रण के लिए शत्रु-सेना को।

"दुर्भेद्य व्यूह ; ललकार रहे हैं कौरव !···
कैसे टूटे यह चक्र, बिना अर्जुन के ?
यह विकट चुनौतीः आज लाज की बारी--
क्या करूँ, क्या नहीं ?" धर्मराज व्याकुल थे।

"अपशकुन हो रहे मन में आज भयंकर,
है फड़क रहा वामांग, आँख भी बाईं ;
जाने, क्या आज बदा है होकर रहना !
लगता है, कोई बिजली कहीं गिरेगी !"···

सच होकर रही युधिष्ठिर की आशंका,
सच निकले वे आभास, अपशकुन मन के ;
बिजली गिरनी थी, गिरी, मुकुल-कोमल पर ;
दिन में टूटा तारा--आँखों का तारा !

सौभद्र पार्थनन्दन अभिमन्यु महारथ--
कैसे सहता ललकार भला शात्रव की !
घुस गया व्यूह में-तपा पेच लोहे का
जैसे प्रवेश करता है दारु-उदर में।

पर व्यूह-द्वार पर दृढ़ था दृप्त जयद्रथ,
अतएव, साथ कोई भी पैठ न पाया ;
कौरव-दल-महारथी-मदकल-घटना में
घिर गया एक अभिमन्यु सिंह-शावक था !

इस एक बली पर सात-सात बल टूटे--
सब ही महारथी, कौरव-चक्र-धुरन्धर ;
फिर भी, अटूट, सब खूँट छूट यह छौना
धज्जियाँ उड़ाता रहा मत्त ध्वजिनी की !

गुरु दूर खड़े थे देख रहे यह घटना ;
थी खड़ी भाव से भरी राजि रोमों की !--
'यह वीर पार्थ का ही है नव-अरुणोदय !
मेरी ही परम्परा इसने पाई है !'

घायल, व्याकुल दुर्योधन दौड़ा आया,
बोला--"आचार्य ! खड़े क्या देख रहे हैं ?
हो रहा आपके लिए काल का प्रहसन !
हमको प्राणों के लाले यहाँ पड़े हैं !"

गुरु बोले--"दुर्योधन ! प्रहसन तो यह है--
राधेय तुम्हारे साथ अंगरक्षक है !
फिर भी, अबोध शिशु के बींधे बाणों से
लथपथ तुम मेरे पास भगे आये हो !

"तुम सात-सात जन एक ओर, वह एकक ;
फिर भी, रोने का रोना लगा हुआ है !
यह पाप तुम्हारा रुला रहा है योधन !
जाओ, यह पातक भी करके ही दम लो !

"घेरो महारथी, तुम सब मिलकर उसको,
रथहीन और फिर अस्त्रहीन भी कर दो !
फिर जैसे चाहो, मारो, पुण्य कमाओ !--
हाँ, है भी तो यह धर्मयुद्ध ! अघ क्या है ?"..

गुरु का ताना भी सूत्र बन गया जय का ;
बध के उपाय हो गए पार्थनन्दन के !
दुःशासन-सुत की अन्तिम गदा पड़ी जब,
अभिमन्यु गिरा ; गुरु बैठ गए सिर धरकर !

चौदहवाँ दिन। गुरु से दुर्योधन बोला--
"आचार्य ! आज तो खण्ड-प्रलय का दिन है !
रह-रहकर मन भीतर से काँप रहा है।
जाने क्या आज घटन होनेवाला है !

"जयद्रथ के वध की भीषण पार्थ-प्रतिज्ञा--
यह साँप हृदय पर मेरे लोट रहा है !
जाने कब डँस ले ! देव ! आज तो, रण में,
ममता को पक्षाघात नहीं बनने दे !"

"दुर्योधन !"--गुरुवर बोले--"अब मैं कैसे
तुमको अपने मन का विश्वास दिखाऊँ !
मेरी तो पत्थर की छाती है !-पत्थर !
टिकिया सुलगाते जाओ, धरते जाओ !!

"अपने मन में जब चोर बसा रहता है,
तब सभी चोर ही चोर दीख पड़ते हैं !
यह शकट, शकट में सूची, सूची में भी
दृढ़ पद्म ; व्यर्थ ये व्यूह बनाए मैंने ?"

दुर्योधन बोला--"नहीं आर्य, यह सब कुछ
क्षेमार्थ जयद्रथ के ही किया गया है।
मेरा मतलब था, आज जरा अर्जुन को
रचना-मुख-रक्षा करना ही दिखलाते !"

"अच्छा, वह भी देखोगे आज सुयोधन ! --
बालक का निर्मम बध जो देख चुका है,
वह कुछ भी देख-दिखा सकता है, रण में ! --
श्वपचों को शूकर-वेध नहीं खलता है ! !

"अर्जुन क्या, स्वयं पिनाकी भी आ जाएँ,
तो मुझे लाँघकर आज न जा पाएँगे ;
मुख-द्वार व्यूह का टूटे, इससे पहले
आचार्य द्रोण सौ टुकड़े हुए रहेंगे ! !"

सचमुच, उस दिन आचार्य पहाड़ बने थे ! --
किसकी मजाल जो व्यूह-द्वार को लाँघे ?
साहस करके कौन्तेय सामने आए ;
कर जोड़ लगे कहने--"गुरुदेव ! कृपाकर !

"दीजिए मार्ग, जा सकूँ व्यूह के भीतर,
कर सकूँ पूर्ण प्रण अपना, नियत अवधि में ;
मेरी यह बाजी आज जान की बाजी ;
जयद्रथ को मारूँ, या जलकर मर जाऊँ।

"सब दिन सविशेष कृपा-करुणा दिखलाई,
अश्वत्थामा-सा ही मुझको भी जाना ;
संरक्षक सब दिन रहे पिता-से मेरे,
मेरे इस संकट में अब, देव ! दहिन हों !"

बोले आचार्य--"धनंजय ! भूल रहे हो !
यह समर-क्षेत्र है, विद्यापीठ नहीं है !
गुरु नहीं, शत्रु हूँ मैं, इस समय, यहाँ पर ;
जाना चाहो, तो मुझे जीतकर जाओ !

"रिपु-रण में आज अगर अश्वत्थामा भी
होता मेरे सम्मुख, तो भी क्या होता ?--
मैं बाप नहीं होता, न पुत्र वह होता ! --
गीता के मध्यम पुरुष ! होश में आओ !"

"जैसी इच्छा, गुरुदेव !"--भिड़ गए अर्जुन ;
घंटों तक लड़ती रहीं बिजलियाँ नभ में।
'श्रम व्यर्थ, और क्षण गिने'--पार्थ ने सोचा।
गुरु रहे रोकते, निकल गए कतराकर।

अर्जुन को साफ निकल जाते जो देखा,
लग गई आग-सी दुर्योधन के तन में ;
बोला आकर--"आचार्य ! होश भी है कुछ ?--
यह मोह आपका कितना कड़ा पड़ा है !

"कहता हूँ तब तो बड़ा बुरा लगता है !
अर्जुन का नाम लिया कि सुलग उठते हैं !
पर यह जो छोड़ दिया भूखे नाहर को,
जयद्रथ को यही बचाने आप चले थे ?

"वह भले जा रहा था भागा घर अपने ;
मैंने ही बरबस रोक रख लिया उसको।
पा अभय आपका था निश्चिन्त जयद्रथ ;
अब कौन ठिकाना--बचे,बचे, न बचे वह !

"सच्चे मन से यदि आप समर करते तो--
अर्जुन का था सामर्थ्य कि भाग निकलता ?
पंजे में आया हुआ बाज उड़ भागा ;
अब सहिए उसका उड़ता हुआ झपट्टा !"

गुरु बोले--"जो जी में आए, सब कह लो !
मैं बूढ़ा अब कितना तारुण्य दिखाऊँ ?
लो, यह दुर्भेद्य कवच तुमको देता हूँ ;
तुम आप परख लो प्रबल पार्थ की क्षमता।"

दुर्योधन उधर गया अर्जुन से लड़ने ;
आचार्य पर इधर टूट पड़े पाण्डव-दल।
ठन गई द्रोण की धृष्टद्युम्न से, जमके,
इतने में आकर डटा वीर सात्यकि भी।

सात्यकि अर्जुन का शिष्य, ढीठ धन्वी था ;
सम्मुख लोहा लेने से हटता कैसे ?
कुछ देर रहा लोहे से लोहा कटता ;
घनघोर लोह-लोहा ; सब ओर लहू था !

गुरुवर बोले--"सात्यकि ! आचार्य तुम्हारे--
अर्जुन--मेरे सम्मुख रण छोड़ भगे हैं !
चाहो तो तुम भी जा सकते हो, योधा !
जाओ, मेरे शर पीठ नहीं छूते हैं !"

आ गई जान में जान थके योद्धा की--
कहते हैं, अंधा क्या चाहे ?--दो आँखें !
सात्यकि को था अर्जुन के पास पहुँचना ;
चल दिया धर्मराजाज्ञा के पालन को।

फिर भीमसेन भी उसी द्वार पर आए,
गुरु से भीतर जाने की आज्ञा चाही।
गुरु ने अर्जुन-सात्यकि की राह बताई ;
बोले-"तुम यहाँ कहाँ आए भरमाए !

"क्या समझ रखा है इसको ?--गुरुजी का घर ?
या कोई बड़ी विराट महानसशाला ?
यह समरभूमि है भीम ! व्यूह का मुख है ;
गुरु नहीं द्वार पर खड़ा, कालभैरव है !"

आ गया भीम को ताव, तड़पकर बोले--
"कौरव-सेनापति ! सावधान !--मैं तो बस
इस मुख्य द्वार से ही भीतर जाऊँगा।
देखूँ, किसमें गुरदा है, रोके मुझको !

"पहले यह सिद्ध-प्रसादी तो टुक चखिए ;
यह भीमसेन का लड्डू है ! दुर्लभ है !"--
यह कहकर ऐसी गदा चलाई भट ने,
हो रहे ढेर, बस वहीं, सूत-रथ गुरु के !

गुरु आप साफ थे, कूद नहीं पड़ते जो ;
भौचक्के-से वे रहे, गड़े, कुछ क्षण तक ;
इस बीच भीम घुस गए व्यूह के भीतर ;
भुरता-सा लगे बनाने भीत भटों को।

गुरु खड़े-खड़े बुदबुदा रहे थे मन में--
"क्या अच्छा था, मैं रथ पर ही रह जाता !
पाण्डव के हाथों मुझे वीर-गति मिलती !
पाण्डव को मुझे गिराने का यश मिलता !

"जर्जर इस जीवन में रक्खा अब क्या है ?
हत्या की इस धरती पर कौन जियेगा ?
लोहू, लोहू, लोहू, सब कुछ लोहूमय ! --
इस लोहू के रौरव में कौन रहेगा ! !"

सूरज डूबे-डूबे, इसके पहले ही
श्रीकृष्ण-नीति-मत-युक्ति लड़ा अर्जुन ने,
प्रण पूर्ण कर लिया, काट जयद्रथ का सिर।
भू पर अब तनी घनी काली चादर थी !

पन्द्रहवाँ दिन। आचार्य द्रोण के रक्तिम
सेनापतित्व का दिवस पाँचवाँ था यह।
जयद्रथ के बध से भग्नहृदय दुर्योधन
फिर पहुँचा गुरु के पास ; लगा यों कहने--

"आचार्य, आप क्या करने पर उद्यत हैं ?--
झोंकते जा रहे कुल को काल-वदन में !...
मेरे हित आए देश-देश के राजा
मर रहे और मारे जा रहे मृगों-से !

"उनकी भी रक्षा आप नहीं कर पाए,
तो फल क्या और भला मेरे जीने का ?
यह पक्षपात, पाण्डवों के लिए ममता,
तन भले जाय, पर आप नहीं छोड़ेंगे !

"अन्यथा, हत हुए सिन्धुराज, तिस पर भी--
हो गई साँझ होते, क्यों बन्द लड़ाई ?
विश्राम के लिए समय दे दिया रिपु को,
ममता की समता कैसी भली निभाई !"

मर्माहत द्रोण हुए, बोले--"दुर्योधन !
लड़ना कुछ छक्का-पंजा नहीं छली का ;
यह वीर-धर्म है, पासा नहीं शकुनि का !
मैं वही करूँगा, जो कुछ मुझे जँचेगा।

"जाओ, अब अवसर ही न तुम्हें दूँगा मैं,
बातों से छाती छेद-छेद करने का ;
जो भी ऋण है, सब एकसाथ सध जाए !-
कुछ होकर आज रहेगा ! खुश होगे तुम !!"

दुर्योधन चला गया। अब द्विज-सेनापति
मद पिये मत्त गजराज बने उच्छृंखल,
जिस ओर बढ़े, बढ़ गए, रौंदते-दलते ;
परवाह न थी उनको अपने घावों की।

पड़ गये झपेटे में विराट, बस ठंढे !
आए थे राजा द्रुपद आज फिर मिलने !
मिल भी न सके थे, लोट गये धरती पर--
साष्टांग दण्डवत पहले आवश्यक था !

यह दशा द्रुपद की देख, क्रोध से पागल
सुत धृष्टद्युम्न ने की कठोर यह संधा--
"यदि आज ही न मैं हनूँ तात-घाती को,
तो मैं त्रिलोक में कहीं न सद्‌गति पाऊँ !"

गुरु आज दूसरे रुद्र बने प्रलयंकर
लय करने पर हैं तुले, सृष्टि पाण्डव की--
यह देख कृष्ण ने सोचा, अब जैसे हो,
इनका निपात होने में ही मंगल है।

इंगित-भर की देरी थी। भीम बली ने,
अश्वत्थामा नामक अवन्ति-राजा के
हाथी को कर दोटूक, घोषणा कर दी--
"अश्वत्थामा को मारा ! अश्वत्थामा···!"

गुरु को विश्वास नहीं हो सका ; मगर जब
कर दिया युधिष्ठिर ने भी सत्य-दृढ़ायन,
धर अस्त्र-शस्त्र, बुत बैठ गए गुरु, रथ पर।
अवसर था--दौड़े धृष्टद्युम्न प्रतिघाती।

'हाँ ! हाँ !' करते दौड़ें-दौड़ें जन जब तक,
बस रुण्ड रथी रह गया, मुण्ड कट भू पर !--
पड़ गया कृष्णपट दृष्टि-मंच के आगे ;
सारा भारत ही शोक-समाज बना था !!

परिशिष्ट

1. 'शिंजिनी' के प्रथम संस्करण की भूमिका

'शिंजिनी' मुद्रित होकर आज सामने आ रही है, किन्तु इसकी कीर्ति के पंख अधिक अग्रगामी हैं। इसकी अधिकांश कविताएँ कवि की कंठ-माधुरी के साथ बहुत पहले ही से हिन्दी-काव्य-प्रेमियों के जी और जबान पर गूँजती रही हैं। लोकप्रियता ही यद्यपि श्रेष्ठ साहित्य की एकमात्र कसौटी नहीं, फिर भी उसका एक अंग है। 'रुद्र' जी की कीर्ति फैल चुकी है, उनकी कविताओं से लोगों को प्यार है। प्रिय वस्तु आलोच्य नहीं हुआ करती। ऐसी दशा में यह चर्चा करना बेकार-सा है कि 'शिंजिनी' कैसी है। मैं महज यही कहूँगा कि यह है क्या।

शुरू से ही काव्य की परिभाषा गढ़ती-बिगड़ती चली आ रही है। समय के साथ अपनी परिपूर्णता की इस यात्रा में उसका स्वरूप जैसे धुँधला और संदिग्ध ही होता जा रहा है। यह युग विवादमय वादों का युग है। विचार-स्वातंत्र्य के ऐसे समय में सबकी अपनी डफली है, सबका अपना राग है। फलस्वरूप, कविता-लक्ष्मी की इतनी विविध मूर्तियों का सृजन हुआ है कि वास्तव में काव्य का सत्य स्वरूप है क्या, यही कहना कठिन है। लीक छोड़कर चलना प्रतिभा का लक्षण माना गया है। हो सकता है, लेकिन गढ़े में गिरना प्रतिभा का उद्देश्य हर्गिज नहीं हो सकता। इसी तरह वैचित्र्य को हम कविता के लिए आवश्यक गुण मानते हुए भी उसके वास्तविक और चिरंतन सत्य से गुमराह होनेवाले को यथार्थ कवि नहीं कह सकते। सब कुछ के होते हुए भी कविता का अपना निजस्व एक रूप है। वह केवल भाव का फानूस नहीं, उसकी आकृति है। दूसरे शब्दों में, यों कहें कि वह रूपमय भाव अथवा भावमय रूप है। अनेक साहित्यशास्त्रियों ने इस विषय पर अनेक प्रकार से मनन-चिंतन करने के पश्चात् यही निष्कर्ष निकाला है कि काव्य के शब्द और अर्थ का संबंध पार्वती-परमेश्वर की तरह अविच्छिन्न है। मेरी समझ से, रूप-भाव के कुशल मालाकार ही श्रेष्ठ कवि हैं, जिनकी रचना में वास्तव जीवन के सत्य के साथ प्रेरक आदर्श हों, जो जीवन के लिए सिर्फ प्रभाव ही नहीं रखते हों, बल्कि रखते हों अदम्य प्रेरणा, सक्रिय चेतना। आज इस तरह के कवि बहुत अधिक नहीं हैं। जो ऐसे

कवि हैं, जो काव्य-रचना को कालेज-जीवन की तरह एक फैशन नहीं, अपितु, जीवन की साधना मानते हैं, उन्हीं में से 'रुद्र' जी एक हैं।

'शिंजिनी' कवि की प्रथम प्रकाशित रचना है, किन्तु प्राथमिक नहीं है। इसमें उसके वर्षों की चिंतना-साधना की प्रौढ़ प्राप्ति है। भाषा पर कवि का अधिकार है, काव्य के लिए शास्त्रगत नियमों की जानकारी है, उसके भाव हैं, और भाव को ठीक-ठीक व्यक्त करने की कुशलता भी है। इसी से जहाँ कवि की अनुभूतियाँ हृदय को छूती हैं, वहीं उसकी अभिव्यक्ति की कुशलता, छंदों का चुनाव, शब्दों का सौष्ठव हमें चमत्कृत कर देता है। प्राकृतिक रहस्यों के लिए उसकी अंतर्दृष्टि बड़ी पैनी है और उसमें गति लानेवाला वह जादूगर है। सबसे बड़ी बात यह है कि वह कविता को पंछी के गान-सी अकारण नहीं मानता ; उसका एक निश्चित उद्देश्य है, और वह उद्देश्य मानवता का कल्याण है। इसलिए, जीवन के अनेक कड़वे अनुभव होने के बावजूद, कवि की कविता में जीवन, यौवन और जागृति का संदेश है। आनन्द के साथ पाठक को इसमें उपयोगिता मिलेगी, सरलता के साथ पांडित्य मिलेगा, गीतों के साथ प्राणों की गति का आवेग मिलेगा। संगीत कविता का प्राण है। उसके बिना गीति-कविता की सत्ता ही नहीं रहती। 'रुद्र' जी की कविता लय-प्रधान है, गेयता इसका खास गुण है।

'रुद्र' किसी वादविशेष के कवि नहीं, न ही काव्य में इनकी अपनी कोई भाव-धारा है। इन्होंने लिखने के लिए निश्चित रूप से कविता नहीं लिखी। जब जिस विशेष वस्तुस्थिति से, भाव से, सौंदर्य से ये प्रेरणा-विवश हुए, तभी इन्होंने कविता रची। इसीलिए, इनकी काव्य-पुस्तक एक ही फूल की माला नहीं, बहुरंगी माला है। लेकिन उस चिंतन में, उस मालाकारिता में 'रुद्र' का निजस्व है। उसका टेकनीक, उसकी शैली, उसकी भावाभिव्यक्ति उसी की है। शैली की जो मौलिकता कवि की आख्या दिला सकती है, वह 'रुद्र' की सर्वथा अपनी है। गीत-रचना का अपना एक नवीन ढंग लेकर ही वह आया है।

संग्रह में बहुत कम ही रचनाएँ हैं, पर सब प्रौढ़ हैं। दान और सृजन का महत्त्व परिमाण पर नहीं, उसकी महत्ता पर ही निर्भर करता है। कवि ने अपने लिए सबसे अलग लीक अवश्य नहीं बनायी, पर जिसे उसने छुआ, उसे सब प्रकार से अपना बना दिया। शब्द और भाव के समन्वय की उसकी कुशलता के नमूने पुस्तक के पृष्ठ-पृष्ठ पर हैं।

तांडव भारतीय कला-साधना के प्रमुख विषयों में से रहा है। रवीन्द्र-जैसे श्रेष्ठ कवि ने 'हे रुद्र वैशाख' में तांडव पर एक श्रेष्ठ कविता लिखी है। कवि दिनकर के 'नाचो हे नाचो नटवर !' की चर्चा बहुत दिनों तक रही। गोकि शिव के लिए नटवर नाम सर्वथा अनुपयुक्त रहा। एक तो वह कृष्ण के लिए रूढ़ है। फिर, उससे शंकर की सार्थक अभिव्यक्ति भी नहीं होती। 'रुद्र' की कविता 'रुद्र-स्तवन' हिंदी में इस अर्थ में बेजोड़ है। इसमें रुद्र के सभी शास्त्रीय रूपों का उल्लेख है और भाव के अनुरूप ही शब्दों का चयन है। संस्कृत के स्तोत्र की तरह सारी कविता अर्थगंभीरता के साथ ही प्रवाहमयी है। इसमें एक सहज संगीत है, जो एक अपढ़ व्यक्ति के भी सामने पढ़े जाने से उसके हृदय में, न

समझ पाने के बजाय भी, स्वतः ध्वनित हो उठता है।

"हर हर मृडेश हे प्रलयंकर !
मदघूर्ण-निशामणि नर-कपाल
प्रज्चलित-नेत्र खप्पर विशाल
तुम पुलक-पुलक धृतमुंडमाल
उद्वत विराट तांडव-तत्पर।
तुम शुभ्र-वदन उज्ज्वल-निकेत
गणपति-हिमाद्रि-तनुजा समेत
पार्पद-परेश ! बहु भूत-प्रेत
ले, प्रलय-राग के रचते स्वर।"

आदि से अंत तक, कविता में भाव और प्रवाह एक-सा तगड़ा है। दिनकर के 'तांडव' की तरह इसमें शिव के विभिन्न नामों का समावेश नहीं, रुद्रत्व को प्रकट करने की क्षमता है। 'रुद्र-स्तवन' की ही तरह 'दीपशिखा' इस संग्रह की एक उत्कृष्ट कविता है। सरकार-रेडियो से जब सर्वप्रथम मैंने सुना था, औरों की तरह ही मंत्रमुग्ध हो गया था। दीप और शलभ की चर्चा साहित्य में पुरानी है। लेकिन कवि ने जिस ढंग से उसे देखा और व्यक्त किया, उससे पुरानेपन की वितृष्णा के बजाय नवीनता का आकर्पण बढ़ गया है। वास्तव में, कविता का अर्थ भी यही है। भाव और विषय तो पुराने होते ही हैं, पुराने को नवीनता देना ही काव्य की मौलिकता है। 'दीपशिखा' भाव और भाषा, दोनों ही दृष्टि से उत्कृष्ट कविता है।

"आग हूँ, मुझसे न खेला।
मैं जली, जलती रही, ज्वाला जगाये ;
ललकते लौ से लिपटने के लिए कितने सनेही
झूमते आये शलभ, दुर्लभ प्रणय उपहार लाये ;
जल मरे पल में, मुझे देते दुआएँ ;
और मैं टुक भी न डोली ;
वे मरे बेबोल, मेरी एक बोली के लिए, फिर भी, न बोली ;
जो जलाता ही रहा, वह त्याग हूँ, मुझसे न खेलो।"

सदा जलाते रहनेवाले त्याग में दीप के जीवन का जो सच्चा और कारुणिक परिचय है, यह एक कवि ही जान सकता है। इससे अधिक बोलता परिचय अक्षरों में और क्या हो ?

'भूला राग' वेदना की एक बोलती हुई तस्वीर है। उसकी एक-एक पंक्ति हृदय को चोट देती है। किन्तु, इस वेदना को कवि ने वैयक्तिक नहीं, बल्कि मानवमात्र की वेदना बनाया है, सामयिक नहीं, चिरंतन रूप दिया है। जैसे स्वर्गीय रवीन्द्र ने 'जेते नाहिं दिबो' में अपनी नन्ही बच्ची की वेदना को वसुंधरा की वेदना का रूप दिया है, 'भूला राग' में कवि ने जन-जन के मन को बाँध दिया है।

"दुख देख मेरा रो पड़ा आसमाँ
ओस-बूँदों में आँसू बहाने लगा,
लालसा की समाधि पै रोता हुआ
चाँद तारों के फूल चढ़ाने लगा ;
मेरी आहों के दाह से काला बना
पिक दर्द-कहानी सुनाने लगा,
आग खाने चकोर लगा तब से,
पपीहा 'पी कहाँ' गुहराने लगा।"

'आग खाने चकोर लगा तब से' यह एक ही पंक्ति बहुत अधिक अर्थ रखती है। जीवन की इस अनंत-धारा में अविच्छिन्नता है ; और उसकी यह वेदना आज की नहीं, चिरकालीन है। 'रुद्र' की कविताओ में ऐसी अमर पंक्तियाँ अनेक हैं, जो अपने साथ कवि को जिला लेंगी।

हिन्दी में प्रयाण-गीत लिखने की प्रथा चल पड़ी है। अनेक कुशल कवियों ने अच्छे-अच्छे गीत लिखे हैं। किन्तु 'रुद्र' के रचे प्रयाण-गीतों में एक अजीब जादू है। जितने गीत हैं, सब इक्कीस। छंद, भाव, प्रवाह, सब में एक-सी गति ; राष्ट्रीयता के भावों से ओत-प्रोत। हमारा विश्वास है, हिन्दी-काव्य-प्रेमियों को इनसे आनन्द और उपयोगिता मिलेगी। दरहकीकत, 'रुद्र' की कविताओं को भूमिका की अपेक्षा नहीं। बस।

गया
9.11.46 ई.

हंसकुमार तिवारी

2. 'शिंजिनी' के द्वितीय संस्करण की भूमिका

श्री रामगोपाल शर्मा 'रुद्र' हिन्दी के जाने-पहचाने ही नहीं, अब माने हुए कवि हैं और हिन्दी प्रान्तों की जनता उनके मुख से उनकी कविताएँ सुनने को लालायित रहती है। मैंने उनके श्रीमुख से पहले-पहल सन् 1938 में काव्य-पाठ सुना था। याद आता है कि वह गीत था, और उसकी टेक की बन्द थी, "जगमग अम्बर, जगमग अम्बर।" यह गीत कवि का आंरभिक प्रयास था, किन्तु उसके भीतर कवि की संभावनाएँ कुछ इस प्रकार जगमगा रही थीं कि मैं अत्यन्त प्रभावित हुआ। तब से 'रुद्र' जी मेरे प्यारे कवि रहे हैं और उनकी कवितओं को मैं बड़े चाव से पढ़ता रहा हूँ।

'शिंजिनी,' जिस पुस्तक की यह भूमिका है, पहले-पहल सन् 1946 में निकली थी और तबसे इस पर काव्य-रसिक जनता का प्रेम खूब बरस चुका है। इस छोटी-सी विलक्षण पुस्तक को मैं भी रस-मुद्रा में कई बार पढ़ चुका हूँ और जब-जब हृदय आनन्द से प्लावित हुआ, मैंने कवि का मन ही मन अभिनन्दन किया है, उसे आशीर्वाद दिया है, और यह माना है कि हिन्दी-कविता ठीक रास्ते से जा रही है तथा जो यह कहते हैं कि हिंदी में कुछ नहीं है वे और चाहे जो भी कह रहे हों, सत्य की अभिव्यक्ति उनके मुख से नहीं हो रही है।

कविता की जाँच मैं दो-तीन कसौटियों पर करता हूँ। कवि क्या कहता है, इस प्रश्न का स्थान मेरी दृष्टि में गौण है, और उसे सबकी दृष्टि में गौण ही होना चाहिए। जानने की मुख्य बात यह है कि कवि को जो कुछ कहना है, उसे वह ठीक से कह पा रहा है या नहीं। कविताएँ तो हर महीने, मनों क्या, टनों छपा करती हैं, और अक्सर, उनमें भाव भी अच्छे-अच्छे होते हैं, किन्तु, अभिव्यक्ति की सफाई का निर्वाह बहुत कम कविताओं में होता है। कभी तो लय और संगीत पर मोह होने के कारण और कभी शब्दों के मिथ्या सौन्दर्य पर अनुचित आसक्ति होने से कवि मूल भाव से बहक जाता है।

प्रत्येक कवि को कविता लिखते समय दो धरातलों पर जगना पड़ता है। एक धरातल तो वह होता है जिस पर भाव होते हैं, जिस पर प्रेरणा की गुंजार होती है। और

दूसरा धरातल वह है जिस पर शब्द होते हैं, छन्द होता है, शैली और कला के बीसियों उपकरण होते हैं। कवि की सफलता इस बात में है कि वह ऊपरवाले धरातल पर समाधिस्थ होकर भावों को ग्रहण करे, प्रेरणाओं की गुंजन को ठीक से सुने, और जब नीचेवाले धरातल पर वह रचना करने लगे तब कदम-कदम पर अपने आपसे यह पूछता जाय कि जो कुछ वह लिख रहा है, वह ठीक वही है या नहीं जिसे उसने प्रेरणावाले धरातल पर सुना है। यदि इस प्रश्न का उत्तर संतोपजनक है तो कोई कारण नहीं कि कविता पाठकों को वह आनन्द देने में असमर्थ होगी जिस आनन्द की अनुभूति कवि को हुई है। प्रेरणा को ठीक से ग्रहण करने और उसे ठीक-ठीक लिखने के अभ्यास और प्रयास को मैं कविता की साधना कहता हूँ। कवि भावों की अधिक से अधिक गहराई में ज्यों-ज्यों उतरता जाता है, त्यों-त्यों इस साधना की आवश्यकता और भी बढ़ती जाती है। इसलिए, कवि-मार्ग बराबर साधना का मार्ग है, सिद्धि नाम की चीज यहाँ होती ही नहीं है। भावों की अनुभूतियाँ बदलती रहती हैं और बदले हुए भावों के साथ जीवन का सामंजस्य बिठाने के प्रयास में कला बराबर नवीनता प्राप्त करती रहती है। और कला को नवीन रखने का काम साधक करते हैं, सिद्ध नहीं।

अपनी इस संक्षिप्त कसौटी पर मैं 'रुद्र' की कविताओं को सफल मानता हूँ। वे जो कहना चाहते हैं उसे कह डालते हैं, उन्हें उलझनें नहीं सतातीं और बहक भी उनमें बहुत थोड़ी है। 'रुद्र' जी की एक और विशेपता है जिसे यदि हमारे उगते सितारे ध्यान में रखें तो उनकी प्रतिभा सार्थक हो जाय। वह विशेपता यह है कि 'रुद्र' जी ने आलोचकों को प्रसन्न करने के लिए कोई चीज नहीं लिखी। जो भाव-दिशा उनकी आत्मा के लिए अनुकूल थी, वे आरंभ से उसी की ओर चलते रहे हैं और, चूँकि राह उन्होंने नहीं बदली, इसलिए अपनी दिशा में वे एक अच्छी दूरी तय कर चुके हैं। इसीलिए, 'रुद्र' को भूलना अब इतिहास के लिए कठिन होगा।

भाव-पक्ष में आनन्द और उमंग, 'रुद्र' की ये दो प्रबल विशेपताएँ हैं। इन्हीं के अनुरूप, शैली-पक्ष में, गेय छन्दों पर उनकी ममता और अधिकार है। यही कारण है कि देश के युवक उनकी कविताओं को इतना प्यार करते हैं।

"जीवन से भर दो प्राणों को
यौवन से भर दो --
शक्ति हे ! शिंजन से भर दो।
जग की हो जो भी कठिनाई,
खड़े कूट, कंटक या खाई,
मेरे निर्झर के मग में सब शैल उठा धर दो।"

ये पंक्तियाँ जिस उमंग से निकली हैं, उसी उमंग के साथ पाठकों के हृदय में प्रवेश करती हैं।

कवि और लेखक अपने जीवन-भर में बहुत लिखते हैं, किन्तु, समय सबको अपने

साथ नहीं लेता। संभव है, सारे नाटक में से एक गीत और पूरे महाकाव्य में से समर्पण की दो पंक्तियाँ बच रहें तथा बाकी सबका सब राष्ट्रीय महापुस्तकालय में बन्द पड़ा रह जाय। 'रुद्र' की कैसी रचनाएँ बचनेवाली हैं ? पूरी निश्चितता के साथ कुछ भी कहना कठिन है। किन्तु, मेरा अनुमान है कि जहाँ कविताएँ डाल में से कोंपल की तरह स्वयं निकल आई हैं, आँख से आँसू के समान स्वयं झर पड़ी हैं अथवा आनन्द की किरणों के समान स्वतः फूट पड़ी हैं, उनके भीतर सुधा की शक्ति अवश्य होगी।

"गाऊँ, कुछ गीत सुनाऊँ रे, मंजर हूँ, मधु बरसाऊँ।"

अथवा

"श्रद्धा तो बहुत मिली जग से, थोड़ा-सा प्यार कहीं मिलता !"

या

"तलहटी की रेत में,
बाजरे के खेत में
भोरे-भोरे छोहरियाँ भैरवी जगा रहीं।"

ये पंक्तियाँ मुझे सुधा-स्नात-सी लगती हैं। इनसे मुझे आनन्द मिला है, अतएव, सोचता हूँ, अन्य पाठकों को भी मिलेगा।

'शिंजिनी' का यह दूसरा संस्करण है। पहले संस्करण के साथ भी एक अच्छी भूमिका जुड़ी हुई थी। किन्तु, कवि ने आज्ञा दी कि दूसरे संस्करण के लिए नई भूमिका मैं लिखूँ। यह आज्ञा अनुचित थी। किन्तु, कवि के आग्रह को कवि कैसे टाले ? निदान, 'शिंजिनी' पर जो मेरा अव्यक्त प्रेम था, उसे आज व्यक्त बनाना पड़ा।

'शिंजिनी' का कवि युग-युग जिये !

चौधरी टोला, पटना — रामधारी सिंह दिनकर
10-7-54 ई.

3. 'शिंजिनी' के द्वितीय संस्करण की भूमिका : आभार

जैसी तबीयत इन दिनों आयी हुई है, काश, उन दिनों भी ऐसी ही बनी होती, तो मेरी कविताओं का प्रथम संग्रह सन् '38 में ही पुस्तक-रूप में आ गया होता। लेकिन, अपने आत्मतुष्ट स्वभाव और लापरवाह तबीयत से समय टलता गया, टलता गया ; और मेरी पहली कविता-पुस्तक--'शिंजिनी'--सन् '46 में ही निकल सकी, जिसे प्रकाश में लाने का सारा श्रेय मेरे मित्र, कथाकार श्री सिद्धेश्वर प्रसाद सिंह को है। सोचता हूँ, मेरी वह लापरवाही भी मेरे लिए शायद लाभकर ही हुई ; क्योंकि, उन आठ वर्षों की जागरूक अवधि में, मेरी उस चपल-चित्रकारी पर मेरी साधना-तूली का रंग भी तो चढ़ता ही रहा ! और अब, फिर आठ साल बाद, 'शिंजिनी' का यह दूसरा संस्करण--रचनाक्रमादि में थोड़े-बहुत हेर-फेर और नयी रूप-रेखा के साथ--सहृदय पाठकों के सम्मुख आ रहा है। विश्वास है, इसे भी पूर्ववत् प्यार और प्रश्रय प्राप्त होगा।

राष्ट्रकवि दिनकरजी ने मुझ अनुज को अपना सहज स्नेह देकर 'शिंजिनी' के दूसरे संस्करण की भूमिका लिखने की कृपा की है। प्रथम संस्करण की भूमिका मित्रवर हंसकुमार तिवारी ने लिखी थी। मैं गुरुजन के आशीर्वाद और मित्र के कर्त्तव्य को शाब्दिक प्रतिदान क्या दूँ !

रामगोपाल शर्मा 'रुद्र'

बिहार-राष्ट्रभाषा-परिषद्, पटना-3
स्वतंत्रता-दिवस, 1954 ई.

4. 'मूर्च्छना' की भूमिका : गाते रहो !

कुछ दिन हुए, मराठी के सुप्रसिद्ध कवि बोरकर पटना पधारे हुए थे। बोरकर सिर्फ कवि नहीं ; अच्छे गीतकार भी हैं। मस्त होकर गाते हैं। उनके कुछ राष्ट्रगीत गोआ के घर-घर में प्रचलित हैं। क्योंकि, मूलतः वे गोआ-निवासी हैं और वहाँ की सरकार द्वारा निष्कासित होकर पूना में रह रहे हैं।

सोचा, बोरकर का अपने यहाँ के कवियों से परिचय कराऊँ। जो मिले, उन्हें ही एकत्र किया। एक गोष्ठी जमी। बोरकर ने गाया ; स्थानीय कवियों ने भी अपनी चीजें सुनाईं। गोष्ठी अच्छी जमी। वहाँ से हम चले, तो पाया, बोरकर कुछ गुनगुना रहे हैं।

और, उनकी यह गुनगुनाहट काशी तक बनी रही, जब तक हम लोग साथ थे। बाबा विश्वनाथ के मन्दिर के सामने खड़े होकर भी वह गुनगुना रहे हैं--

"मधु है, मधुबन है···ऊँ ऊँ ऊँ···
अचरज क्या !"

यह 'रुद्र' के गीत की एक कड़ी थी। 'रुद्र' ने अपना वह गीत उन्हें सुनाया था, और यह उनके मन में कुछ ऐसा गड़ गया था कि बार-बार उसे गुनगुनाते नहीं अघाते थे !

गीत क्या है ? यह क्यों लोगों के मन में इस तरह गड़ जाता है ? प्रारम्भ में गीत था, तब कविता आई ! आज कविता ने गीत को दबा दिया है ; किन्तु, फिर भी, गीत गीत है ! क्योंकि, यह मानव-भावना को प्रगट करने का प्रथम उद्गार था। चक्की चल रही थी, पतवारें चल रही थीं, हाथ एक गति से घूम-फिर रहे थे--कि अचानक कंठ से ऐसे स्वर फूटे, जिनमें गति थी, विराम था, चढ़ाव था, उतार था ! मानवता ने एक निधि पाई। गीत ; फिर नृत्य ! यह जोड़ी तो और भी कमाल निकली !

कविता !--यह बहुत पीछे आई, और अपने साथ पिंगल, अलंकार आदि क्या-क्या न ले आई। गीत फूटे थे हृदय से ; कविता का स्रोत मस्तिष्क बना। गीत झोंपड़ियों से निकलें ; कविता महलों में पैदा हुई ! महल की बेटी कायदे से नहीं उठी-बैठी, और गहनों से नही लदी, तो फिर वह नारी क्या हुई ! पिछले कवियों ने जोर

देकर कहा--कविता क्या, जिसमें अलंकार न हो ? पिंगल एक शास्त्र बन गया !

गीत भी महलों में आकर संगीत बना ! लेकिन, संगीत गीत को खा नहीं सका। दोनों धाराएँ बह रही हैं ; जिसकी जिसमें डुबकी लगाने की इच्छा हो, लगा ले !

मुझे गीत पसंद है ! कविता भी वही पसंद आती है, जिसमें अलंकार कम हो। 'कामायनी' कभी पूरी नहीं पढ़ सका, यद्यपि कोशिश कई बार की ! किन्तु 'आँसू' के सारे पद कभी याद थे, और मैं उन्हें प्रसादजी के ही सुर में सुनाया करता था--झूमता था, झुमाता था ! अपनी आँखें गीली हुईं ! कितनों की आँखें गीली कीं !

पहले दरबारों के लिए कविता की जाती थी ; अब कालेजों के लिए कविता लिखी जाने लगी है ! कविता वह, जब राजासाहब झूम उठें ; अब कविता वह, जब प्रोफेसर साहब के रसहीन हृदय को प्रगट करनेवाले उनके झुर्रीदार चेहरे पर एक हल्की-सी चमक आ जाय ! और, वह ऐसी पेचीदी हो, जिसकी गुत्थियाँ सुलझाकर हमारे प्रोफेसर दोस्त अपने ज्ञान की धौंस छात्रों पर जमा सकें ! तभी तो उसे वह पाठ्य-पुस्तकों में स्थान देंगे!

गीत भी कालेजों के लिए लिखे जाने लगे हैं ! गीत दरबारों के लिए भी लिखे जाते थे। विद्यापति के सारे गीत दरबार में लिखे गए। वे चमके ! ये भी चमक रहे हैं ! किन्तु, जनमानस ने इसी से तुनककर लोकगीत बना लिये। अब तीन गीत हैं--संगीत, गीत, और लोकगीत !

गीत बीच की चीज है। वह चीज, जो हृदय को गुदगुदाती है और उसे गुदगुदाती हुई दिमाग में भी एक सुरसुरी पैदा कर देती है ! उसके बीच में कोई व्यवधान नहीं होता।

मैं वैसे गीत पसंद करता हूँ, जो इस 'मज्झिम निकाय'--बीच के मार्ग--को ग्रहण करें। 'रुद्र' के अधिकांश गीत ऐसे ही हैं। हाँ, कहीं-कहीं वह बोकराती भी बन जाता है ! शायद उसे मोह हो जाता है, कालेज के प्रोफेसर भी उसे गीतकार की कोटि में रखें ! युग के प्रवाह में बहुत-से लोगों को बहना पड़ता है, पड़ा है !

'रुद्र' जी कविता भी लिखते हैं ! जिन्हें वह कविता कहते हैं, उनमें भी गीत झंकृत है, और उनकी वे ही कविताएँ पसंद की गई हैं, प्रशंसित हुई हैं। 'रुद्र' ने एक खण्ड-काव्य भी लिखा है--'द्रोण'।

एक दिन 'रुद्र' जी के मित्र उन्हें घसीटते हुए मेरे पास ले आए थे कि मैं निर्णय करूँ, वह कवि अच्छे हैं या गीतकार। 'रुद्र' जी को अपनी कविता पर पक्षपात था ; किन्तु मैंने उन्हें गीतकार ही माना ! और, मेरा दावा है, गीतकार 'रुद्र' अधिक दिन तक जीवित रहेगा .

'रुद्र' जी गाते रहें, निर्द्वन्द्व गाते रहें, निर्बन्ध गाते रहें, इसी कामना के साथ--

श्रीरामवृक्ष बेनीपुरी

बेनीपुरी प्रकाशन, पटना-6
7 अगस्त, 1954 ई.

5. 'हिमशिखर' की भूमिका : अभिमत

मैं न कवि हूँ, न कविता-मर्मज्ञ, और आलोचक ; पर कविता पढ़ने और सुनने का अनुरागी होने के नाते कविता परखने की मेरी अपनी कसौटी यही है कि वह हृदय-ग्राहिणी होनी चाहिए।

जो कविता पढ़ते समय समझ में नहीं आती, वह मन को नहीं रमाती। कुछ कविताएँ केवल श्रवण-सुखद होती हैं, पर हृदयाह्लादक नहीं। कानों के साथ हृदय को खींच ले चलनेवाली कविताएँ बहुत प्रभावशालिनी होती हैं।

बहुतेरी कविताएँ ऐसी भी हैं जिनके शब्द तो मृदुल-मधुर हैं और वाक्य या पद भी बड़े सुहावने ; पर बाहर से वे सुहाती हैं और भीतर से दिमाग चकराती हैं। मस्तिष्क के साथ हृदय नहीं चलता तो कविता में आनन्द नहीं मिलता।

कितनी ही कविताएँ मन ही मन समझने और आनंद लेने योग्य होती हैं ; उनके भाव-प्रकाश में असमर्थता का अनुभव होता है। ऐसी कविताएँ आजकल बहुत अच्छी कही जाती हैं !

मुझे वही कविता अच्छी जँचती है, जिसे पढ़ते या सुनते समय उसका भावार्थ हृदयंगम होता जाता है। मेरे विचार से सबका सहमत होना संभव नहीं ; पर मैं अपने अनुभवों के सहारे जानता हूँ कि सर्वसाधारण जनता मेरे ही विचार की है।

श्री 'रुद्र' जी की अधिकांश कविताओं का भाव मैं समझ लेता हूँ। उनकी शब्द-योजना मुझे बहुत पसंद है। जान पड़ता है कि वे कविता की भाषा पर भी बराबर ध्यान रखते हैं। उपयुक्त शब्दों के चुनाव और मुहावरों के प्रयोग के सम्बन्ध में उनकी मननशीलता का मुझे पता है। काव्य के शरीर और हृदय के सँवारने में उनकी जो लगन है, वह प्रशंसनीय है। अनेक बार उनके गीतों को उन्हीं के ललित कण्ठ से सुनकर मैं तृप्त हुआ हूँ। मैं देख रहा हूँ कि उत्तरोत्तर उनकी कविताओं का रंग चोखा होता जा रहा है। हिंदीप्रधान प्रान्तों के अनेक कविसम्मेलनों में वे जनता की कसौटी पर खरे उतरे हैं, यही

उनकी सफलता का प्रत्यक्ष प्रमाण है।

'हिमशिखर' से जो भावुक कवि की भव्य भावनाओं की भागीरथी प्रवाहित हुई है वह कविताप्रेमियों के हृदय को शीतल करेगी--ऐसा मेरा विश्वास है।

शिवपूजन सहाय

बिहार राष्ट्रभाषा परिषद्, पटना
नागपपंचमी, श्रावण, संवत् 2011 वि.

6. 'शब्दवेध' की भूमिका

श्री रामगोपाल शर्मा 'रुद्र' के पिछले गीत-संग्रह 'मीड़' का प्रकाशन आज से करीब तीन दशक पहले हुआ था। उसके बाद उन्होंने शताधिक गीतों की रचना की, लेकिन उनका कोई संग्रह न निकला। उनके गीतों के प्रति मेरे मन में शुरू से ही जो आकर्षण था, उसने न केवल उनके प्रति मुझे जिज्ञासु बनाकर रखा, बल्कि इधर उन्हें एक नए संग्रह में संगृहीत करने के लिए भी प्रेरित किया। मेरे अनुरोध पर उन्होंने अपनी तमाम डायरियाँ मुझे सौंप दीं, जिनमें से मैंने अट्ठासी रचनाएँ चुनकर अपने छात्र श्री वसन्त भारती की मदद से 'शब्दवेध' की प्रेस कापी तैयार की। उल्लेखनीय है कि डायरियों से मैंने कुछ ऐसी रचनाएँ भी चुनीं, जो 'मूर्च्छना' और 'भीड़' में आने से रह गई थीं, या जिन्हें 'रुद्र' जी ने उक्त संग्रहों के प्रकाशन के बाद पूरा किया। यह उनकी रचना-प्रक्रिया की एक विशेषता है कि वे कभी-कभी अपने अधूरे गीतों को कई बरसों में पूरा करते हैं।

रचनाओं का चयन करने के क्रम में मैंने उन्हें बार-बार पढ़ा और विस्मित होता रहा। यह कवि का मेरे लिए नया साक्षात्कार था। स्वभावतः इस बात से मैं कुछ उसी तरह प्रसन्न हुआ, जिस तरह अपने साहित्यिक जीवन के आरम्भ में एक कविसम्मेलन में उन्हें पहली बार सुनकर हुआ था। लेकिन दोनों प्रतिक्रियाओं में स्पष्ट अन्तर था। पहली प्रतिक्रिया जहाँ बहुत कुछ अबोध थी, वहाँ दूसरी प्रतिक्रिया अपने पिछले चालीस वर्षों के काव्यानुभव का परिणाम। अपनी इस प्रतिक्रिया की सच्चाई की परीक्षा के लिए मैं एक बार ध्यानपूर्वक 'रुद्र' जी की सारी कृतियाँ पढ़ गया और इस निष्कर्ष पर पहुँचा कि वे हिन्दी के एक श्रवणीय और पठनीय कवि ही नहीं, विचारणीय कवि भी हैं।

'शब्दवेध' की कविताओं का चयन ही मैंने नहीं किया है, संग्रह के नामकरण के साथ उनका विभाजन और क्रम-निर्धारण भी मैंने ही किया है। पाठक गौर करेंगे तो उन पर यह स्पष्ट हो जाएगा कि सारी कविताएँ चार खण्डों में विभाजित हैं। यह विभाजन कविताओं की विषय-वस्तु के आधार पर न करके प्रायः उनकी शैली के आधार पर किया गया है, जिससे कवि की कलात्मक विशेषताओं को लक्षित करने में कुछ सुविधा हो। इन चारों

खण्डों की रचनाओं को कुछ सूत्र आपस में जोड़ते हैं, तो कुछ विशेषताएँ उन्हें एक दूसरे से थोड़ा अलग भी करती हैं।

'रुद्र' जी उत्तर-छायावादकाल के कवि हैं, इसलिए मूलतः वे मस्ती और फक्कड़पन के गायक हैं। उनकी मस्ती और फक्कड़पनवाली प्रकृति कई रूपों में अभिव्यक्त हुई है। कहीं उन्होंने बहुत सरल और सहज हिन्दी का प्रयोग किया है और कहीं हिन्दी के उर्दूमिश्रित रूप का। 'रस की ऋतु बीत गई, सखि री ! यह अमराई सरसा न सकी' और 'मेरा सुरूर यों चढ़ा कि सब मौसिमी साज बेताल हुए' क्रमशः दोनों भाषा-रूपों के उदाहरण हैं। कभी-कभी 'रुद्र' जी बिलकुल ठेठ हिन्दी का प्रयोग करते हैं, जैसे 'भीतर जैसी है यह माटी/कैसे निकसे, ऐसी काँटी ?'-जैसी उक्तियों में। उनकी कला इस बात में है कि बीच-बीच में 'अनधिप्रवेश' और 'विपल-निवेश'-जैसे संस्कृत शब्दों का प्रयोग कर वे अपनी अभिव्यक्ति को सामान्य स्तर से ऊपर उठा देते हैं। ऐसे शब्द आघात देकर पाठकों को सावधान कर देते हैं कि वे जिस कवि की कविता पढ़ रहे हैं, वह मस्ती का सिनेमाई गवैया न होकर कविता की क्लासिकी परम्परा में दीक्षित अत्यन्त संस्कारवान् कवि है। संस्कृत के शब्द जब वाक्य का रूप ले लेते हैं, तब उससे भाषा के एक विषम स्तर का निर्माण होता है। यह स्तर-वैषम्य उनके उस गीत में अच्छी तरह से प्रकट है, जिसमें उर्दूमिश्रित भाषा का प्रयोग करने के बाद उन्होंने कहा है:

> फिर अमृत उच्छ्रित करेंगे अरुंतुद स्मृति-बाण मेरे,
> प्रकट सारस्वत सुधा के घट बनेंगे गान मेरे।

यह चीज 'रुद्र' जी की काव्य-भाषा में ताजगी बनाकर रखती है और उसे बासी नहीं पड़ने देती।

'रुद्र' जी की काव्य-भाषा की अन्त्यतम विशेषता, जो उनके मस्ती और फक्कड़पन से भरे गीतों में हमेशा उभरकर सामने आती है, है उसमें प्रयुक्त वार्तालाप की शैली। इससे कवि का आत्मनिवेदन ठस न रहकर एक नाटकीयता से युक्त हो जाता है। इससे शब्द सिक्कों की तरह बज उठते हैं और वातावरण मुद्राओं से सजीव हो उठता है। इस नाटकीयता से कथन में चुस्ती भी आती है, जिससे बहुत सारी बातें अलग से कहने से कवि बच जाता है। 'रुद्र' जी का एक गीत शुरू ही होता है इस तरह: 'रहूँ टाट से ? नहीं, मुझे ऐसा मन मत दो।' इसी तरह 'मेरे श्रम का मोल यही है क्या ?' गीत भी वार्तालाप की शैली मे ही रचा गया है। एक गीत में रत्नावली तुलसीदास से कहती है: 'मेरी छोड़ो ; तुम कैसे हो ? अपनी बात कहो !' यह शैली रचना को कितना सप्राण बना देती है, यह देखने के लिए 'रुद्र' जी का एक गीत 'माँ ! यह अश्वमेध का घोड़ा किसने छोड़ा है ?' देखना चाहिए, जिसकी अतिरिक्त विशेषता यह है कि इसमें भाषा छायावादी खोल को तोड़कर पूरी तरह से बाहर आ गई है।

उत्तर-छायावादकालीन हिन्दी कविता की भाषा सरल और सम्प्रेषणीय है, लेकिन उसमें एक फैलाव है। निश्चय ही इस बात का उल्लेख मैं इस कविता की एक त्रुटि के रूप

में नहीं कर रहा हूँ, क्योंकि अच्छी कविता दोनों ही रूपों में मोहक होती है--फैलाव लिए रूप में भी और सिमटाव लिए रूप में भी। पूर्व-छायावादकाल की प्रतिक्रिया में उत्तर-छायावादी कवियों ने अपनी काव्य-भाषा को अधिक से अधिक बोधगम्य बनाने का प्रयास किया था, जिसके कारण उसमें दुरूहतापूर्ण सिमटाव कम हुआ और गद्य के सौन्दर्य से युक्त एक प्रीतिकर फैलाव आया। 'रुद्र' जी के उत्तर-छायावादी मिजाजवाले गीतों में भी एक फैलाव है। स्वभावतः उनमें दीर्घ चरणोंवाले छन्दों का प्रयोग हुआ है। खास बात यह है कि उनके ऐसे छन्दों में एक चकित कर देनेवाला वैविध्य है। मस्ती और फक्कड़पन के आलम में लिखा गया प्रत्येक गीत छन्द की दृष्टि से दूसरे गीत से अलग है। जिन गीतों में अन्तरा में प्रयुक्त छन्द एक हैं, उनमें भी टेक में भिन्न छन्द का प्रयोग कर कवि ने उनके पूरे संगीत में भिन्नता ला दी है। छन्द-सम्बन्धी 'आर्केस्ट्रा' उसे प्रिय है और उसके कान मन में उठनेवाली प्रत्येक भाव-तरंग का संगीत सुनने के अभ्यासी हैं। अपने शब्दों में वह उसी संगीत को बाँधने का प्रयास करता है।

'रुद्र' जी के दूसरे प्रकार के गीत वे हैं, जिनकी भाषा में सिमटाव या सघनता की प्रवृत्ति है। ऐसे गीतों में उन्होंने प्रायः संस्कृत पदावली और छोटे चरणोंवाले छन्दों का प्रयोग किया है। इसे भी स्वाभाविक ही कहेंगे। जहाँ उनके शब्द सरल हैं, वहाँ भी अभिव्यक्ति को ऊपर उठानेवाले शब्द संस्कृत के ही हैं। 'नदी बहती है नीचे को/सतत बहती ही जाती है !' बहुत ही सरल भाषा में रचा गया गीत है, लेकिन यह अपनी ऊँचाई वहाँ प्राप्त करता है, जहाँ कवि कहता है, 'द्रवित हरि-पद-नख-मणि-धारा/उतर धरती पर आती है !' इसी तरह 'मन है, यों मन प्राण जुड़ाऊँ !' गीत में भी उत्कर्ष का बिन्दु यह पंक्ति है : 'सुख-सहकार-सुरभि-शर साधो···!' ये स्थल गीतों में ऐसे केन्द्र का काम करते हैं, जहाँ से विच्छुरित होकर प्रकाश सम्पूर्ण गीत को जगमगा देता है। कभी-कभी यह केन्द्र सिर्फ एक तत्सम शब्द से बना होता है, जैसे 'आशिष उनकी नहीं फली' गीत का 'श्रील' शब्द और 'कैसे चैन लहे मन-मीन ?' गीत का 'पाठीन' शब्द।

इन गीतों में एक उलटी बात भी देखने को मिलती है। वह यह कि भाषा की संश्लिष्टता से जब उसकी गति में शिथिलता आती है, तो कवि उसे बोलचाल के शब्दों के प्रयोग के द्वारा ही दूर करता है। ये शब्द भाषा को जमने नहीं देते और उसे गतिशील बनाकर रखते हैं। 'जोर तुम्हारे गरब-गहेला/लड़ा किया मैं निडर अकेला' में 'गरब-गहेला' शब्द और 'मीड़ित साँसें गमक बनें जब,/रोएँ-रोएँ रमक, हँसो तुम !' में 'रमक' शब्द ऐसे ही हैं। कभी-कभी कवि शब्दों के बदले लोक-जीवन के सुपरिचित चित्रों से भाषा में स्फूर्ति लाता है, भले वे चित्र संस्कृतनिष्ठ भाषा के आच्छद में ही लिपटे हुए हों। उस स्थिति में उस आच्छद को हटाकर ही चित्रों को मानस-प्रत्यक्ष करना होता है। 'तट पर खींच धरो घट में, या/कंठ करो स्वाधीन !' इस उक्ति में 'तट', 'घट', 'कंठ' और 'स्वाधीन' शब्दों के प्रयोग से वह गुरुता आ गई है, जो भाषा की गति को मन्द कर देती है। इसमें अंकित चित्र को आँखों के सामने लाने से गति की मन्दता दूर हो जाती है

और भाव के साथ भाषा भी प्रवाहित हो उठती है। कहने की आवश्यकता नहीं कि यह बंसी से मछली मारकर उसे घड़े में रखने और मछली के गले में फँसे काँटे को निकालकर उससे उसे मुक्त करने का सुपरिचित चित्र है।

'रुद्र' जी की चतुष्पदियों और द्विपदियों में जिस भाषा का प्रयोग किया गया है, वह पहले खण्ड की रचनाओं में प्रयुक्त भाषा है। वही सरलता, यत्र-तत्र वही ठेठपन और आवश्यकतानुसार संस्कृत के वही असमस्त वा समस्त पद, जो पूरी उक्ति को सामान्य स्तर से ऊपर उठा देते हैं। वार्तालाप की शैली और उससे पैदा होनेवाली नाटकीयता भी वही। मतलब यह कि फैलाव और सिमटाववाली भाषाओं के बीच 'रुद्र' जी में एक तनाव की स्थिति रहती है और वे यथावसर दोनों प्रकार की भाषाओं का प्रयोग समान सृजनशीलता के साथ करते हैं। प्रचलित, भदेस और अभिजात शब्द एक दूसरे पर क्रिया-प्रतिक्रिया करते हैं, उन्हें गति और दीप्ति प्रदान करते हैं और भाषा के विषम स्तरों का निर्माण कर उसे एकरस होने से बचाते हैं।

हिन्दी में उर्दू के रंग में लिखने की भी एक परम्परा है, जो भारतेन्दु से शुरू होकर हरिऔध, रामनरेश त्रिपाठी, सनेही और हितैषी से होती हुई निराला तक आती है। इस परम्परा में कवियों ने कभी उर्दू के बहरों में लिखा है और कभी बाजाप्ता उर्दू में शायरी करने की कोशिश की है। हिन्दी कवियों की उर्दू शायरी कितनी सफल है, यह विवादास्पद है, लेकिन महत्त्वपूर्ण इस क्षेत्र में उनकी सफलता नहीं, बल्कि उनका वह प्रयास है, जो उर्दू-हिन्दी को आपस में मिलाता है। कभी-कभी हिन्दी कवियों की उर्दू कविता में हिन्दी और उर्दू की परम्पराएँ साथ-साथ बहती दिखलाई देती हैं। 'रुद्र' जी उक्त परम्परा की एक सार्थक कड़ी हैं। उर्दू में लिखा गया उनका एक गीत 'शब्दवेध' के पहले खण्ड में संकलित है: 'मैं कहाँ हूँ, क्या हूँ, नहीं पता', जो अपनी चुस्ती और अन्दाजे-बयाँ में उर्दू की किसी नज्म से कम नहीं है। चौथे खण्ड में उनकी गजलें संकलित हैं, जिनमें उर्दू और हिन्दी की धाराएँ साथ-साथ बहती हुई दिखलाई पड़ती हैं और एक दूसरे को काटती हुई भी। 'रुद्र' जी की भाषा यहाँ भी बोलती हुई है और गजलों के अनेक शेर उर्दू की अच्छी ग़ज़लों के शेरों से टक्कर लेते हैं। मैं खास तौर से 'नाम जो पाया प्यार तेरा था' गजल का जिक्र करना चाहूँगा। इसके शेरों में सिर्फ नाजुकबयानी नहीं है, मानी भी है; वही संक्षिप्तता और व्यंजना की सांकेतिकता है, जो गजल की जान होती है।

'रुद्र' जी के गीतों में दुख की एक रेखा यहाँ से वहाँ तक चली गई है। यह दुख न शौकिया है, न कविता की सजावट का सामान। यह सच्चा दुख है, अपने व्यक्तिगत और पारवारिक जीवन से उपजा हुआ, जिसका एक ठोस सामाजिक सन्दर्भ भी है। इसी कारण यह नितान्त कवि का दुख न होकर वस्तुतः हिन्दीभाषी जनता का दुख है, जैसा हम तुलसीदास से लेकर निराला तक में देखते हैं। इस दुख की गहराई में प्रवेश करने पर ऐसा प्रतीत होने लगता है कि दैव भी इस जनता के प्रतिकूल हैं। 'भग्न भीत पर ही जिसकी नग्नता लिखी हो,' या 'मैं ग़रीब हूँ ; मेरी चादर की लम्बाई / उतनी नहीं कि

पसरूँ तो हो जाय समाई'--यह अभावग्रस्त जीवन है कवि का। वह लगातार श्रम करता है, लेकिन जब उसे उसका पारिश्रमिक मिलता है, तो वह चकित होकर पूछता है, 'मेरे श्रम का मोल यही है क्या ?' इसी तरह एक गीत में उसने काफी तकलीफ से कहा है, 'तू ही देख कि जो मिलता है, कितना थोड़ा है !' इस दुख ने कवि का क्या हाल किया है, यह उसकी इन पंक्तियों में दिखलाई पड़ता है: 'साँसों की फाँसों फाँसी चढ़-चढ़कर/मर-मरकर कौन जिया होगा ऐसे !' स्वभावतः वह जानना चाहता है कि 'मेरे होने में मेरी क्या खता ?' निराला ने कहा था, 'मेरा अन्तर वज्रकठोर,/देना जी भरसक झकझोर,/मेरे दुख की गहन अन्ध/तम-निशि न कभी हो भोर'। 'रुद्र' जी भी कहते हैं, 'मुझे ईख-सा पेर दे !' लेकिन वे मस्ती और फक्कड़पन को गायक हैं, इसलिए वे दुख से टूटने के बदले अपनी यह इच्छा व्यक्त करते हैं, 'मैं दुख को कुहुकार बनाऊँ !' अपने जिस गीत में उन्होंने कहा है कि 'मेरे होने में मेरी क्या खता ?', उसका समापन उन्होंने अपनी ओर संकेत करते हुए इन पंक्तियों से किया है:

> जो ख़िज़ाँ में भी है दमक रहा,
> देख, यह भी एक गुलाब है !

जीवन के प्रति आस्था का यह गुलाव 'रुद्र' जी के दुखदग्ध काव्योद्यान में लगातार दमकता है। उनकी मस्ती का यह नज्जारा देखने ही लायक है:

> काल तो समझा कि अबकी फैसला होकर रहेगा,
> इस क़यामत में किसी का घोंसला क्योंकर रहेगा !
> जिन्दगी की आन, लेकिन, फिर कहीं से कूकती है--
> देखना अन्तक, विटप यह फिर हरा होकर रहेगा !

कहने की आवश्यकता नहीं कि काल को भी अँगूठा दिखलानेवाली यह जिन्दगी की आन कवि का भावोच्छ्वास नहीं, बल्कि दुख के समुद्र में गोता लगाकर निकाला हुआ मोती है !

जैसे 'रुद्र' जी का दुख शौकिया नहीं है, वैसे ही उनका अध्यात्म भी। उनके दुख ने स्वाभाविक रूप से उन्हें ईश्वरोन्मुख कर दिया है। यह उनके जीवन-दर्शन की कमजोरी हो सकती है, लेकिन अपनी धर्म-भावना के माध्यम से उन्होंने जिस मानवीय पीड़ा और उससे मुक्ति की आकांक्षा की अभिव्यक्ति की है, वह उनके कवि के कमजोर पड़ने का सूचक नहीं है। कविता के लिए कदाचित् जीवन-दर्शन से अधिक उपयोगी जीवन का अनुभव और उसकी अभिव्यक्ति ही है। सभी पूर्व-छायावादी कवि गहरे रूप में धार्मिक थे, प्रायः उत्तर-छायावादी कवियों, दिनकर, बच्चन, नरेन्द्र शर्मा आदि, ने भी धर्म में ही शरण ली है। ऐसी स्थिति में 'रुद्र' जी की धार्मिकता को भी हमें उसी परिप्रेक्ष्य में देखना होगा, जिसमें हम छायावादी कवियों की धार्मिकता को देखते हैं। 'प्रकटो प्रकाश मेरे, तम पर बाँधो ज्वाला का सेत' इस पंक्ति में जो 'तम' है, उसका तीव्र अनुभव जब तक कवि के पास है और जब तक वह उसे सशक्त ढंग से चित्रित करने में सक्षम है, उसकी कविता को कोई क्षति नहीं पहुँच सकती। 'प्रकाश' के बदले मैं अन्धकार को यह महत्त्व इसलिए दे रहा हूँ

कि वही यथार्थ है और 'प्रकाश' भी प्रकारान्तर से उसी यथार्थ की अभिव्यक्ति है। कहा जाता है कि भक्तकवियों का ईश्वर-प्रेम लौकिक प्रेम का ही रूपान्तरण था। उनके आध्यात्मिक दुख में भी इस लोक का दुख शामिल था। 'दुखिया दास कबीर है जागे अरु रोवै'--कबीर का यह दुख अमिश्र रूप में आध्यात्मिक दुख न था।

'रुद्र' जी की भी ये उक्तियाँ निरी आध्यात्मिक नहीं हैं :

किस तरह कहूँ यह घर शौक का नमूना है ;
चित्र हैं न गुलदस्ते, हर तरह से सूना है ;
किस तरह रहोगे तुम, दर्द का जहाँ डेरा !

इधर विपल-जल-ज्वाल जगी है,
उधर विकट वन-आग लगी है,
तिस पर काँटा अलग लगा है,
ऐसे में कैसे निबहूँ मैं ?

ताज्जुब नहीं कि कवि इस लोक का निषेध नहीं करता, बल्कि कहता है:

माँ मुझको यह जग प्यारा है !
माँ ! यह जग कितना प्यारा है !
मन करता है यहीं रहूँ मैं,
रस ही बातें सुनूँ, कहूँ मैं;
सुख की वर्षा, दुख का जाड़ा,
श्रम की गरमी, सभी सहूँ मैं,
सुबह, शाम, चाँदनी, दुपहरी--
ऐसी और कहाँ कारा है ?

इसमें अन्तिम पंक्ति और उसमें प्रयुक्त 'कारा' शब्द ध्यातव्य है। स्वभावतः 'रुद्र' जी 'आई कुछ ऐसी नींद हमें'--जैसा राष्ट्रीय गीत भी लिखते हैं और इन शेरों में समकालीन देश-देशा की पीड़ाभरी समीक्षा भी करते हैं :

खैर क्या पूछते हो गुलशन की ?--
बाग़बाँ खुद ही अगलगावन है !
फूँक दे !--तापने को ही तो है !--
घोंसला-घोंसला जलावन है !

सड़ गई लाश किस दधीची की ?
गीध हैं मस्त--क्या जिमावन है !
कुत्ते जूझेंगे ऐसा क्या खाकर--
जैसी इन पंचों की जुझावन है !

'रुद्र' जी की कविता का कोई भी पाठक यह लक्ष्य किए बिना न रहेगा कि वे कविता में कोकिल, चातक, दीपक, पतंग, कमल, भ्रमर आदि परम्परागत रूढ़ उपकरणों का भी उपयोग करते हैं। संभव है, उसके लिए यह अरुचिकर हो। लेकिन हमारा ध्यान इस पर जाना चाहिए कि उनमें कविता के लिए नई सामग्री का भी उपयोग है और उसकी परम्परागत सामग्री का वे उपयोग करते हैं, तो अनेक बार उसे काफी नया बना देते हैं। 'शब्दवेध' का एक नए रंग में लिखा हुआ गीत है: 'पपीहा बोल उठा--पी कहाँ ! पी कहाँ !' इसका आखिरी बन्द है :

क्यों न वह दाह सहे, जिसने यह राह चुनी !
व्यंग्य ही सबने किया, टेर जो 'पी' की सुनी !
शून्य ठठोल उठा--पी कहाँ ! पी कहाँ ! !

पपीहे की पुकार की आकाश में जो प्रतिध्वनि गूँजती है, वह उसका तीखा उपहास करती है ! कहने की आवश्यकता नहीं कि 'ठठोल' शब्द ही नहीं, पूरे प्रसंग को यहाँ जिस तरह से रखा गया है, वह कविता के एक पुराने उपकरण को काफी नया बना देता है। इस तरह यह गीत मिजाज में महादेवीजी के गीत 'रे पपीहे, पी कहाँ ?' से काफी भिन्न है। 'रुद्र' जी के रहस्यवादी या भक्तिपूर्ण गीतों में लोकहँसाई की पात्र बननेवाली एक नारी कई बार आई है, बहुत ही सजीव रूप में। 'आज भी न आए !' गीत में राधा कहती है:

हर तरफ खड़ी हैं,
अपवाद की उँगलियाँ,
भीत क्या टपूँ मैं ! --
हैं बन्द सभी गलियाँ,
  द्वार पर खड़े हैं
  सब खुखड़ियाँ उठाए !

यहाँ 'खुखड़ियाँ' शब्द पूरे चित्र के साथ एक पुरानी सामग्री को नया बना रहा है। 'रुद्र' जी की रचनाओं में एक निम्नमध्यवर्गीय वातावरण है, जो मन को बहुत आकर्षित करता है और जिससे कवि के साथ एक आत्मीयता स्थापित हो जाती है। 'तू अपना घर अगर सजाकर नहीं रखेगा/तो कोई मेहमान पधारेगा ही क्यों ?', 'अरे अदालत का भी तुझको/क्या ख़याल कुछ भी नहीं रहा ?' या 'मालिक को कौन गरज ? जन पर जो बीते ! --/बिगड़ैल मालकिन का घर में हैं शासन !' इन उक्तियों में जो वातावरण है, वह नई सामग्री से ही रचा गया है। रस्सी में घड़ा बाँधकर उससे कुएँ से पानी भरना, ईख की पेराई, कड़ी मिट्टी की दीवार में धँसाई गई काँटी, बंसी से मछली मारकर उसे घड़े में रखना आदि बहुत कुछ कविता की नई सामग्री ही है, जिसका 'रुद्र' जी ने उपयोग किया है और जिससे कविता में एक भिन्न स्वाद भी पैदा किया है।

'रुद्र' जी के परिचय में काफी पहले एक लेखक ने कहा था कि उनकी कविता को पाने के लिए रसिकों को गहरी ही डुबकी लगानी होगी। यह बात बहुत दूर तक सही है,

क्योंकि मस्ती और फक्कड़पन के गायक होते हुए भी 'रुद्र' जी काव्य-कलाविद् हैं, इसलिए कविता उनके लिए सिर्फ अनायास विस्फोट न होकर एक अत्यन्त सचेत कर्म भी है। वे कविता पर महीनों क्या, वर्षों काम करते हैं और उसे इस तरह रचते हैं कि उसकी पोर-पोर में कविता का रस, ध्वनि और अर्थ समा जाता है। ऐसी बनावटवाली कविता स्वभावतः पाठकों से एक सावधानी की माँग करती है। इससे कविता के कृत्रिम होने का भी खतरा पैदा होता है, लेकिन 'रुद्र' जी में भाव और कला एक दूसरे से कभी अलग नहीं पड़ते। भाव कला का रूप निर्धारित करता है और कला सर्वत्र अपने अनुशासन में उस तरह भाव को रखती है, जिस तरह अंगूर का छिलका अपने भीतर रस को ! यह बात उनके मस्ती से भरे हुए 'मैं लुटा रहा हूँ दिल अपना, जो दिल चाहे, ले, लूट ले !'--जैसे गीतों के सम्बन्ध में भी सही है। कलात्मक अनुशासन के साथ ऐसे गीतों में भी वह रचाव मिलता है, जिसका अभी ऊपर जिक्र किया गया है। टेक की पंक्ति के बाद आँखों के जिस जादुई लोक का कवि निर्माण करता है, वह उसकी कविता के केवल अनायास विस्फोट होने से सम्भव न था। दूसरे प्रकार के गीतों में तो रचाव बहुत ज्यादा है। अनुप्रासपूर्ण और समस्त पदावली तथा उसमें निहित संश्लिष्ट चित्रात्मकता उसी की देन है। जहाँ समस्त पदावली का प्रयोग नहीं हुआ, वहाँ भी कवि ने कुछ इस तरह शब्दों को रखा है कि थोड़े में वह अधिक कह सका है। उसके शब्द-प्रयोग की तारीफ बुजुर्गों ने भी की है। शब्द हिन्दी के हों, अरबी -फारसी के, संस्कृत के या बोलियाँ के, 'रुद्र' जी अपनी कविता में उन्हें नगों की तरह जड़ते हैं, जिससे उनसे रंग-बिरंगी आभा फूटती रहती है। कभी-कभी वे पुरानी कविता में प्रयुक्त किसी शब्द को अपनी कविता में पुनर्जीवित कर देते हैं, जैसे 'ज्वाल का जोल उठा--पी कहाँ ! पी कहाँ !' में 'जोल' शब्द, और कभी बोलियों से कोई शब्द उठाकर उसे अत्यन्त कवित्वपूर्ण बना देते हैं, जैसे--'लोरजल रोल उठा--पी कहाँ ! पी कहाँ !' में 'रोलना' क्रियापद। कभी-कभी वे विशेषण और संज्ञापदों से बहुत ही सुन्दर क्रियापद रचते हैं, जैसे 'फोड़ा करे माथ दुनिया--पर मैं/क्यों न सुहागों रोचूँ, जब तुम हो !' अथवा 'घूँघट-ओट सुधाघट से मैं क्यों/लोचन-लवण बिमोचूँ, जब तुम हो !' यहाँ ध्यातव्य 'रोचूँ' और 'बिमोचूँ' प्रयोग ही नहीं, दूसरे उद्धरण में अनुप्रासपूर्ण पद-विन्यास के साथ 'सुधा' और 'लवण' के विरोध का रचाव भी है।

छन्दों के वैविध्य की बात ऊपर कही गई है। उनका रचाव देखना हो तो 'साजन के ढिग कैसे जाऊँ ?' इस रहस्यवादी गीत में प्रयुक्त छन्द को देखना चाहिए। इस गीत में छः बन्द हैं और प्रत्येक बन्द का पहला चरण बारह मात्राओं का, दूसरा सोलह मात्राओं का और तीसरा पन्द्रह मात्राओं का है। चौथा चरण सोलह मात्राओंवाले टेक के चरण से तुक मिलाता है। छन्द के इस कठोर अनुशासन के निर्वाह से इस गीत में वैसा संगीत पैदा हुआ है, जैसा किसी कसे हुए वाद्ययंत्र से ही हो सकता है। कवि की सफलता इस बात में है कि यह संगीत इस गीत की भावात्मक तन्मयता को बढ़ाता ही है, कहीं से उसे क्षतिग्रस्त नहीं करता।

छन्द के साथ-साथ तुकें भी 'रुद्र' जी की कविता में महत्त्वपूर्ण भूमिका निभाती हैं। ये दोनों जैसे उनके काव्य-सितार के तार और खूँटियाँ हैं, जिनके कसे रहने पर ही उनकी कविता से स्वर फूटता है। तुकें चरणान्त में ही नहीं, कभी-कभी चरण के भीतर भी मिलती हैं, जैसे उक्त गीत के प्रत्येक छन्द के तीसरे चरण की तुकें भी आपस में मिलती हैं। यही चीज 'साध सुधि की बीन !' गीत में देखने में आती है। 'चित्र तुम, पट मैं, अलग भी कब अलग ?' गीत में टेक की पंक्ति से तुक मिलानेवाली प्रत्येक पंक्ति में अन्तस्तुक भी मिलती है। यह तुक कोरा काव्य-कौशल नहीं है, जिसका प्रमाण यह है कि तुकें ही कवि को नहीं ढूँढ़तीं, कवि भी उन्हें ढूँढ़ता है। तात्पर्य यह है कि तुकें तो अनेक बार कवि की भावाभिव्यक्ति को निर्धारित कर ही देती हैं, कवि भी अनेक बार भावाभिव्यक्ति के लिए अनजान प्रदेशों से तुकों को ढूँढ़कर लाता है, जैसे 'पपीहा बोल उठा' गीत में 'रुद्र' जी 'जोल', 'रोल' और 'ठठोल' इन तुकों को ढूँढ़कर लाए हैं और निजी स्पर्श से उन्हें बहुत व्यंजक बना दिया है। कविता की रचना-प्रक्रिया की जटिलता और रहस्यमयता पर मुक्तिबोध ने बहुत सूक्ष्मता से विचार किया है। उन्होंने इस तथ्य की ओर हमारा ध्यान दिलाया है कि कवि ही भाषा में अपना अर्थ नहीं भरता, भाषा-जैसा सामाजिक माध्यम अपने भीतर निहित अर्थ से भी उसकी अभिव्यक्ति को प्रभावित करता है। इस द्वन्द्वात्मक विधि से ही कविता की रचना-प्रक्रिया आगे बढ़ती है। तुकें भी कभी-कभी कवि को ऐसी जगह ले जाती हैं, जहाँ के बारे में उसने कभी सोचा नहीं था। जरूरी नहीं कि इस अनिश्चित यात्रा से कविता का नुकसान ही हो। कभी-कभी तो उससे कविता में भाव और अभिव्यक्ति के नए क्षेत्र उद्घाटित होते हैं। यदि तुकों की ऐसी महिमा न होती, तो स्वयं मुक्तिबोध, रघुवीर सहाय और धूमिल-जैसे छायावादोत्तर कवि, जो कविता में छन्द और तुक के बन्दी न थे, तुकों को महत्व न देते और उनसे अनेक प्रकार के काम न लेते। 'मैं बजने को तैयार हूँ, मत मेरे तार उतार !' गीत में 'बजने' के साथ जो 'अँजने,' 'तजने,' 'मँजने' और 'सजने'-जैसी तुकें आई हैं, तो लग सकता है कि कवि तुकों के साथ खिलवाड़ कर रहा है, लेकिन यह खिलवाड़ नहीं है, क्योंकि एक-एक बन्द और उसमें प्रयुक्त भीतरी और बाहरी तुकें कवि के भाव को ऊपर ही उठाती चली जाती हैं, उसमें शैथिल्य या बिखराव नहीं लातीं।

'शब्दवेध' के गीतों की जिस अन्तिम विशेषता ने मुझे प्रभावित किया है, वह है उनमें पाई जानेवाली अन्विति। यह अन्विति कई प्रकार की है, लेकिन सर्वत्र भावाश्रित है, कहीं भी तार्किक या यांत्रिक नहीं। जहाँ गीतों में ऊपर से उनके विभिन्न बन्दों और उनमें अंकित चित्रों को जोड़नेवाले सूत्र नहीं दिखलाई पड़ते, वहाँ भी वे उनमें किसी कोने में पड़े होते हैं। उनके पकड़ में आते ही गीतों के सारे शब्द आपस में जुड़कर एक इकाई बन जाते हैं। यह इकाई कहीं गतिशील होती है, हमें एक भाव-प्रवाह में अपने साथ आगे ले जानेवाली, और कहीं स्थिर, हमारे सामने एक ही भाव के विभिन्न पटलों को खोलनेवाली। 'मुझे ईख-सा पेर दे !' और 'नींद उड़ गई है !' दोनों एक दिन के अन्तर से रचे गए गीत हैं, लेकिन

दोनों में अन्विति के स्तर पर किंचित् भिन्नता है। पहले गीत में भाव के साथ-साथ रूपक भी एक है, जबकि दूसरे गीत के बन्द सिर्फ भावात्मक सूत्र के सहारे आपस में मजबूती से जुड़े हुए हैं। ऐसा ही बाकी गीतों में भी देखने में आता है।

'शिंजिनी' के द्वितीय संस्करण की भूमिका में दिनकरजी ने 'रुद्र' जी की कविता से प्रभावित होकर कहा है कि उन्हें भूलना अब इतिहास के लिए कठिन होगा। इसी में उन्होंने यह भी कहा है कि कवि और लेखक अपने जीवन-भर में बहुत लिखते हैं, किन्तु समय सबको अपने साथ नहीं लेता। सम्भव है, सारे नाटक में से एक गीत और पूरे महाकाव्य में से समर्पण की दो पंक्तियाँ बच रहें तथा बाकी सबका सब राष्ट्रीय महापुस्तकालय में बन्द पड़ा रह जाए। ऐसी स्थिति में मैं 'रुद्र' जी के लिए कोई बड़ा दावा नहीं कर सकता, लेकिन इतना कहने में मुझे कोई दुविधा नहीं है कि वे बड़े कवि हों या नहीं, खरे कवि अवश्य हैं।

नंदकिशोर नवल

रानीघाट, महेन्द्रू
पटना-800006
7 मार्च, 1991

7. 'द्रोण' के द्वितीय संस्करण की भूमिका : शंसा

आधुनिक काव्य में प्राचीन काव्य से जो पार्थक्य दिखता है वह इतना स्पष्ट है कि इसमें कवियों के प्रयास का दिड्. निर्देश करना कठिन नहीं है। प्राचीन काव्य भावात्मक और रसात्मक अभिव्यक्ति से संतुष्ट हो जाता था, पर शीलात्मक व्यक्ति पर उतना ध्यान नहीं देता था। परम्परा में और शास्त्रीय व्यवस्था में शीलात्मक व्यक्ति होती ही न हो, सो नहीं था। पर शीलात्मक व्यक्ति वहाँ परिचित थी। उसके कुछ साँचे बन गए थे। उन्हीं साँचों में किसी के व्यक्तित्व की मिट्टी भरकर मृण्मयी मूर्ति निर्मित कर दी जाती थी। इसलिए किसी के व्यक्तित्व की रेखाएँ उतनी उभरकर नहीं आती थीं। इस कारण एक ही प्रकार के नेताओं को विभिन्न ग्रन्थों में पृथक्-पृथक् करके देखना-दिखाना पूर्णतया संभव नहीं था। आधुनिक युग में काव्य में अच्छे-अच्छे कवियों का सारा प्रयास इसी स्फुट रेखांकन के हेतु होने लगा और उनके व्यक्तित्व इतने स्पष्ट हो गए कि प्रत्येक के रूप को पहचानने में सरलता हो गई। प्रत्यभिज्ञान की इस ऊँची भूमिका के कारण आधुनिक काव्य सचमुच प्रशस्त हो गया।

किसी प्राचीन प्रख्यात वृत्त के किसी पात्र या नायक के व्यक्तित्व के उभारने में दो स्थितियाँ सामने आती हैं। कहीं तो किसी के व्यक्तित्व की जो मानस-कल्पना कवि करता हैं उसमें उसका रूप इतना बदल जाता है कि पुराने परिवेश से वह दूर हटकर अनजान-सा लगता है। कहीं ऐसा न होकर रूप इस कौशल से उभारा जाता है कि वह जाना-पहचाना होते हुए भी ऐसा लगता है कि जहाँ प्राचीनों का प्रयास कुंठित था वहाँ कवि ने उस पात्र का व्यक्तित्व इस रूप में प्रस्फुटित किया है कि--उसकी भास्वरता से वह ऐसा निखर आया है कि--जो कभी दिखा नहीं था वह भी दिख गया और ऐसा दिखा कि मान लेना पड़ा कि ऐसा व्यक्तित्व मैंने पहले क्यों नहीं दृष्ट किया। अदृष्ट के दर्शन में ग्राहक के अन्तःकरण में स्वतः ऐसा आकर्षण उत्पन्न होता है कि वह विमुग्ध हो जाता है।

श्री रामगोपाल शर्मा 'रुद्र' के 'द्रोण' काव्य की विशेषता इसी दूसरे प्रकार के उभार की है। परम्परा भी न बिगड़े और नवीनता का उन्मेष भी ऐसा हो कि ग्रहीता यह अनुभव

करे कि मैंने सम्पूर्ण-समग्र रूप व्यवस्थित ढंग से पा लिया। यह कार्य कठिन है। 'रुद्र' जी की दृष्टि या दर्शन और उसका प्रदर्शन समंजस है। इस समंजसता के लिए किसी के बहिर्द्वन्द्व और अन्तर्द्वन्द्व में भी अन्विति स्थापित करने का प्रयास करना पड़ता है। महाभारत के द्रोण के अन्तःकरण के द्वन्द्व के संकेत तो वहाँ भी हैं, पर उससे बिम्ब या मूर्ति स्पष्ट नहीं होती। इन्होंने उनके भीतर के महाभारत को बाहर के महाभारत के साथ अन्वित करके जो स्पष्टता लाने का उद्योग किया है उसमें इन्हें पूर्ण सफलता मिली है, यह निर्द्वन्द्व रूप में कहा जा सकता है।

किसी के रूप के निरूपण का माध्यम भाषा ही तो होती है काव्य में। भाषा साथ न दे तो वह रूपण भी न हो सकेगा, निरूपण तो दूर की बात है। 'रुद्र' की भाषा इतनी स्फीत और प्रांजल है तथा उसकी व्यंजनात्मक शक्ति इतनी प्रखर है कि वह रूप को हँसा देती है, ग्राहक उसकी रश्मियाँ पकड़कर प्रकाश की ऐसी किरणें पा जाता है जिससे रूप उसके मानस-नेत्रों के साँचे में ढल जाता है। रूप छा जाता है वहाँ। नेत्र रूपदर्शन के साधन नहीं रह जाते, वे साध्य में या रूप में परिणत हो जाते हैं।

भाषा के विषय में आधुनिक कवि उतने सावधान नहीं रहते। व्याकरण उनके व्याहार में पीछे छूटने लगता है और असाधु प्रयोग के रोड़े या कंकड़ किसी-किसी समर्थ और प्रथित कवि के काव्य में भी हलवे के बीच आकर किरकिराने लगते हैं और बिना रोदन की मानस-स्थिति के ही आँसू रोदन के संकेत देते हुए नेत्रों में आ विराजते हैं। रूप को जहाँ छा जाना चाहिए था वहाँ आँसू के साथ वह भी बह जाना चाहता है। 'रुद्र' की भाषा में आनन्द के आँसू आ जाएँ और हृदय की द्रुति की ओर इंगित करें यह तो हो सकता है या है ही, पर पूर्वसंकेतित 'रोदन' यहाँ कहीं नहीं है।

द्रोण का जो द्रोणत्व इस रचना में व्यक्त किया गया है वह अदृष्टपूर्व और अश्रुतपूर्व है, भले ही संकेत किसी स्थल पर हों, पर उसे आकारता नहीं मिल पाई थी। मैं उनके रूप-वर्णन, व्यक्तित्व की व्यक्ति, भाषा की भास्वरता तथा उसकी साधुता के लिए उनकी शंसा करता हूँ और ग्राहकों से निवेदन करता हूँ कि उनके इस दोने में क्या सुस्वादु है उसे चखकर देखें। मेरे विज्ञापन की सचाई और मिठाई से उनकी प्रज्ञा और रसना परिबोधित तथा परितृप्त होंगी, ऐसा विश्वास है।

विश्वनाथप्रसाद मिश्र

बनारस कोठी,
गायत्री घाट, गया,
दिनांक, 23 अगस्त,' 67